FENICS

Fieldworker's Experimental Network for
Interdisciplinary CommunicationS

100万人のフィールドワーカーシリーズ

フィールド写真術

秋山裕之・小西公大 編

古今書院

14 巻のフィールドワーカーの調査地

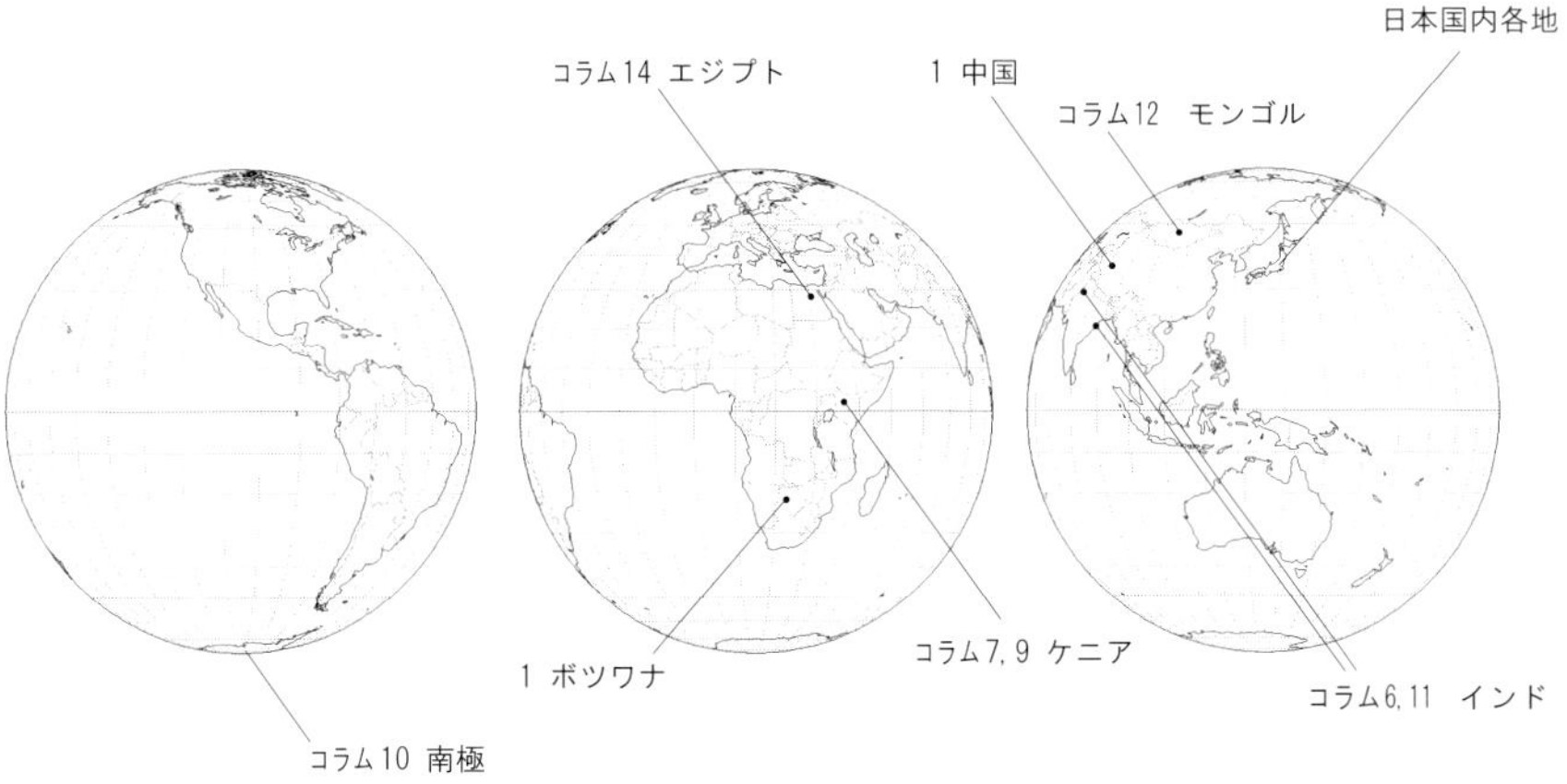

Million Fieldworkers' Series vol. 14

Field Photography

Edited by Hiroyuki AKIYAMA, Kodai KONISHI

Kokon-Shoin Publisher, Tokyo, 2016

FENICS

100万人のフィールドワーカーシリーズ 創刊にあたって

フィールドワークは、世界中に自らおもむき世界を探究する方法である。現在日本にはさまざまな分野でフィールドワークを行うフィールドワーカーたちがいる。彼らは世界中で得難い経験を積み重ねてきた。だが、その経験は残念ながらあらゆる分野や学界・産業界の壁を越えて広く伝わっているとは言い難い。

このシリーズを企画したのは研究者フィールドワーカーたちが立ち上げたグループFENICS(Fieldworker's Experimental Network for Interdisciplinary CommunicationS：NPO法人)である。フィールドワークに興味がある人、これからフィールドワークをしたいと思っている人、ほかの分野のフィールドワークの知識や技術を学びたい人、フィールドワーカー同士で役立つ情報を交換したい人すべてに、私たちの経験を届けたい。そんな思いをもつ私たちの活動に賛同してくださった古今書院の関秀明さんのバックアップにより、15巻に及ぶ、あらゆる分野を横断するフィールドワーカーシリーズが発刊される運びとなった。

私たちFENICSは、フィールドワークの方法や視点、思考を互いに学び議論しあい、また地域に特有な情報、経験知などを交換したい、と活動し始めた。立ち上げにかかわったのは自然地理学、雪氷学、地球化学、社会－文化人類学、人類生態学、民族植物学、地域研究といった、まさに分野を横断するフィールドワーカーたちだ。人が人をつなぐことで出会った私たちは、それぞれのフィールド話、研究活動の話に湧き、ネットでは得られない情報を、そして生きるエネルギーをお互いもらってきた。この知的興奮を、研究者の世界だけに閉じず、もっと多くのフィールドワーカー、さらに外の世界に関心のある産業界をはじめ幅広い方々に伝えたい。そしてFENICSの輪に入ってもらい、ともに経験したい。そうすればフィールドワーカーの計り知れない豊かな経験知があらゆる分野、業界につながり新たなもの／モノを作り出せるのではないか——。そんな希望を、私たちは持っている。

本シリーズは、まさにそのはじまりである。フィールドワーカーになりたいあなた、他分野から異なる発想を得たいあなたも、ぜひFENICSのムーヴメントに参加しませんか(くわしくは巻末の奥付とカバー折り返しをごらんください)。

FENICS代表　椎野若菜

Part Ⅲ 写真を使う

イントロダクション　フィールド写真術

秋山 裕之

本書のねらい

本書は、若手フィールドワーカー向けに企画されたワークショップをベースとして編まれた、フィールドにおける写真術に関する入門書である。同ワークショップは東京外国語大学アジア・アフリカ言語文化研究所（AA研）のプロジェクトの一つであるFieldnet が主催したものだ（第十一回 Fieldnet ワークショップ「写真術を学ぼう～フィールド・人物編」）。編者の二人は、そのワークショップで講師を務めたフィールドワーカーである。編者以外の著者を含め、本書の執筆陣は一部を除いてほとんどはプロのカメラマンではない。本書は写真を生業としない人びと（しかし写真・撮影に関してこだわり続けてきた人びと）による写真術の書ということになるが、そのような珍奇な書にも、明確なねらいがある。

本書は、写真撮影のための知識・技術について紹介・解説することを旨とするが、巷に溢れている写真術関連の指南書とは少々趣を異にしている。本書はFENICS による「100万人のフィールドワーカーシリーズ」の一つに位置づけられており、「フィールドワーカーによるフィールドワーカーのための書」であることに重要な意義をもっている。よって、フィールドワークにおける撮影（以下、フィールド撮影）であることを強く意識したうえで、被写体別のノウハウを体得することのできる入門書としての体裁をとっている。この点が、本書が他の写真のハウツー本から区別される最大の特徴だ。また、フィールドでの撮影にまつわる四方山話や、撮影者が独自に積み上げてきた工夫の数々がちりばめられている。単なるハウツー本ではなく、読み進めていくなかでフィールドワークの面白さが臨場感をもって立ち現れてくるように作られている。

では、フィールドワークにおいて撮影される写真（以下、フィールド写真）ならではの特徴にはどのようなものがあるだろうか。まず、フィールド写真とは、第一に記録写真である。フィールド写真は、フィールドワーカーがフィールドで観察したり測定したりインタビューしたりして手に入れたさまざまな資料と同等の調査記録であり、学会や印刷物やウェブなどで発表するデータである。

フィールド写真がそのような趣旨のものである以上、芸術性よりも正確さと明確さが優先されるべきだろう。正確さとは、ピントや露出、色味や形のことであり、明確さとは主題が過不足なく伝わるような構図であり、明るさ・コントラストであり、被写界深度である。フィールド写真とは単に「フィールドで撮った写真」ではなく、フィールドワーカーが明確な意図をもって被写体のある一面のある瞬間を記録したものである。またそれは、その現場を共有しない人たちにフィールドワーカーの視点を効果的に伝えるための媒体である。よって、本書では主題を正確かつ明確に撮影するためのノウハウにまずもって重きをおく。

フィールド写真のもう一つの特徴は、限られた条件下での撮影であるということだ。たとえば人物写真（ポートレイト）のノウハウといえば、一般の写真術書では照明やレフ板の使用はもちろん、スタジオ撮影までをも含めることがある。一方、本書における人物写真で想定している撮影条件は、照明もレフ板も三脚もなく、状況依存的であり、シャッターチャンスが限られているうえに何枚も撮り直しができないというものである。報道写真の撮影条件に近いかもしれないが、フィールドワーカーは、報道カメラマンのようにカメラをずっと構えて一つの場面を何十枚も撮影するようなことはない。ある意味、プロのカメラマンよりも打率を上げなければならないのだ。

フィールドワークにおけるデータ収集のうち、多くの分野で写真撮影は観察や聞き取りをノートに記録することに比べると、付属的で優先順位が低いだろう。写真は片手間にカメラ任せで撮り、写したいものが写ってさえすればいい、と考える人も多いだろう。しかし、ほんの少しの知識があって、一枚あたり数秒ほどの手間をかければ、フィールド写真がずっと良いものになるのだとしたら。それならば、良い写真になるよう少しは工夫したいと考えるフィールドワーカーは、思いのほか多いのではないか。優れたフィールド写真は、「そこに何が在ったか」だけでなく、現場の雰囲気や社会の状況、ときには人びとの思いをも伝えてくれることを、私たちは体験的に知っているのだから。

本書の内容を身につけて、ある程度コツをつかんだら、撮影自体が一層楽しいものとなるだろう。より芸術性の高い写真撮影に挑戦したい人にとっても、本書は大いに役立つはずである。本書のねらいは、フィールド写真のデータとしての質の向上の一助となることである。加えて、本書によってフィールド撮影を調査活動の一環としてだけでなく、個人的な楽しみとしても向上心をもって行う人が現れるなら、写真好きのフィールドワーカーである執筆陣にとって望外の喜びである。

本書の構成

本書は大きくフィールドの前・中・後という三部構成をとっている。Part Ⅰではフィールドに出かける前の写真術として、心構え、写真の仕組み、機材などを扱う。1章は本書全体への導入を兼ねており、このイントロダクションと合わせて本書の序文として位置づけられる。2章では、写真とカメラの基本的なメカニズムについて、デジタル写真を中心に概説する。本書に登場する用語の多くが解説されるのがこの章である。3章では撮影機材についての紹介と解説を行う。これからフィールドへ持って行く機材を検討する際に役立ててほしい。

Part Ⅱではフィールドワーク中の写真術として、主な被写体別にフィールド撮影のコツを紹介する。まず人物、次に自然・環境などの風景や景観、それから建造物、そして遺跡・遺物についてそれぞれ章を立てて解説する。さらに、水中写真、空撮、文献複写、顕微鏡下の撮影といった多様な状況についても扱う。

Part Ⅲではフィールドから帰ってきてからの写真術として、主にデジタルデータの扱いについて扱う。とくにRAW現像、補正・レタッチ、整理、ウェブ公開について章を立てて詳述する。また、最終章となる16章では、フォト・エスノグラフィーを取り上げる。

本書は全16章のほかに、多様なフィールドでの撮影体験を15本のコラムとして収録している。これによって、プラグマティックな色彩の強い本書に読み物としての価値が加えられたと言ってよいだろう。むしろ本書の魅力はカラーで掲載されたたくさんのフィールド写真とそれらの撮影現場について語られたコラムにあるとさえ言えるほどである。なお、本書に掲載された写真はキャプションまたは本文に注記のない限りすべてその箇所の執筆者が撮影したものである。

アカデミックな要素をほとんど含まないという意味で同シリーズ中随一の異端の書であるだろうと編者の一人として気に病んでいる部分もあるが、きっとこれからフィールドに出る人たちにとって役に立ち、また、写真撮影という非常に限定された状況ではあるものの、フィールドにおけるフィールドワーカーの思いやまなざしが詰まった書であるとの自負もある。楽しく読んで、見てください。

Part 1

写真を知る

Part I ではフィールドワークに赴く前の写真術として、3つの章を収録した。1章では写真を意図的に撮ることの意味やデジタル一眼カメラの意義について、2章では写真の歴史から撮影の仕組みにいたる基礎的な事柄、3章では撮影機材について述べている。とくに2章では他の章やコラムに登場する用語の多くが解説されているので、じっくり読んでいただきたい。カメラ上達に王道なし、知らなければ工夫できないのである。

1 フィールド写真事はじめ

デジタルカメラを使うということ

秋山裕之
AKIYAMA Hiroyuki

意図的に撮る

フィールド写真に限ったことではないが、写真上達のための最も初歩的な心構えは、意図的に撮ることである。その写真の主題が何であるかを明確に意識し、それを損なわないようにあるいはより効果的に撮影するにはどのようにすればいいか考えて撮っていれば、おのずと上達するものである。しかしただ闇雲に撮影すればいいというわけではなく、考えるための材料となる知識が必要である。それがすなわち露出・構図・被写界深度などと呼ばれるものであり、本書ではそれらについて実例を示しながら解説する。

たとえば写真1は構図だけ決めて、カメラ任せでストロボ撮影したものである。ストロボを使うほどの暗さでは、構図ぐらいしか考えることがない。しかもこの構図は単純な中心配置である。このような至近距離で被写体の自然なふるまいを撮影することには別種の難しさがあるが、写真撮影に関する知識がなくても撮れる類いの写真である。また、人類学系のフィールドワークでは写真2のような「物質文化」などと呼ばれる写真を撮影することが頻繁にある。この写真は写真1で使用されていた楽器であるが、フィールドでの記録写真は道具単体と道具を使用している様子をそれぞれ撮影することがある。この写真もスケール代わりにボールペンを置いただけの、カメラ任せでの撮影である。ストロボに頼るしかない夜間の撮影であるため、撮影者が工夫する余地が少ないのだ。

一方、意図的な操作を加えた写真としては写真3のようなものがある。単純な写真に見えるが、意図的に被写界深度を浅くして、背景をぼかしている。非常に明るい状況であるため、カメラ任せで撮影すると背景にもピントが合って主題が見えにくくなるケースである。また、写真4の場合は暗めの状況で、足首の飾りがきちんと写るような露出を考えて撮影している。結果、シャッター速度が遅くなるため、手ぶれしないよう注意して撮影する必要がある。これらの2枚とも、1コマしか撮影していない。これはこれらが銀塩（フィルム）写真であり、フィルムを節約する必要があったからである。もしデジタルであれば、複数の設定で撮影していたであろう。

写真3と写真4のケースでは、カメラ任せで撮影すると、主題のぼやけた漫然とした写真になる。背景が主題を損ねかねないことに気づき、背景をぼけさせる方法を用いて撮影したことによって、写真3は記録写真として一定の価値を得たのである。意図的に撮る、これこそが写真上達のための第一歩であり、フィールド写真の資料的価値を高めるための必要条件である。

デジタル一眼カメラを使う

本書では、デジタル一眼カメラ（一眼レフまたはミラーレス一眼）の使用を前提とする。一眼カメラとコンパクトカメラの違いのなかでとくに重要であるのは、一眼カメラではレンズをさまざまな焦点距離のものに交換することができることと、撮影者が露出を自由に設定できることである。後者についてはレンジファインダー式カメラなど、一眼カメラでなくても可能なものがある。

現在フィールド用カメラの購入を考えている人には一眼カメラを薦めるが、レンズを複数持つことが現実的でない人はレンジファインダー式を検討するのも良いだろう。しかし、ミラーレス一眼の登

写真 1　楽器を演奏して遊ぶブッシュマンの子どもたち

この写真はいわゆる三角構図である．

場によって、レンジファインダー式にあった「小さい・軽い」といったアドバンテージはもはや失われたと言える。もちろんメーカーやレンズや見た目などにおける個人の好みに従ってレンジファインダー式を選ぶのも良いだろう。フィールドで常に携行する相棒ともいえるカメラは、愛着を持てるものであることが重要であるからだ。ただし、コンパクトカメラのような

写真 2　上の写真で使っていた楽器

このように，フィールドでの記録写真は道具単体と道具を使用している様子をそれぞれ撮影することが多い．

写真 **3**　罠で捉えたダイカーに棍棒でとどめをさすブッシュマンの男性
カメラ任せで撮影すると背景にもピントが合って見にくくなる．

写真 **4**　独立記念式典でブッシュマンの踊りを披露するために控えている少女たち

カメラ任せのフルオートでの撮影を前提としたものからは卒業してほしい。本書を手に取って「今よりも良い写真を撮りたい」と考えたのであれば、明るさや被写界深度を自分で決めることのできるカメラを手に取るところから始める必要があるだろう。

機材の詳細な説明に関しては3章に譲るが、フィールドにおけるデジタルカメラと銀塩カメラの大きな違いに、バッテリーと媒体の問題がある。バッテリーは、デジタルの方がはるかに消耗する。よって、充電する環境が整わないフィールドに長期滞在する場合はバッテリーを多く持たねばならず、重量の面でも経済的な面でも負担となる。逆に、媒体に関してはデジタルの方が有利である。デジタルカメラ用のＳＤカードなどは小さくて軽く、それ故に紛失を心配しなければならないほどであるが、フィルムを大量に持ち込んで管理するのは骨が折れる。

また、デジタルの場合は不要なデータをその場で消去できるため、同じシーンを気軽に複数枚撮影できる。重要なシーンに出会ったときに、露出や構図を少しずつ変えながら何枚も撮影することにコストを感じずに済むのはデジタルの大きな利点であると思われる。そもそもRAWで撮影すれば、露出に関する部分は現像時に補正できる（詳細は12章）。構図もパソコン上で気軽に検討できるので少し広めに撮影しておけばよい。その都度ISOを設定できるので手ぶれしないシャッター速度を得るのもたやすい。さらに、学会発表や原稿執筆においてもデジタルデータでの使用が一般的となっている現在、スキャンとゴミ取りの手間がかからない点もデジタルの有利な部分である。帰国後もかさばらず、バックアップを残すことも容易である。

写真まわりにあまり時間と予算をかけることができないフィールドワーカーにとって、データの質の面だけを考慮しても、デジタル化は撮影枚数を増やすことによる失敗の回避をもたらしたという意味で歓迎すべきことである。

Column 1

銀塩カメラでのフィールド撮影は〝一撮入魂〟

秋山裕之
AKIYAMA Hiroyuki

私が初めて異国の人びとの様子を撮影したのは、中国の新疆ウイグル自治区に広がるタクラマカン砂漠の南縁、いわゆるシルクロード西域南道の若羌《チャルクリク》から喀什《カシュガル》まで1500㎞をラクダで旅行したときである。毎日20～30㎞を移動し、一カ所に長くとどまることはなかった。毎日移動するので、同じシーンの写真は二度と撮れない。しかもフィルムは貴重で、何枚も同じ場面を撮影することはできない。

このときの撮影体験が私のフィールド撮影における心構えの基となっている。シャッターチャンスを逃さないために、構図を瞬間的に決めるよう努めた。カメラを向けられた人々は大人も子どもも何かしらの反応をするので「普段通りの様子」を撮影することが困難であると知った（写真5、写真6）。また、ラクダの上からの撮影はとても難しく、帰国後に写真を見て、手ぶれしないことや水平を保つことがいかに大切であるかを知った。

使用したカメラは、「タクラマカン砂漠という過酷な環境でのモニタリング」という方便でさまざまなメーカーから貸与していただいたコンパクトカメラや一眼レフである。二カ月の砂漠行を経て最後まで壊れなかったのは、工事現場での使用を前提として開発された防砂塵コンパクトカメラのみだった。博士研究でカラハリ砂漠に行くとき、私は予備のカメラとしてこの防砂塵カメラを選択した。

修士研究では、沖縄八重山地方の小さな離島をフィールドとした。カメラはシルクロードで使ったものよりも一世代古い機械式の一眼レフで、絞り優先自動露出撮影ができるものだった。経済的な事情からフィルムはネガのみ、レンズは50㎜の単焦点一本だけである。単焦点レンズであるため最適な構図を得るために動き回らねばならなかったし、ピント

写真 **5**　ウイグルの子どもたち

シルクロードでは子どもの遊びの調査も行った．遊びの様子を撮影しようとレンズを向けると，子どもたちは遊びを中断してこのように群がってしまう．

写真 **6**　同上

階段の両端のスロープ部を滑り台にして遊んでいたところを撮影しようとしたが，それに気づいた子どもたちは，滑るのをやめて整列した．

写真 7　八重山地方のお年寄り

このような白黒ポートレートをたくさん撮影し，露出について学んだ．

写真 8　パリの地下鉄ホームにて

手ぶれせず，歩く人の姿が流れるような露出を得たくて，似たような写真を 12 枚撮影したうちの 1 枚．フィルムではコスト意識が邪魔をして，せいぜい 3 枚ぐらいしか撮らなかっただろう．

は手動で即座に合わせねばならなかった。明るい（絞りの開放値が小さい）レンズであったため、被写界深度の浅い人物写真を好んで撮影した。白黒フィルムで趣味的な写真も盛んに撮った（写真7）。

シルクロードのときと同様に、同じ構図の写真を複数枚撮影することはほとんどなかった。フィルムでの撮影は、撮影枚数がそのままコストとして跳ね返ってくるため、研究費がないかあっても少ない大学院生は無駄な撮影を極力避けるのである。持参したフィルムが尽きるのも困るし、現像・プリント代がかさむのも困る。フィルム時代のフィールド撮影は、一期一会の二度とない機会を逃さない機敏さと、たった一コマしか撮らないその写真の質を高める丁寧さを両立させる作業であった。

博士研究以降の主要なフィールドとなる南部アフリカのカラハリ砂漠では、当時主流だったオートフォーカス一眼レフを携えた。フィルムはカラーのリバーサル（現像した段階で完成し、透過光で見ることができるフィルム。ポジフィルムあるいはスライドフィルムとも呼ばれる）と白黒のネガである。現地ではフィルムの入手が困難であるため、やはり撮影枚数を節約する必要があった。リバーサルフィルムは露出がシビアなため、安全のために同じ場面を二、三通りの露出で撮影したい。しかし上述の事情に加えネガフィルムより高価でもあり、強い逆光時などのよほど不安な状況でなければ、露出を変えながら複数枚撮影することはなかった。

つまり、銀塩カメラによるフィールド撮影には、フィルムの節約という命題がフィールドワーカーに重くのしかかるのである。このことは撮影スタイルにも大きな影響を及ぼした。重要な場面であればあるほど、魂を込めてただ一度だけのシャッターを切る。リバーサルフィルムは現像したままの状態でスライド映写機にかけるので、構図も決め打ちである。一度しか押せないシャッターボタンを押す前に、構図や露出を念入りに検討し、手動でピントを合わせ、手ぶれしないように気を遣うなどして、丁寧に手はずを整える。

これらの段取りの多くがデジタルでは省略できる。デジタル化による撮影スタイルの変化は歓迎すべきであると述べたが、その一方で、私は自分がデジタル一眼で撮影するとき、銀塩カメラでの撮影に比べて一コマにかける熱量が著しく低下したように思えてならない。懐古主義的な感傷かもしれないが、たくさん撮って良いものを選ぶという事後的な撮影は、失敗のないように細心の注意を払う事前的な撮影に比べて味気ない（写真8）。

分野・調査対象・自然／社会条件

一口にフィールドワークといってもいろいろで、分野が違えばその様相も大きく異なる。人類学・社会学・開発学・考古学・地理学・生態学・地質学など、分野が変われば調査対象が変わり、すなわち被写体も変わる。本書でとりあげる被写体は人類学・社会学・開発学・人文地理学などにおける「人びとの営み」の写真、自然地理学をはじめさまざまな分野で現地の自然環境を記録するものとしての風景写真、都市や家屋や遺跡などの建造物写真、考古学などで必須となる物撮りである。さらに、本書は水中での撮影やドローンを用いた空撮、果てには顕微鏡下の撮影まで扱っている。しかし当然ながら、スタジオ撮影には一切触れていない。動物行動学などで必要とされる野生動物の撮影に関するノウハウを収録できなかったが（シリーズ第15巻『フィールド映像術』には収録されているので参照いただきたい）、たいていのフィールド撮影は本書に書かれた事柄を援用することでカバーできると思われる。

一方、同じ分野であっても、土地が変われば自然環境が変わり、それと密接な光の状況も変わる。機材の保守という観点からも、気温・湿度や砂塵の有無などの自然条件による違いは見逃せない。機材の選択にあたっても、フィールドの自然／社会条件を考慮する必要がある。たとえば、結露するような自然環境であればその対策が必要であるし、突然豪雨が降ることがある土地であれば防水に気を配らねばならない。社会環境としては、日常的に充電できるか否かが極めて重要である（4章参照）。そのほかにも、日差しが強烈な屋外か電灯のない屋内でしか撮影できない光環境であったり、うかつに人物写真を撮るともめごとが生じる社会状況であったりするなど、個々のフィールドの状況や事情は写真撮影においてきわめて重要であるが、あまりに多様であるためすべてを網羅するのは困難である。本書の各章ではできるだけ多くのケースを念頭に置きながら解説し、コラムを多数収録することで多様性への担保とした。

フィールド写真は技術的な面で報道写真やスナップ写真に似ている部分がある。それは状況依存的であり、瞬間的であるという共通点を持つからであるが、フィールドワーカーにとってのフィールドは、数年から数十年にわたって通い、住み、関係を深く持つ土地である。そこに住む人びとは友人であり、師であり、仲間であって、短期の取材や観光旅行で訪れる仮初めの土地ではない。だからこそ、フィールド写真はそのフィールドワーカーにしか撮れないものになりえるのだろう。その土地をよく知り、その人たちと深くかかわってきたからこそ撮れる写真がある。

あなたのフィールド固有のさまざまな状況や事情について、あなたはとても詳しい。本書はできるだけ汎用的な内容を目指すが、あなたはあなたのフィールドを具体的に思い浮かべて、そこでならどのように工夫するべきかを考えながら読んでほしい。これからフィールドに入る若いフィールドワーカーは、訪れる予定の土地を想像して、その土地の日差し、景観、人びとの様子などを思い描きながら本書を読むとよいだろう。

フィールド写真は分野や土地によって被写体も撮影条件もさまざまに異なるが、ピントを合わせる、露出を適切にする、被写界深度を調節する、構図を決める、などのカメラの基本操作は共通する。本書では、露出の仕組みなどの基礎をはじめ、逆光時の撮影などの具体的場面で使えるさまざまなテクニックについて紹介する。その際、執筆者が撮影した写真を多数例示する。それらは芸術的な面において優れて良い写真というわけではないが、主題を損ねないよう意識して撮影したものであるので、解説と併せて参考としてほしい。

はじめにのおわりに

写真9　カラハリ・ヘア・スタイル
少女たちの間で髪を編むことが大流行した。彼女たちの熱狂を文字だけで伝えることは極めて困難である。

フィールドワーカーが千の言葉を尽くして描写しても足りない現場の様子を、たった一枚の写真が雄弁に物語ることがある。一枚の写真があることによって、文字だけでは無味乾燥になりがちな報告が生き生きとしたものになり、読者の理解を助け、また惹きつけることがある(写真9)。

本書は、フィールド写真をそのような潜在力をもつものとして位置づけ、フィールドワーカーがより良い写真を撮影できるためのさまざまなアドバイスを提供するために編まれた。あくまでも本書の主眼はフィールドワーカーが上質なデータを得るための助言であり指南であるが、本書で述べていることの多くは街角でのスナップ撮影や観光旅行での記念撮影などにも役立つ汎用性を備えている。フィールド調査へ出る前に、本書で得たノウハウを駆使して試行錯誤してほしい。まずはカメラを持って出かけ、実践するところから始めよう。一歩外へ出れば、そこはもうフィールドである。

2 仕組みを知る
カメラの構造から写真をとらえる

小西 公大
KONISHI Kodai

写真とは何か、カメラとは何か

カメラの語源は、ラテン語のカメラ・オブスキュラ。カメラは「部屋」を、オブスキュラは「暗い」を意味し、あわせて「暗い部屋」となる。暗い部屋の壁に開いた小さな穴を通じて、外の世界が反対の壁に逆像として投影されたことから、この名前がつけられた。ギリシア時代には、すでにこの現象を利用して、壁に移った像をなぞり、絵を描くことがされていたという。たとえば、部屋の外に一本の木が立っているとする。この木に当たってはね返った光が、壁の小さな穴を通って反対の壁に像を結ぶのだ（図１）。

部屋（＝カメラ）のなかで投影される像。これを、永続的に固定することはできないか。19世紀になると人々は自然の光を捉えるための技術の開発を始めた。１８２４年には、フランスの発明家であるジョセフ・ニセフォール・ニエプスが、腐食防止用のアスファル

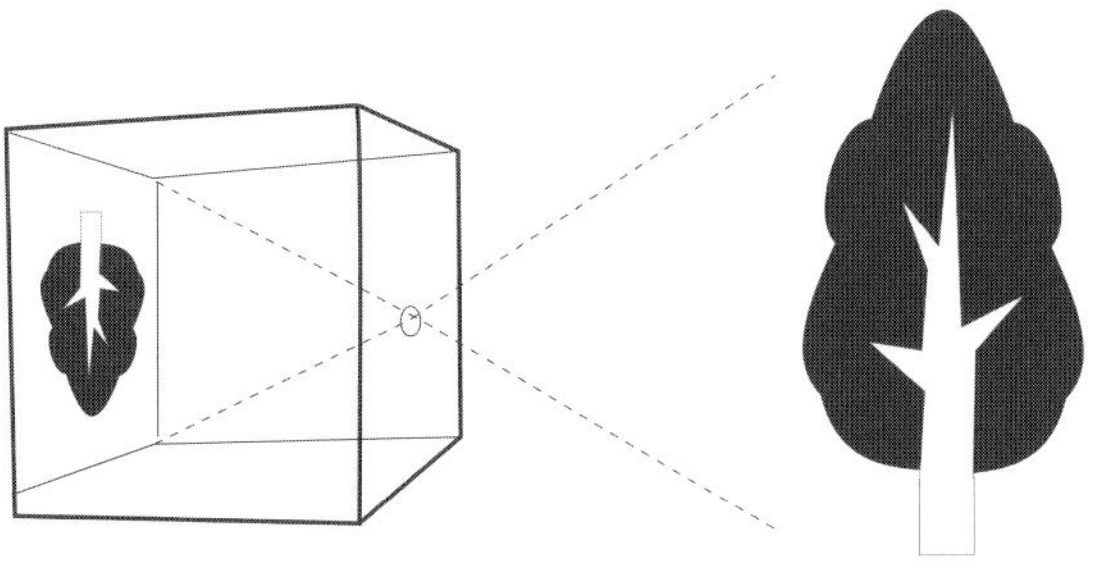

図１　「暗い部屋」の図
小さな穴を通って外部世界が逆像として投影される．

トの一種が光に当たると油に溶けなくなる性質をもつことに着目し、独自の感光材を発明。これをカメラ・オブスキュラのなかに敷いて印刷原盤をつくり、インクを流し入れ印刷した。これが、世界初の「写真撮影」であるとされている。彼は写真に、「ヘリオグラフィ（太陽の描く絵）」と名前をつけた。名前はシャレているが、発明された感光材の感度は低く、撮影時間は8時間から20時間を要したとされる。気の遠くなるような話だ。

しかし、この装置の基本構造は、今もまったく変わっていないことに気づかされる。変わったのは小さな穴に光を屈折させるレンズが取り付けられ、感光材がフィルムになったり、光学センサーになったというだけだ。穴から入り込む像は逆像であるが、これを正像としてみるためのミラーとペンタプリズムがつけられたのが現在の一眼レフである。つまり私たちは、今でも19世紀に固定化させようとした「太陽の描く絵」を捉えようと、技術革新を続けているのだ。この事実は、撮影術上達のためにも重要なことで、撮影というものは、要はモノや人を捉えることではなく、光（太陽）を読むことにあると気づかされるのだ。構図や人物のポーズも重要なのだが、それ以前に撮影においては光の量（露出）こそが決定的に重要であることを肝に銘じておく必要がある。

さて、話が脱線したが、ニエプスが発明した感光材は、その後急ピッチで開発がなされていった。フランス人画家ダゲールによる銀塩写真の商品化（ダゲレオタイプ、1839年）、イギリス人科学者タルボットによるネガ・ポジ法の発明（カロタイプ、1941年）などがあげられる。これらの発明によって、撮影時間は一気に短縮し、また焼き増し、すなわち複製が可能になっていった。フィルムの原型（ロール・フィルム）は19世紀末にアメリカ人発明家イーストマンによって始められた。それまでは硝子盤に感光乳剤が塗られたものを使用していた。現在最も普及している35㎜フィルムは、映画用に用いられていたフィルムを横に流し、カメラを一気にコンパクトにする試行錯誤から生み出されたものだ。これを開発したのがエルンスト・ライツ者の技術者オスカー・バルナックであり、ライカの生みの親である。

バルナックが病弱であり、大きなカメラを持ち運ぶことが困難であったことがカメラを縮小化する契機になったとされているが、この発明は二つの意味で現在のカメラを特徴づける画期的なものだった。一つには、35㎜という写真フィルムの規格が、すべてのカメラを考える際の基準となったことだ。レンズの画角や焦点距離、果てはデジタルカメラの光学センサーに至るまで、35㎜を基準にして考えられている。そして決定的に重要なのが、カメラがフィールドで用いられるものとなったことだ。それまでなされていた絵画的な静止像や肖像画の世界を遥かに飛び越え、容易く携帯することが可能となったカメラは、どこに行っても瞬間的にその世界の一部を切り取ることのできる機材となった。

写真のメカニズム

それでは、より詳しく写真のメカニズムについて話を進めていこう。

前述のように、カメラの構造はカメラ・オブスキュラの時代からまったく変化していない。外部の世界が暗い部屋の小さな穴から入り込み、反対側の壁面で逆像となって映し出されるという構造だ。ただし、この光を定着させるために、さまざまな技術が発明・開発されてきた。まずは、銀塩フィルムとデジタルカメラで使用される光学センサーについてから説明を始めよう。

（1）銀塩フィルムと光学センサー

銀塩フィルムとは、ベースに乳剤と呼ばれる感光相を塗布したものである。この乳剤に含まれているハロゲン化銀粒子が感光して、結像した光の像を定着させる。これを現像すると、銀粒子が黒く変化し、モノクロ画像となる。カラーフィルムでは、イエローに発色する青感層、マゼンダに発色する緑感層、シアンに発色する赤感層の三層構造になっており、現像の際には銀粒子をこのシアン・マゼ

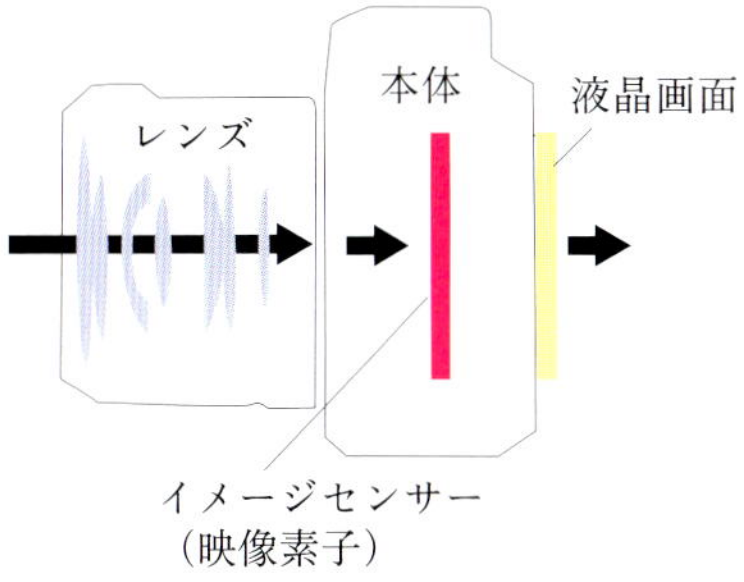

図2　デジタルカメラのしくみ
センサーが受光素子を用いて，光を電気信号に変える．

ンダ・イエローの色素粒子に置き換えて画像を形成する。この三原色は、デジカメでとった画像をカラー印刷するときにも使用される「減色法」と言われるものだ。逆に、撮影時にデジカメの光学センサーが捉えるのは赤、緑、青（RGB）の三原色で、これは「加色法」と呼ばれる。理論的に、世界のすべての色彩は、この三つの原色を混合することによって再現が可能である。

デジタルカメラのセンサーは、レンズから入ってきた光をフォトダイオードと呼ばれる受光素子を用いて電気信号に変える働きをする。フィルムは光を定着させようとするが、センサーは光を読み取り、デジタルの信号に変えてしまう（図2）。より詳しく言うと、受光素子が読み取った電荷は内蔵されたアンプをつかって増幅され、電気信号に変えられ転送される。センサーは平面にマス目状の画素（ピクセル）が配置されており、その画素一つ一つに三原色（RGB）のフィルターが貼ってある。カラー撮影の場合、このフィルターを使って、RGBが各色の電気信号に変換されるという仕組みだ。

（2）画素と解像度

カメラ選びの際に最も気になるのが、画素数だろう。フィルムが光に反応する粒子でできているように、センサーはマス目状の小さな点の集合体で構成されている。この点(ドット）が、画素もしくはピクセルと呼ばれるものだ。この画素が多ければ多いほど解像度が高く、多くの情報を記録することができる。当然、画素数が高ければ高いほど、写真一枚のファイルサイズが大きくなる。解像度というのは画素の密度を表す数値のことである。つまり、ディスプレイなどで表示される画像を構成する格子の細かさを数値で表したものだ。したがって、画素数は撮影の際の読み込む光の細かさに関係しており、解像度はその(画面なり紙媒体なりに）アウトプットに関係している。

デジカメの質と値段を左右しているのは、まさにこのセンサーと言っても過言ではない。もちろん、センサーが大きければ大きいほど、配置することのできる画素の数は大きくなり、読み込む光の細かさが増大する。より微細な撮影を好み、またアウトプットする際に拡大しなければならないような素材を撮影する際（作品展やポスター作成など）には、画素数が多いカメラをチョイスするにこしたことはない。

露出を極める

本書では、フィールドワーカーに対してコンデジではなく、一眼レフカメラを使用することを強く薦めている。その理由に、先に見たセンサーの大きさと解像度の問題があったが、それだけではない。カメラは光を読み取り、世界を切り取るための機材であり、そのためにはさまざまな表現手段を知っておく必要がある。この表現手段を自在に操る機能を備えているのが、一眼レフカメラなのだ。しかしそれには、適切な光の量を記録するための、基本的な知識が絶対的に必要となる。この基本を押さえておかなければ、光の量を操り、表現手段を広げることができない。この光の量のことを、露出というのだ。

このような経験はないだろうか。夕方になってだんだん暗くなっていくなかで撮影をしたら、人物がブレてしまったり、空は明るくとれても大地や建物が真っ黒になってしまったり、という経験。または、光が強すぎて写したい対象物が白くなってしまった経験、反対に、背景はよく撮れたのに写した人物が黒くなってしまって、表情がよくわからなくなってしまった経験。これらは、対象を撮影する際の適切な光の量の取得（露出）に失敗している例だ。そしてこれらの失敗は、たいてい「オート」の設定のときにおこる。オートは、カメラが自動的に適正な露出を計算して撮影してくれる機能であるはずだ。しかし、カメラはこちらが思い描いた被写体を理解してくれるわけではない。上記の例では、夕暮れ時の光量や、日中の日差しの強さに引っ張られて計算をしてしまい、肝心の被写体を撮るための光量が多すぎたり足りなくなったりしているのだ。フィールドワーカーが必要としているのは、いかに正確に、かつインパクトのある撮影をするのかということに違いない。ここではまず、光の量を正確にカメラに読み込ませるための基本的な考え方をみていこう。

（1）適正露出とは？

見た目に近い明るさに近づけるために、また対象物を明確に捉えるために、光の量を見極め、適切にカメラを操作すること。写真撮影とは、光を読む作業に他ならない。適切な光の量をフィルムなりセンサーに与えることを、適正露出という。この適正露出より光の量が足りなければ「露出不足（アンダー）」となり、多すぎると「露出過多（オーバー）」となる。アンダーもオーバーも、写真表現のためにあえてすることもあるが、それも「適正さ」がわかっているからこそできる技なのである。では、適正露出を得るために、何を操作すればいいのか。

結論から言うと、露出を決めるのは以下の三つ。すなわち、「絞り」「シャッタースピード」「ISO感度」である。まずは絞りとシャッタースピードの関係からみていこう。

（2）絞りとシャッタースピードの関係

光はレンズを通してフィルムやセンサーにたどり着く。光の通る穴を大きく（開ける）したり小さく（絞る）したりするのが、レンズに備わった「絞り」の機能である。絞りは数枚から10枚ほどの黒い羽を動かして口径を変化させる機能だ。開くか絞るか、という選択肢は、光の量の調整のため、もしくは写真の表現を変化させるためにある（後述）。当然、絞りを開く、すなわち口径を大きくすると、レンズから入り込む光は増大し、逆に絞る（口径を小さくする）と光の量は減少する。この絞りによる光の量は、F値という数値が使われる。F値はf1.4, f2, f2.8, f4, f5.6, f8, f11, f16, f22, f32…という数値で並べられ、この場合f1.4が最も開いた状態（開放）である。これがf2になると、光の量が半減し、

f2.8になるとさらに半減するといったように、数値が増えるとより羽が絞られ光の量は減少する。一般的にレンズの性能は、この開放値（絞りが完全に開ききった時の数値、この場合f1.4）によって測られることが多く、この数値が小さければ小さいほど「明るいレンズ」、つまり光の取り込みがより多くできるレンズとしてありがたがられる傾向がある。

次にシャッタースピード。シャッターは、フィルムおよびセンサーに当たる光を一定の時間で通過させるための装置である。つまり、光がレンズを通過する時間を制御するのだ。この時間のことを、「シャッター速度」という。シャッター速度が遅ければ遅いほど、光の通る量は増える。シャッター速度のメモリは、B, 1, 1/2, 1/4, 1/8, 1/15, 1/30, 1/60, 1/125, 1/250, 1/500, 1/1000…と進んでいくのが一般的であり、数値が小さいほどシャッタースピードは遅くなる。シャッタースピードが「1」となっていれば、シャッターが開いて、レンズを通ってくる光をセンサーが浴びる時間は1秒となる。この時間を半減するためには、メモリを1/2にすればいい。その半減は1/4となる。「B」は「バルブ撮影」を意味し、シャッターボタン（シャッターレリーズ）を押しっぱなしにしていれば、シャッターが開きっぱなしになる機能である。当然、シャッタースピードが遅くなればなるほど、手ぶれを起こしやすくなり、対象の動きを止めにくくなる。カメラを固定し、夜空の星の動きを撮影するために1時間シャッターを開けるという技術もあるし、吹き上がる噴水の水滴の形状を撮影するために、シャッタースピードを1/8000以上に設定することもある。

このように、撮影の際に光の量を調整する機能は、この絞りとシャッタースピードである。適正露出を得るためには、この二つの機能を駆使することになる。要は、絞りとシャッタースピードの組み合わせが露出を決定するのだ。この二つの組み合わせについて、光の量を水の量に置き換えた図3を用いて説明してみよう。バケツにちょうどいい水の量が適正露出だ。絞りは蛇口で、シャッタースピー

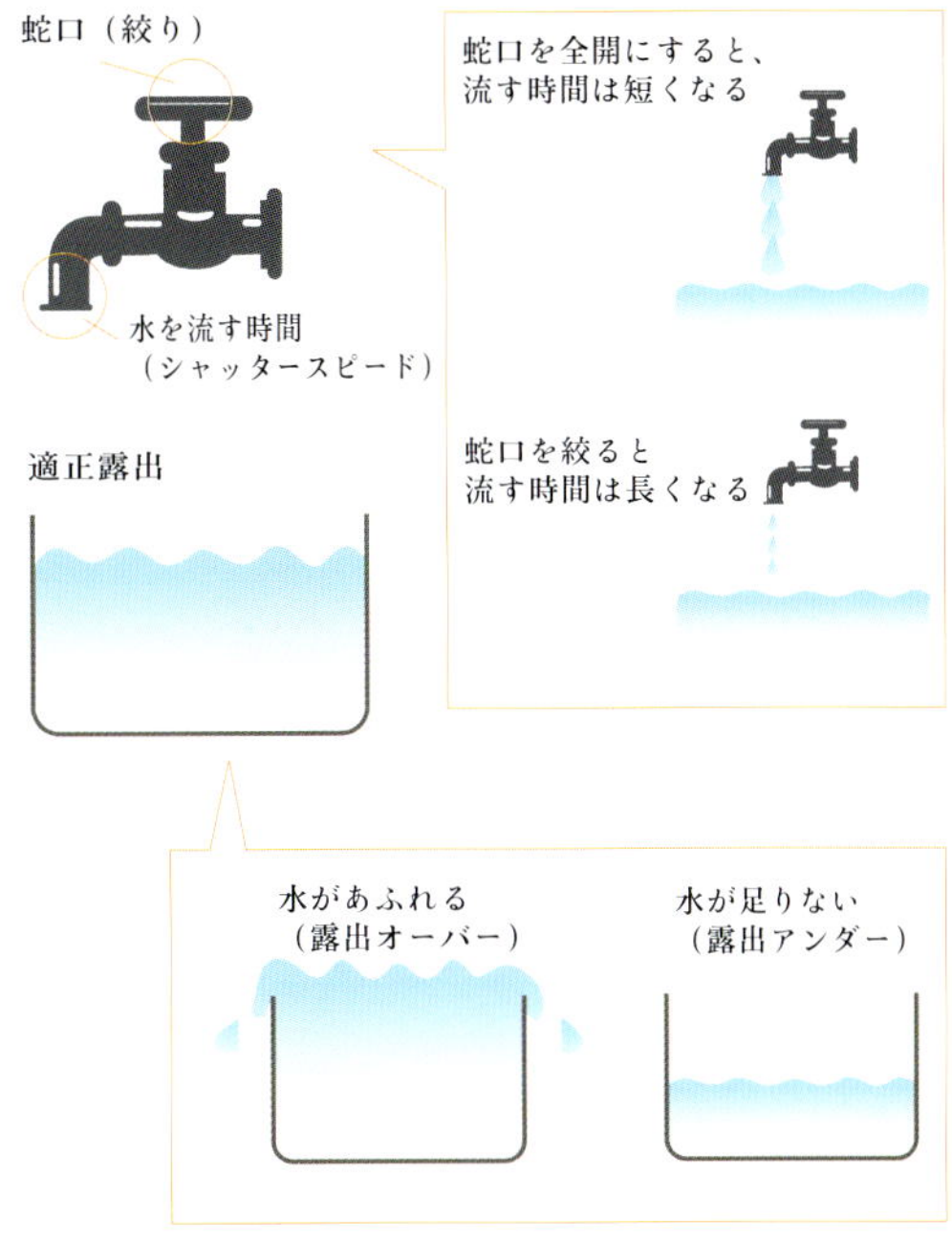

図3　絞りとシャッタースピードの関係

ドは水を流す時間とみなしてほしい。蛇口を全開にすると、水の流れる量は増え、バケツはすぐにいっぱいになってしまう。あふれてしまう前に蛇口を閉めることになるから、水を流す時間は短くなる。逆に蛇口を絞ると、水はチョロチョロとしか出てこないので、バケツに水を溜めるのに時間がかかってしまう。水があふれた状態が露出オーバーで、そうならないためには早めに水を止める（シャッタースピードを短くする）か、蛇口（レンズの絞り）をもう少し絞ってあげればいい。

（3）露出を決めるカメラの機能：露出補正

カメラの機能では、「M」と表示されたマニュアル機能で、この双方（絞りとシャッタースピード）を自由に調整して撮影することができる。その他、シャッタースピードを優先させ、絞りを計算させる機能である「TV」や、絞りをこちらで設定し、シャッタースピードを計算させる「AV」機能も搭載しているので、写真表現にあわせて使い分けができる。フィールド撮影では、スポーツ撮影とは違って極端に動き回るものを瞬時に捉えることは少ないかもしれない（生物学における動物の写真撮影などはあり得るかもしれないが）。そのため、写真のインパクトを左右することの多い「絞り優先機能AV」を使用している方々が多いようだ。

さて、ここにきて疑問をもたれた読者も多いと思う。シャッタースピード優先にしても、絞り優先にしても、結局カメラの方で露出を計算しているのであれば、目的の被写体が発する（反射する）光量の計算を失敗するのではないか。まさしくその通りである。実際の光の量を感覚的に読み取り、撮影に臨むのであれば、マニュアル・モードにして自ら露出を決定することが最も好ましいことには違いない。しかし、フィールドにおいては速攻性が必要とされていることが多く、カメラの機能に翻弄されているうちに、決定的なシャッターチャンスを逃してしまうことになりかねない。そこで重要になってくるのが、ＴＶやＡＶ機能を利用して光量をカメラに計算させながら、さらに露出を調整することができる「露出補正」機能だ。

露出補正機能は、ほとんどの一眼レフカメラ（ミラーレス含む）に搭載された機能で、直接ディスプレイ脇のダイアルなどで操作できたり、メニューから入って設定できるようになっている。補正は「+1」「-1」といった具合に、それぞれ一段階オーバーに設定（プラス補正）したりアンダーに設定（マイナス補正）したりする（写真1、写真2）。この「+1」「-1」という一段階を三つの段階に分けて設定できる機種も多い。すなわち、オーバーなら「+0.3」「+0.7」「+1」といった形で露出を補正することができる。筆者の感覚でいうと、状況によってＴＶやＡＶ機能で自動露出を行い、加えて、光の加減や被写体の映り方をみて露出補正をかけるというのが、最も素早く、失敗も少ない撮影方法だろうと考える。また、一枚撮影すると、設定した補正値のアンダーとオーバーの両方を記録する、すなわち三枚の写真を同時に撮影するAEB機能（Auto Exposure Bracketing: オートエクスポージャーブラケティング）撮影のついたカメラもよく見られる。データの容量は大きくなるし、のちにファイル整理が大変という難点があるが、速攻性が必要とされる現場ではこのAEB機能をオンにしておいて、次々に撮影をこなすというのも一つの手だろう。

（４）露出を決めるカメラの機能：ISO感度

オートフォーカス・自動露出の時代において、フィールドでの撮影で最も多い失敗は「手ブレ」だろう。とくに、夕方以降の暗い光のなかでの撮影や、暗い室内や森のなかでの撮影では、オートにしておいてもシャッタースピードを早めることができず、どうしても手ブレを起こしてしまう可能性が高まる。大口径の明るいレンズを使用したとしても限界がある。もちろん正しいカメラの構え方（図4）、つまりしっかりとホールドして脇を閉め、息を止めてシャッターを切る、などの方法で失敗を軽減させることができるが、被写体が動いている場合にはどうしようもない。モノや植物、建物といった動かないものの撮影であれば、三脚を持っていってじっくりと撮影すればいいのだが、フィールドワーカーとしては機動力が下がるので、極力大きな荷物は減らしたい。そこで、適正露出をつかさどる切り札が登場する。それが、ISO感度だ。

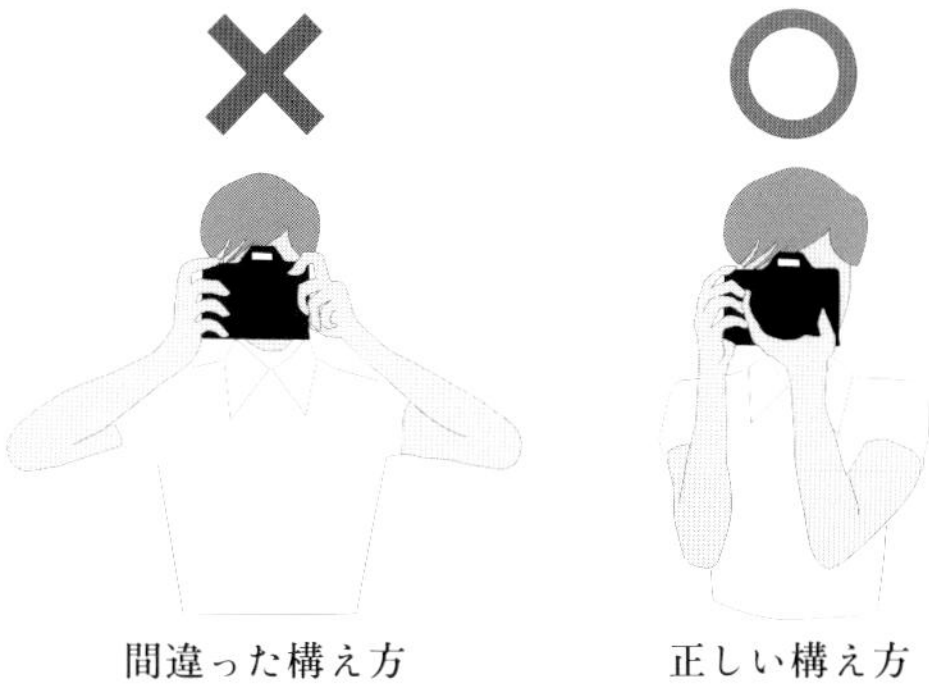

図**4**　手ブレ防止のためには，しっかりと脇を締めて撮影しよう

ISOとは、そもそもフィルムが持っていた「感度」、すなわちフィルムに使用された感光材料が光に反応する度合いを表す数値のことだ。この感度が高ければ高いほど、暗い場所での撮影がより安易になる。標準的な感度はISO100とされ、フィルム時代には最も需要が高かったのだ。しかし、この感度ではレンズを開放にしてもシャッタースピードがかなり遅くなってしまうだろう。そこで、感度を上げるためにISOを200, 400, 800, 1600とあげていくことになる。すると、（絞り固定の場合）一段ずつシャッタースピードが速くなるという訳だ。フィルムカメラの場合は、フィルムのロールそのものを替えなければいけないので、撮りきって巻き上げてから感度を変えなければならないが、デジカメではその場でセンサーのISO設定が切り替えられるので、とても便利だ。

しかし、手ブレをなくすためにやみくもにISOの数値をあげておけばいいかといえば、そうではない。ISO感度は、数値が小さければ小さいほど細かい粒子の仕上がりを得ることができ、大きくすればするほど粒子が粗くなっていく（ノイズが多く発生

写真 **1**　廃校となった小学校校舎の教室

暗いしっとりとした雰囲気を出すためにアンダー（-1）に設定．オートで撮った場合には，奥の窓から入ってくる光が強すぎるため，白とびしてしまう．アンダーに抑えることで窓外の光景を映しこむことができた．

写真 **2**　積もった雪から顔をだす子安地蔵

光の反射でお地蔵さんの顔が暗くなってしまうので，オーバー（+ 1）で撮影．表情を捉え，かつ神々しい雰囲気が出た．

写真 **3**　吹き上がる噴水のしぶき（瞬間）をとらえるため，シャッタースピードを早く設定（**1/1000**）

写真 **4**　水の流れを強調するために，シャッタースピードを遅く 設定（**1/15**）

する）。つまり、ISOを下げると繊細でシャープな撮影ができるが、ISOをあげればあげるほど画像が荒れていくのだ。最近では、感度を上げても、ノイズを抑える機能（ノイズ・リダクション）をもったカメラが増えてきているが、それでも完全に除去することができず、あまり大きな期待はできないだろう。1万を超えるISO感度設定ができる上級機も多いが、やはりISO感度に頼りすぎると写真の質も悪化するので、その辺りの見極めが肝心である。

写真表現の豊かさ

さて、これまで適正に露出を決定し、正確な写真を撮るための基礎的な考え方を紹介してきた。本節からは、これらの技術の応用編、写真表現の方法へとステップアップしていこう。写真の面白さとは、ただ世界を、正確な光で切り取ることだけではない。動画と違って静止画の面白いところは、流れる時間を瞬間に凝縮して保存することにあるだろう。世界的な知名度を誇る報道写真集団MUGNUMの創始者の一人であるアンリ・カルティエ＝ブレッソンは、自身の写真表現を「決定的瞬間」と名づけた。ファインダのなかの世界に起こってしまったどうしようもなく美しく、興味深く、物語性の高い瞬間を押さえること。これが写真の醍醐味なのだ。

（1）シャッタースピードによる表現

この場合「瞬間」というのは、フィルムやセンサーが光を感知した時間ということになるだろう。つまり、シャッタースピードのことである。前述の通り、シャッタースピードは数千分の一から、長いときには数時間に及ぶ。たとえば野鳥や動物、試合中のスポーツ選手の身体の動きを明確に捉えたい場合、シャッタースピードは速く設定する必要があるだろう。さもなければ、対象の動きの早さによってブレが生じてしまい、選手の表情や身体の動きが不明瞭になってしまう。

写真技術に関する入門書などをひも解くと、スポーツ写真を撮る場合には、種目ごとに適度なシャッタースピードがあると書いてある。速度を上げすぎると光量が不足し、人物の表情や肉体がシャープに撮影できないことがあるのだ。要は、被写体となる人物の動きがしっかりと止まればいい訳で、だいたい1／250～1／500ほどが適切とされている。

動きを「止める」と書いたが、シャッタースピードが速ければ速いほど光学センサーに光がさらされる時間が短くなるので、被写体の動きが止まったように見えるのだ。たとえば、公園などに設置された噴水の吹き上がる水の撮影を考えてみよう。シャッタースピードを上げればあげるほど、吹き上がる水の流れは止まり、飛び散る水滴や水の動く形状や輪郭を明確に捉えることができる(写真3)。シャッタースピードを落とすと、水滴などの玉は消え、水の流れを躍動的に描くように映るだろう（写真4）。

（2）絞りによる写真表現

では、建物やモノ、風景などの動かないもの（動きが少ないもの）を捉えようとするとき、なぜシャッタースピードを落とす場合があるのだろうか。それは、できるだけ絞って光の量を減らし、被写体を隅々までしっかりとピントを合わせて撮った方が、シャープで明確な撮影ができるからだ。もしくは、モノのみならず、その背景までしっかりと写し込みたいときも同様だ。反対に、モノや建物にのみピントを合わせ、背景をしっかりとぼかすことによって被写体を浮き出す方法もある。この場合は、絞りを開いて光の量を増やし、シャッタースピードを上げて撮影することになる。このように、どのくらいの範囲にピントをあわせるかを操作することで劇的に表現が変わってくる。このピントの範囲に関する法則は、「被写界深度の法則」と呼ばれている。

たとえば、並んでいるブランコを端から撮影しようとする。肉眼では、手前から奥に向かって並ぶブランコの椅子をすべて認識することができるのだが、カメラではピントの合う範囲を設定しなければならない。すべての（一番手前から一番奥までの）ブランコにピントを合わせたい場合、ファインダに映ったすべてのものにピントが合うように（パンフォーカスという）設定する必要がある（写真5）。または、一番手前のブランコのみにピントを合わせ、2番目からぼかしていく、ということもできる（写真6）。反対に、奥の方のブランコにピントを合わせ、手前をぼかすことも可能だ。手前のブランコの中心部にピントを合わせ、手前も奥もしっかりとぼかす場合は、絞りを開放にして撮影するといい（写真7）。このように、ピントの合っている範囲を決めること、これが被写界深度を決めることである。

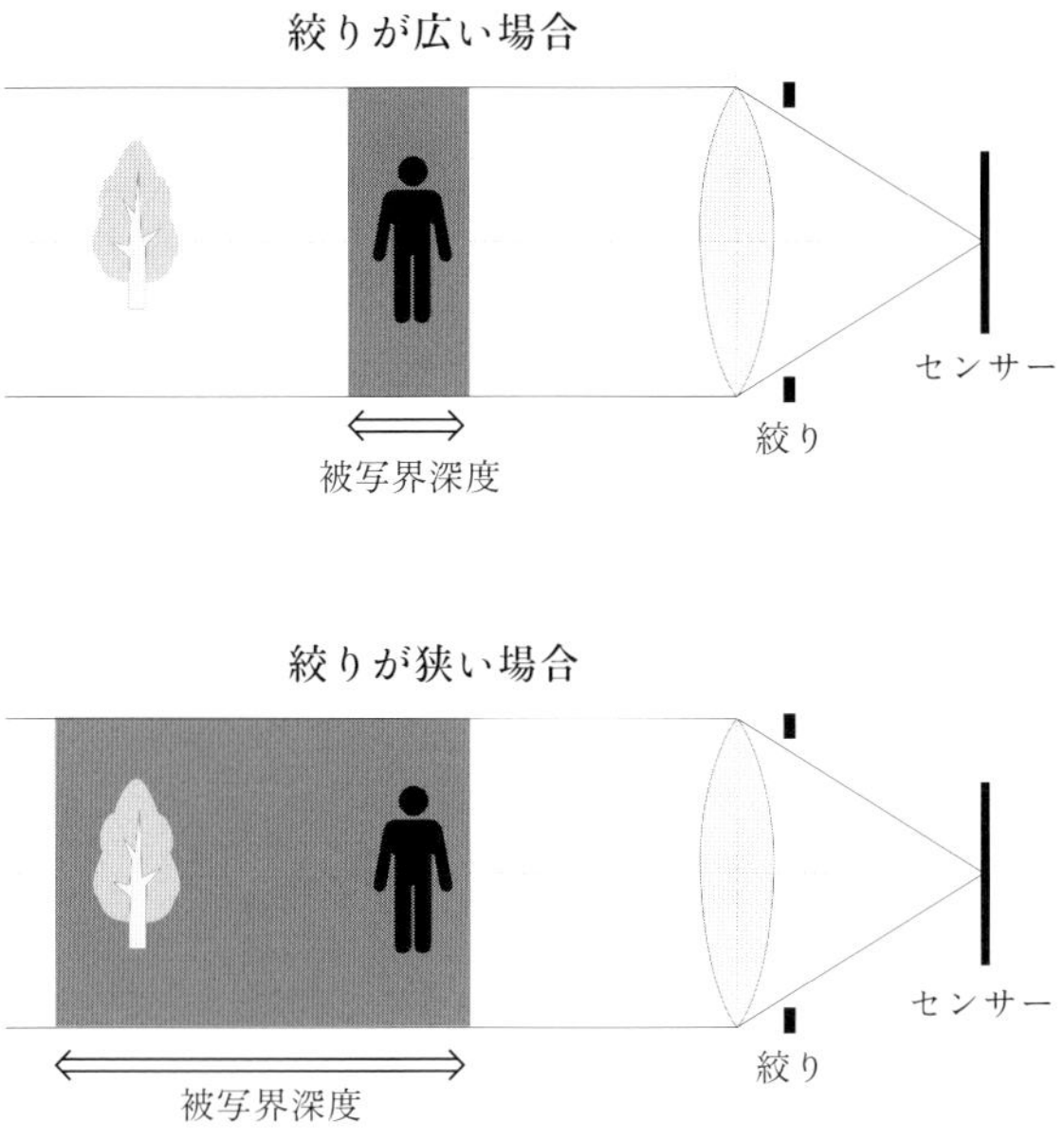

図5　絞りと被写界深度の関係

さて、ピントの合う範囲は、具体的にどのように設定するのだろうか。レンズの絞りを調整するのである。ピントの合う範囲を狭め（被写界深度を浅くする）たければ、絞りを広く開ける。ピントの合う範囲を広げる（被写界深度を深くする）のであれば、絞りを狭く絞ればいい（図5）。たとえば、人物のポートレートを撮るとしよう。人物にピントを合わせ、背景をしっかりとぼかしたい場合、開放値（F1.4, F1.8, F2, F2.8などレンズご

写真 **6**　被写界深度を浅くした撮影

被写界深度を浅くし，手前のブランコのみにピントを合わせ，奥をボカす (f3.5).

写真 **5**　パンフォーカスでの撮影

手前から奥まですべてのブランコにピントが合っている（F16）.

写真 **7**　開放値（**F1.8**）での撮影

手前も奥もしっかりとボケており，ピントは手前のブランコの中心部だけに合っている

写真 **9**　望遠レンズによる開放値（**F1.8**）での撮影

写真 8 と同じ構図，F 値ではあるが，被写界深度がきわめて浅く撮影される.

写真 **8**　広角レンズによる開放値（**F1.8**）での撮影

写真 **12**　オート・ホワイトバランスで撮影
室内での撮影のため，蛍光灯に引っ張られたか，周囲のカラーボールの色に引っ張られたのか，顔が青白くなってしまった．

写真 **13**　色温度調整機能を使用
「蛍光灯（白色）」に設定すると，顔の色や周囲のカラーボールの色が自然になり，引き立った．

写真 **11**　望遠レンズで絞って撮影（**F8**）
写真 10 と同じ構図，F 値．背景の木の幹が迫ってきており，建物はもはやほとんど映っていない．距離感は失われている．

写真 **10**　広角レンズで絞って撮影（**F8**）

とに違う）に近い数値に設定する。背景を多少ぼかし、全体をすっきりと見せたいのであればF2.8, F3.5, F5.6などに絞って調整する。また、手前の人物と背景双方にしっかりとピントを行き渡らせたいのなら、絞り込めばいい（F8以上に絞った方がいいだろう）。

絞り込みには別の効用がある。絞り値を上げると（絞り込むと）、センサーはレンズの中央部のみから入ってくる光に感応することになる。よくいわれることだが、レンズの中心部は一番その性能が発揮される部分でもあり、シャープでコントラストの高い撮影が可能となる。逆に絞りを開けると広範囲にわたってレンズを使用するため、そのレンズの性格（機種や個体差）がでやすい。ともすれば、多少コントラストの低いものになってしまう（「ねむい」写真ともいう）。もちろん、開放からシャープで明晰な撮影ができるレンズもあるが、傾向として高額なものが多い。そもそも、開放値が低く、明るいレンズは周囲部分にも自信があるレンズであるため、当然高額となるのだ。

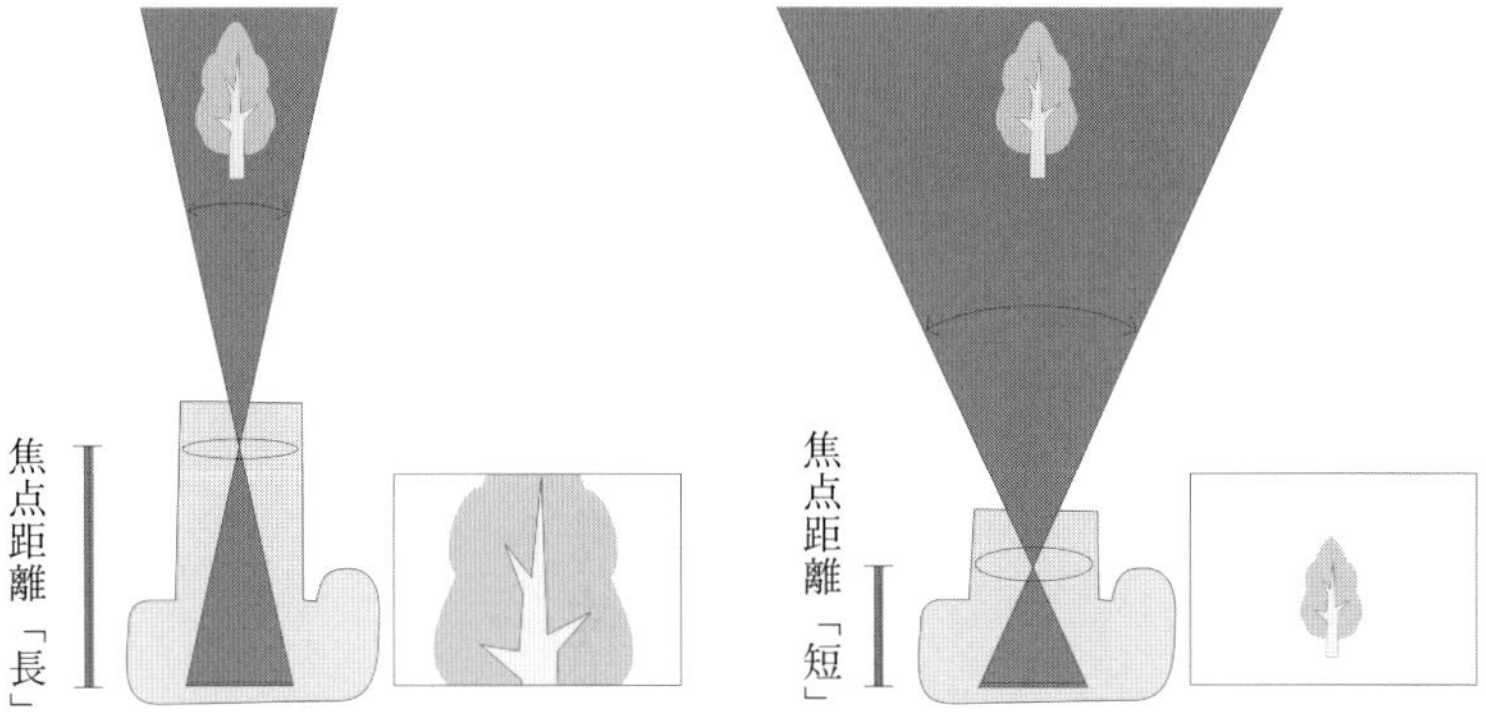

図6　焦点距離の概念図

（3）焦点距離と被写界深度、遠近感の関係

絞りの効果によって被写界深度を自由に設定できることを学んだ。しかし、被写界深度は絞りだけではなく、レンズの焦点距離とも深く関係している。焦点距離とは、レンズの中心から像を結ぶ地点（焦点）までの長さ（距離）のことである。3章で詳述するように、レンズには望遠から広角までさまざまな焦点距離を持ったものがあるが、この焦点距離が長ければ長いほど遠くのものを引き寄せる望遠レンズとなり、短ければ短いほど広い範囲の撮影が可能となる広角レンズとなる（図6）。

このレンズの焦点距離によって、被写界深度、つまりピントの合う範囲が大きく変わってくるのだ。簡単にいってしまうと、広角レンズ（焦点距離が短いレンズ）の方が被写界深度が深くなり、望遠レンズはより浅くなる傾向がある。同じ絞り値に設定しても、背後のボケ方がまったく違ってくるのだ。例として、ベンチに置かれたカエルの置物を見てみよう。写真8は広角レンズ（28㎜）、写真9は望遠レンズ（100㎜）で、それぞれ同じような構図になるように撮影した。どちらも絞り値はF1.8（開放）である。望遠レンズで撮影した方が、はるかに背景がボケている、つまり被写界深度が浅いことがわかるだろう。

また、広角レンズと望遠レンズでは遠近感がまるで異なってくる。広角レンズは遠近感を強調し、望遠レンズは弱くし、平面的に結像するような仕組みになっている。つまり、広角レンズは、近くのものは近く、遠くのものはしっかりと遠くに撮影するのに対し、望遠レンズは遠くのものを大きく引き寄せ、圧縮させる撮影効果を持っている。もう一度カエルに登場していただくと、写真10は広角レンズ、写真11は望遠レンズで撮影したものだ。どちらもF8で、比較的絞った撮影。前者は背景となる樹木や建物が遠くに写り込んでいるが、後者は被写界深度が浅いうえに、遠くにあった樹木の幹がすぐ後ろまで迫ってきている。これが圧縮効果である。このように、レンズの持つ特性を生かした表現というのも可能になるのだ。

（4）色温度（ホワイトバランス）による写真表現

写真表現は、シャープさやコントラスト、ピントの範囲や撮影スピードなどを操作することによって多様な広がりを持つことを述べてきた。最後に、カラー撮影の際の、写し込む色彩について簡単に述べておこう。

曇り空の下で写真を撮った際に、なんとなく全体が青みを帯びた写真になってしまったという経験はないだろうか？　もしくは、白熱灯のついたお店などでの撮影で、被写体が赤くなってしまったり、蛍光灯のついたオフィスでの撮影で、写真が緑色を帯びて撮れてしまったり、などなど。これらは、光のもと（光源）が何であるかによって、写真全体の色合いが決定されてしまうということが原因となっている。ここで重要なのは、カメラを通じて撮影された世界は、我々の目が捉えている世界と一緒ではないということだ。フィルムやセンサーはそのときの光源によって、つまり光の性質によって移り行く色彩（色温度）を正直に記録してしまう。そこで、カメラに光源の性質を設定し、目で見ることのできる世界に近づける必要がでてくる（写真12、写真13）。もしくは自らがこの色温度を自由に操作し、あえて見た目の世界とは違う色彩の世界を映し出すことも可能となる。基盤となる色調が変わると、写真の印象も大きく変わるので、シチュエーションによって好みの色温度を設定できるようになると写真表現が広がるのである。

色温度（ホワイトバランス）は、デジタル一眼レフの場合はたいてい自由に設定することが可能だ。光の色は、熱力学温度（絶対温度）を示す単位である、K（ケルビン）を使って表されている。基準値は5500Kであり、これはフィルムが採用した色温度でもある。この値は、デーライト（昼光）といわれ、正午前後の太陽光がはなつ色温度とされる。これが日の出や日没時には2000K前後と低くなる。色温度が低くなると全体的に赤く映り、色温度が高いと青みを帯びた写真となる。より現実に近い色調を臨むのであれば、カメラの色温度調整機能を使って、日の出や日没時に2000K前後に設定すればいい。逆に、青みを帯びてしまう曇りの日には色温度を上げて6000～6500Kに設定し、日陰等の多少暗い場所では7000K～7500Kに設定するといい。このように、直接ケルビンの値を設定してもいいが、多くの一眼レフ（ミラーレスを含む）は、色温度調整機能に「太陽光」「曇り」「日陰」「白熱灯」「蛍光灯」などのようにシチュエーション別に設定ができるようになっており、とても便利だ。

最後に――フィールドカメラマンたちへのエール

フィールドで撮る写真を、少しでも魅力的なものにしたい。どうすればいいのか、と学生たちから問われることが多い。やはり、一枚一枚の写真に集中することが、写真技術の向上への最短の道なのだろう。集中することとは、どういうことだろうか。もちろん、露出が正しいかどうか、しっかりとピントが合っているか、色温度は最適か、などの「正しい」写真を撮ることに専心することには間違いがない。しかし、これらはあくまでも撮影の際の「前提」や「基礎」である。何かを訴える写真というのは、被写体の性質や魅力をいかに引き出すか、ということにある。この辺りは、正確な撮影技術を身につけた後に現れる、写真表現にかかわる「応用」の部分だろう。そこから、シャッタースピードや絞りの値が決定されていくのだ。なかでも重要なのは、被写体との距離である。本書で推奨している一眼レフは本体もレンズも大きなものなので、対象が人物や他の生物の場合、威圧的に感じられてしまうかもしれない。また、対象との関係性が映し出されてしまうのも写真の面白いところだ。対象が人物の場合、その人との関係性によって表情は変わってくるし、撮影者との距離も変わってくる。対象者の魅力を伝えるために、どれくらいの距離から撮影し、どのレンズを用い、どのような画面構成にするのか。どの一瞬を切り取り、どこにフォーカスを当てるのか。こういった表現にかかわる部分は、どうしてもマニュアル化することのできない部分である。集中して、意識的に撮影するとは、このことだ。対象と向き合い、最適な表現方法を模索し続けること。それには、正確な知識に裏づけられた技術とともに、「ここから、このように撮れば、このような写真になるだろう」という、出来上がりに対する意識を保持し続けることが大切だ。

おすすめの方法としては、一台フィルムカメラを持つことだ。できれば、オート機能のついていない、マニュアル撮影のみしかできないクラシックカメラがいいだろう。ボディやレンズは中古であれば安価で買うことができるが（もちろん良いカメラやレンズは高価であるが）、フィルムは、現像も含めて決して安価なものではないし、撮影枚数も少ない。したがって、一枚一枚の撮影に集中することになる。また、絞りやシャッタースピードなどをその都度設定することになるため、適正露出の技術を手っ取り早く体得することができる。ピントも手動であわせるため、フォーカスに関しても敏感になる。そのうえでデジタル一眼の撮影を行うと、見事にその構造が即座に理解できるようになるだろう。クラシックカメラを買うのはハードルが高いという人は、一眼レフをマニュアル設定にして、自身で露出を調整するのも手かもしれない。

本書の対象読者であるフィールドワーカー達にとって最も重要なのは、刻々と変わる光源とシチュエーションを即座に読み、最短でシャッターを切ることのできるスピード感だろう。短い時間で、適切な撮影技術とともに多様な写真表現を身につけるためには、とにかくいろいろと設定を変えながら撮り続けて、自らのスタイルを身につけていくことにつきるだろう。仕組みの理解と実践。フィールドワーカーたちの健闘を祈る。

Column 2

民俗写真の楽しみ方

小西公大
KONISHI Kodai

民俗写真というものを明確に定義することは困難なのだが、ここでは「民俗」という被写体を捉える写真の総称で、民俗学の発展と深くかかわる写真の方法および作品、としておこう。民俗学が「野(フィールド)の学」であるならば、民俗写真はまさに「フィールド写真」なのである。

「民俗」を捉えようとした写真家は、大正末年から昭和初期に噴出することになるが、彼らは「新興写真」と呼ばれる、ピクトリアリズム的「芸術写真」の超克を目指した写真界の潮流に位置づけられる。彼らが目指したのは即物主義的・現実主義的な写真だった。また、民俗学や人類学の成立とともにこれらの写真家たちは深くかかわり、写真のもつ記録性に大いなる期待を抱いた渋沢敬三のアチック・ミーゼアムをはじめとし、さまざまな写真技法の確定作業が進められていった。そこでは主観性/客観性、演出性/非演出性などをめぐる絶え間ない議論が行われていた。なかでも「民俗写真の第一人者」と称される芳賀日出男は、資料としての価値を高める「マイナスの演出法」を提示したことでも知られる。これは、被写体に写り込んでしまうノイズやアクシデント、偶然性などをできる限り取り除き、シンプルに再構成された被写体の結晶を写真におさめるというものだ。一方で民俗学の創始者である柳田國男は、撮影者の意図を排除した「自然さ」を強調し、演出性を排除し、学術的な客観性(「ゼネラル」なもの)を追い求める写真術を提示している。渋沢敬三は集めた写真の情報資源化の過程で、自然さと意識性の双方を綿密に類型化しながら写真をとりまく多様な関連資料・情報との組み合わせによる「読解」の重要性を認識していた。これらの議論は、「フィールド写真」というものをどのように定位し、どのように撮影・活用するのかという本書のもつ根源的な問題とも直結していて、とても興味深い。

これら多様な「民俗写真」のアプローチが存在するなかで、きわめて特殊な位置にあるのが、宮本常一の写真群であろう。宮本は生涯にわたって10万点を超える写真を撮り続けてきたが、近年その写真群に対する評価、すなわち宮本写真論が盛り上がっている。

宮本は、全国各地（とくに中央から隔絶した周辺地域や離島など）を徹底的にめぐる「歩く巨人」としてのイメージが定着しているが、その旅程でとめどもなく写真撮影を続けたことでも有名だ。1960年にハーフサイズのオリンパスペンSを購入してからはとくにその撮影数が伸び、彼自身の言による「メモがわり」としての写真という側面が大きくなる。宮本写真に関しては、敗戦後の「昭和」を想起させるノスタルジックな面や、そのアート性が強調されてきたし、歴史的証言としての「失われたもの」の記録性を過剰に評価する論者が多いが、宮本写真の面白さはあくまでフィールドノートをつけるような軽快さにあり、宮本自身が「読む」ために撮影されたというきわめて個人の主観的部分が大きいことにあるだろう。したがって、残されたわれわれが宮本写真を「読む」場合には、写真が置かれたコンテクストと宮本の持っていた特有の視点とを接合させつつ、映し出された被写体の意味を読み解く必要がある。それに最も成功しているのは香月洋一郎の『景観写真論ノート：宮本常一のアルバムから』であろう。香月は、宮本写真群のなかでも一定の割合をもつ景観（風景）写真を取り上げ、写真に付されたメモや本人との会話をもとにその緻密な空間認識のあり方を浮かび上がらせようと試みた。

しかし、こうした「正確」な「読み」とは別な方向で、宮本写真は後の鑑賞者に多くの楽しみを与えてくれる。それは、彼の写真技法の不徹底さ（撮り流しの多さ）からくる、フレーミングの甘さやブレ・ボケなどによるものと考えている。こうした（あくまでも部分的に）「いい加減な」撮影により、写り込んでしまった異物や偶発的なもの、撮影時のアクシデントなど、芳賀日出男が排除しようとしたノイズが、じつに臨場感をもって立ち現れてくる結果となっている。これは宮本自身も意図していなかったものかもしれない。そこには、研究者として狭小な「民俗」を切り取ろうとする姿ではなく、そこに「ある」世界を収めようとするリアリスティックな姿勢を見てとることができるだろう。その意味で、宮本写真は厳密には「民俗写真」ではないのかもしれない。

写真 1 「粗末なぞうきん」とキャプションがつけられた
佐渡・願集落で撮影された宮本写真
周防大島文化交流センター所蔵.

実際、こうした「古来からの」「伝統的な」民俗の世界に収まらない写真は枚挙にいとまがない。ここで、筆者が宮本写真にのめり込むきっかけを作った一枚を紹介しよう（写真 1）。この写真は1959年8月7日に撮影された、佐渡市（当時は新潟県佐渡郡）の北端に位置する願《ねがい》集落で撮影されたものだ。この小学校裏に干されたボロ雑巾は、オリンパスペンSを入手する前に使用していたアサヒフレックスという国産初の一眼レフカメラで撮影されている。下見板張りのされた校舎裏の角を立ったまま見下ろすように撮られている。この写真が掲載された『私の日本地図　佐渡』（未来社）では、この写真の「読み」を宮本自身が行っている。

村のはずれに小さな学校がある。その小学校の裏側に子供たちが雑巾をほしている。まともなものは一枚だけで、あとはぼろぼろである。そんな雑巾で子供たちは掃除をしているのである。（中略）他の地方ならもうとうにすててしまっているであろうに、佐渡の人たちはそういうものも大事にして、洗ってはつくろって用いているのである。その生活は決してゆたかであるとは言えないけれども、激しい自然の中で孤立同様に生きてゆくには、これほどのつつましさが必要なのだろう。

（75ページより）

ここでは、古の民俗世界の歴史的証言を記録しようとする姿勢ではなく、離島という他世界から「孤立」した社会にみいだすことのできる「つつましやか」だが厳しい人びとの生活の断片を具体的に捉えようとする確固たる意思を感じることができる。宮本の意識は、ここでは「過去」のサルベージや再構築ではなく、現状のストイックな把握と、離島振興法の制定（１９５３年）に深くかかわっていったような、現状打破と未来への指向という双方へと向いている。

民俗写真、ひいてはフィールド写真は、このように撮影者と被写体との関係のあり方そのものを深く問いただされるものだ。われわれは何をもって対象を捉えるのか。なんのためにカメラを手に取るのか。そのようなことを考えながら「民俗」が写し取られた写真集をめくるのもいいかもしれない。

3 機材と付き合う

多様なカメラ・レンズ・アクセサリー

小西公大
KONISHI Kodai

大型電気量販店の店先、テレビのCM、電車のつり革広告など、どこにいってもあらゆる種類のカメラがその多機能性や画質の良さ、速写性を誇示している宣伝に出くわす。学生たちからも、一体どのカメラを選んだらいいかわからない、という悲鳴にも似た声を聞く。携帯電話やスマートフォンですら､その機能の一部であるはずのカメラ機能について大仰に宣伝するものだから､なにをもって「いいカメラ」とするのかは、本当に難しい。また、機材に関してもアクセサリーに関してもさまざまなものがあるので、何が必要なのかを考えるのも一苦労だ。

そこで、ここでは、『フィールド写真術』という本書のテーマに沿って、フィールドワーカーたちに有効な情報を選別し、記述していきたい。ただし基本的なスタンスは、デジタル一眼レフカメラを使用すること、機材やアクセサリーは最小限に！である。かけ回り、足で情報を稼ぐ。そんなフィールドワーカーたちにとって、軽装備は重要なポイントだ。では、カメラは軽い方がいい？そこは、そうはいかないのである。まずはカメラの種類と特質から見ていこう。

カメラの種類

現在市場に出回っている主なものとして、コンパクトデジタルカメラ、一眼レフ、ミラーレス一眼の三種類がある。順に見ていくことにする。

コンパクトデジタルカメラ（以下、コンデジ）は、その名の通りきわめてコンパクトなサイズであり、携帯性も高い（図1）。気軽にポケットに入れて持って行くこともできるし、ストラップをつけて首からぶら下げて歩いたりするのも負担にならない。軽いので片手で簡単にホールドできる。この軽さは、移動が多いフィールドワーカーにとっては大きな利点だ。しかし、本書でコンデジをあまりオススメしないのは、「一歩先の写真を撮ってほしい」と願っているからだ。

図1　コンパクトデジタルカメラ（通称コンデジ）の典型的なフォルム

というのも、コンデジに搭載されているセンサーは非常に小さく（後述）、どんなに技術革新が進んでも、（かなり高額なコンデジには、画質にこだわったものもみられるが）やはりそれなりの画質でしか撮影できないものが多い。また、レンズ交換ができないため、その都度の状況に合わせたレンズを選ぶことができない。コンデジには多くの場合ズームレンズが搭載されているが、どうしても単焦点レンズの画質には及ばないことが多く、かつ口径も狭くなってしまう。それを補おうとしてISOの機能にこだわるものの、高感度設定の場合はノイズが目立ってしまうことが多い。

また機種によっては光学ズーム（一般的なズームレンズの構造）ではなく、デジタルズーム機能（レンズは動かず、センサーに映った画像を拡大するもの）を採用しているものもあり、その場合ズームをすればするほど画質が劣化することになってしまう。レンズの構造上、被写界深度が深く設定されていることが多く、背景までしっかりとピントを合わせてくれるのは良いのだが、絞りを生かして被写体をうまく表現することはできない。背面にある液晶モニターは、枠を決めたりピントを合わせたりするのに重宝するが、太陽の下などでの光量が多いシチュエーションでは、モニターそのも

図2　デジタル一眼レフカメラ
（通称デジイチ）の典型的なフォルム

のの確認が難しい。本体の軽さゆえに手ブレを起こしやすい傾向にある。

このように、気軽さと重量の軽さによる利点は大きいが、実際に撮影された写真のクオリティや再現性を考えると、やはり一眼レフに比べて全体的に低調だ。一方で、コンデジのハイエンド化も進んでいることも確かで、センサーが大きくなったり、質の高い単焦点レンズを搭載していたり、ノイズキャンセラーなどの機能で画質を保ったり、技術革新が行われていることも確かである。こうした機種は気軽にスナップを撮ったり、メモ代わりに資料やモノを撮るのに適しているかもしれない。サブ機として持ち歩くには重宝するだろう。

一方で、本書がお勧めするデジタル一眼カメラは、最もバランスのとれたものである（図2）。使いこなすことができれば、「意図する写真を撮る」ことが可能になる。

デジタル一眼カメラの最大の利点の一つは、まずもってレンズを交換できることにあるだろう。撮影シーンや撮影対象の別によって、最適なレンズを選択することができる。広角から標準、望遠などの定番レンズから、魚眼レンズやマクロレンズ、ティルト・シフトレンズなどといった特殊なもので、さまざまなレンズを意のままに駆使することができる。撮影に先立って、その日のシチュエーションや対象などに思いを巡らせ、どのレンズを持参するか頭を悩ませるのも楽しい。短焦点レンズにはとても明るい（口径の広い）レンズも多いので、ボケなどの描写を楽しむことができる。

コンデジと比べてはるかにイメージセンサーのサイズが大きいのも利点の一つだ。当然画質にも大きな差が出てくる。高感度設定しても（ISO感度をあげても）、ノイズが出にくくなる（画質が劣化しにくい）。連写性能も高く、またピントを合わせてからシャッターを切るまでの時間（レリーズ・タイムラグ）も短いので、シャッターチャンスをしっかりとおさえてくれる。とくに動いている被写体などの撮影には威力を発揮してくれる。コンデジと比べてそれなりの重量感があるので、持ち運びや長距離の移動などには少し不便なところもあるが、その分ホールドしやすく、ブレをおさえることができるのも利点だ。

カメラ市場できわめて好調な売れ行きをみせるミラーレス一眼に関して説明しておこう。ミラーレスとは、その名の通り一眼レフカメラから、画像をファインダーに送り込むミラー（鏡）がなくなったものだ。つまり、レンズを外すと撮像素子（センサー）がむき出しになる。そのセンサーに写り込んだ光景を、光学ファインダー（液晶ディスプレイ）で覗き込むことができるという仕組みだ。レンズを通ってきた光景を直接ファインダーでみるのではなく、一度センサーでキャッチした光景をデジタル化して光学ファインダーで確認するというもの。厳密な意味での「一眼」ではないと言われる所以だ。

しかし、この仕組みのおかげで、ミラーと、光景をファインダーに送り込むためのペンタプリズムがいらなくなったため、ミラーレス機は限りなくコンパクト化していった。コンデジとの差異化は、一眼レフと同様にレンズ交換が可能であり、作画をコントロールするための細かい機能が搭載されていることで図っている。

利点は、なにより軽い。首からぶら下げていても肩が凝らない。また、大きさもコンパクトなので、人物撮影の時には被写体にあまり緊張感を与えない。レンズの種類も多く、またフランジバック（レンズのマウント面から撮像素子の間の距離）も短いので、オールドレンズをはじめとする多様なレンズもアダプタを介して装着できるという利点がある。だったら、デジイチではなくミラーレスでいいじゃないか、という声も聞こえてきそうだが、ミラーレスにはミラーレスの欠点がある。

まず、一度撮像素子を通って光景をデジタル化しなければならないため、リアルタイムに被写体を確認することができない。微妙に遅れて光景を見ることになるため、絶好のシャッターチャンスを逃してしまう可能性がある。また、ミラーレスで採用されているオートフォーカス機能には速度的に劣っているものも多く、デジイチと比べると光量の足りない現場ではピント合わせにイラつく人も。またその軽さゆえにホールドしづらい部分もあり、手ブレにつながってしまうこともある。また、撮影のために光学ファインダーのディスプレイを点灯し続けることになるので、バッテリーの減りが早くなる傾向がある。予備バッテリーは必須だろう。

しかし、このような難点を理解したうえでも、やはりそのコンパクトさは魅力的だ。とくに長時間野外で動き回らなければならないフィールドワーカーにとっては、レンズも含めた装備の重さは重要なポイントである。また近年では（まだまだ高価だが）フルサイズ・センサー（後述）のミラーレス機も登場し、デジイチの存在を脅かしている。しっかりと利点と難点を理解したうえで使いこなすというのが理想的だ。

センサーの種類

カメラの種類でも何度か登場したこのセンサーなるもの。撮像素子とも言い換えてきたが、つまるところデジタルカメラにおけるフィルムの役割を果たす部分である。レンズを通ってきた光を固定化させ、デジタルに変換する機能を果たす。では、どのようなセンサーを搭載しているカメラが優れているのだろうか。これはとても簡単で、センサーは大きければ大きいほどいい。フィルムとほぼ同じ大きさを持つセンサーを「フルサイズ（36×24㎜）」といい、中判のセンサー（43.8×32.8㎜）を除けば最も大きいものとして普及している。デジタルカメラ用のレンズの画角表記はすべて35㎜フィルムを基準としているので、このフルサイズのデジタル機を使えばそのままレンズの画角で撮影が可能となる。つまり50㎜標準レンズは、当たり前だが50㎜の画角で撮影できる。ただし、こうした大きなセンサーを搭載しているカメラは、基本的に高額である。フルサイズ機は上級機とされ、プロが用いるものというイメージが定着している。

一般的に（中級機や初級機で）広く搭載されているのは、APS-Cサイズ（23×15㎜、各社で微妙に大きさの違いあり）と呼ばれるセンサーで、フルサイズに比べると一回り小さい。センサーが小さいと、それだけレンズ（レンズの口径＝イメージサークル）から入ってくる光景の受像部分が小さくなる（狭く切り取る）ので、望遠と同じように画角が狭ってしまう。APS-Cの場合は、レンズの画角のおよそ1.5倍の計算となる。標準レンズ（50㎜）レンズを装填すると、75㎜の中望遠レンズになるというわけだ。オリンパスやパナソニックのカメラに搭載されているセンサーはフォーサーズ、もしくはマイクロフォーサーズと呼ばれる規格で、APS-Cよりも一回り小さい（17.3×13㎜、APS-Cの60％くらいの大きさ）。このセンサーだと、画角が約2倍になるので、注意が必要だ。標準レンズを装填すると100㎜の立派な望遠レンズになってしまう。これがコンデジなどでよく使用される1/2.3型とよばれるセンサー（6.2×4.7㎜）だと、APS-C比で7.8％となる。コンデジの画像が荒れやすいのは、このセンサーの小ささによることが多い。

センサーの性能を表す単位として、画素数というものがある。各メーカーはこの画素数の多さを売りにしていたが、実は画素数の多さと写りの良さというのは必ずしも比例していない。画素数が多すぎると、逆に光をキャッチする面積が小さくなるので、ノイズが増えて画質が悪くなるという事態が生じることがある。要は、撮像素子の大きさとのバランスが重要なのである。画質を上げたいのであれば、光景を取り込むための面積が大きいセンサーを選ぶことが何より大切なのだ（それだけ光景の微細な部分をキャッチすることができるのだから）。

多様なレンズの世界

画質の良さはセンサーだけを追い求めても駄目である。レンズがどれほど繊細な情報をキャッチできるか、つまり解像度が高いかが、もう一つ重要なポイントだ。レンズは円形であるが、センサーは四角く光景を切り取るため、レンズの中央部はより解像度が高いように作られている。これが周辺に至るまで解像度が落ちないレンズが、いわゆる「銘玉」と呼ばれるいいレンズのことであるが、やはり高額だ。センサーが大きいほどレンズの周辺部までしっかりと使用するので、フルサイズ機の方がレンズの性質がわかりやすい。

一方で、先述の通りレンズは中央部の方が高解像度に作られているため、絞りを開放にして撮影するより2～3段絞った方がより良いパフォーマンスができるようになっている。つまりF値が1.4の明るい単焦点レンズの場合、F4～F5.6程度に絞るとレンズの才能が一番発揮される設定になっている。大口径で明るく、開放でもシャープな撮影が可能なレンズが最も好ましいが、そのようなレンズは（金銭的に）入手が難しいので、グレードが下がったとしても少し絞ってやることで解像度の高い撮影が可能になることは覚えておいて損はない。

図3　多様なレンズの世界
左から広角→標準→望遠となる.

（1）単焦点とズーム

さて、レンズの種類であるが、構造や画角、焦点距離、用途によってきわめて多様である（図3）。

まずその構造から分類すると、単焦点レンズとズームレンズに分けられるだろう。前者は焦点距離や画角が固定されているもので、後者はリングを回すことで焦点距離を変えることができるものだ。ズームレンズは、その場の状況に応じて広角から望遠まで素早く切り替えることができるから、全体像を把握したりミクロな状況を撮影したりと、忙しい現地調査のときは大変重宝する。単焦点は状況に合わせてレンズ交換をしなければならないので、少し手間がかかる（標準レンズ一本で勝負をかけるというのも一つの手ではあるが）。ズームレンズ一本あれば、複数の単焦点レンズを持ち運ばなくていいので、機動力は上がるだろう。

一方で、ズームレンズはその構造上口径が狭くなるので、レンズとしては「暗い」部類に入ってしまうことが多い。そのため、手ブレしやすくなったり、無理やり感度を上げることで画像が粗くなってしまう危険がある。また、大口径レンズのようにF値を稼げないので、ボケなどの描写はしにくい。さらに、ズームを多用することで被写体との距離感を身体感覚で捉えることができないので、写真の出来や術の向上そのものにも影響が出るだろう。なぜなら、被写体との距離や関係性は、写真の完成度のきわめて深い部分にかかわっているからだ。

ズームレンズはこのような負の側面を持ちつつも、やはりとても便利なものだ。少し高額なもののなかには、設定する焦点距離に関係なくF値が固定で、しかも比較的明るいレンズも存在する。また、一言でズームレンズといってもさまざまな種類がある。大まかに言って広角ズーム（焦点距離が28㎜を中心として可変）、標準ズーム（焦点距離が50㎜を中心として可変）、望遠ズーム（焦点距離が50㎜より長い部分で可変）、高倍率ズーム(広角から望遠まで幅広くカバー）に分けることができる。シチュエーションによってはとても重宝するので、被写体をイメージしながら選ぼう。

（2）単焦点で広がる世界

さて、単焦点レンズであるが、ズームレンズに比べてレンズ構成がよりシンプルなものが多く、一般的には明るいレンズが多い。手軽にボケを生かした撮影ができること、画像が歪みにくいのでより自然な作品を作れることが利点だ。ただし焦点距離が固定されているので、フレームワークを考えるときには自らの身体を近づけたり遠ざけたりしなければならない。逆にこうした行為が被写体との距離に対して敏感にさせ、構図などにも自然と意識が向くので、早く上達したい人は単焦点をおススメだ。

単焦点レンズには、大きく分けて広角レンズ、標準レンズ、望遠レンズが存在する。基本的には焦点距離50㎜が標準レンズであり、それより短ければ広角、長ければ望遠となる。

広角レンズの定番は28㎜、35㎜あたりのレンズであり、各社がしのぎを削ってその技術力を誇っている。広い範囲をカバーできるので、とても使い勝手がいいレンズだ。風景写真やスナップ、室内での撮影など、使用範囲も広い。被写界深度が深いことが特性だ。そのため、遠近感が出やすいので、被写体にしっかりと近づいて撮影すると、とてもインパクトの強いものとなる。

標準レンズは50㎜のものが一般的だが、この画角が人間が意識的に見ている視野とだいたい重なるために「標準」と呼ばれている。しかし、多くのフォトグラファーはこの標準レンズを少し視野が狭いものと感じているようだ。感覚的には標準というより、「中望遠」に近い。したがって、被写体をしっかりと枠のなかに収めるには、慣れが必要かもしれない。ぐっと近づいて撮るもよし、しっかりと距離をとって状況全体をファインダーに収めるもよし。つまり自分のポジションや被写体との距離、アングルやフレームなど、自らの体を使って試行錯誤することができるのが標準レンズの魅力だ。ちなみにAPS-Cサイズのセンサーを搭載したカメラを用いる場合には、少し広角の35㎜レンズあたりを装着すると標準レンズに近くなる（35㎜フィルムカメラ計算で、約52～56㎜）。もう少し広角にしたければ28㎜レンズをつけるとよい（35㎜フィルムカメラ計算で約42～45㎜）。

望遠レンズは、通常150㎜～300㎜程度のレンズのことで、これより焦点距離が短いと中望遠レンズ、これより長いレンズを超望遠などといったりする。特徴としては被写界深度が浅く、圧縮効果（奥行きが詰まったように写る）がみられること（2章参照）。ポートレートに中望遠が適切とされているのは、こうした効果によって人物を明確に浮き出たせることができるからだ。基本的に開放F値が暗く画角が狭いので、シャッタースピードが稼げないこととブレやすくなることに注意が必要だ。光量が足りないシチュエーションでは、ISO感度を上げるか、可能なら三脚などを使用した方がいい。

（3）その他の特殊なレンズ

これらの基本的なレンズの他に、少し変わり種のレンズもあるので紹介しよう。まずは魚眼レンズ。フィッシュアイとも呼ばれる。これは、約180度の画角で超広範囲を写し込むことが可能なレンズであり、光景の歪曲収差を意図的に残すように設計されたものだ。レンズの一番前の部分が半球状に盛り上がっているため、傷つけてしまう危険性が高いので、専用の保護フィルターなどを使用してしっかりとガードしよう。

次にマクロレンズ。これは接写用、1対1の等倍までの撮影用に設計されたものであり、微細なものを極限まで近づいて撮影することができる。小さな発掘品などのモノや雪の結晶、昆虫に至るまで、細部をしっかりと画面いっぱい撮影できるのでミクロな世界を描き出すことができる。マクロレンズは接写のためのもの、という固定観念もあるが、実際には無限遠まで撮影が可能なので、通常の撮影でも使用できるのが強みである。

最後にティルト・シフトレンズを紹介しておこう。これは、レンズを水平方向・垂直方向に移動させることができるもので、いわゆるアオリ撮影を可能にするレンズのこと。アオリとは、垂直で、中心が固定されているカメラのレンズの光軸と、フィルムや撮像素子の感光面を意識的にずらしたり傾けること。光軸をずらすことによって、遠近法などによる画像の歪みを補正したり、また傾けることによってピントの合う部分をコントロールしたりすることが可能となる。

他にも多様なレンズがあるので、興味のある方はネットなどを駆使して調べることをおすすめする。

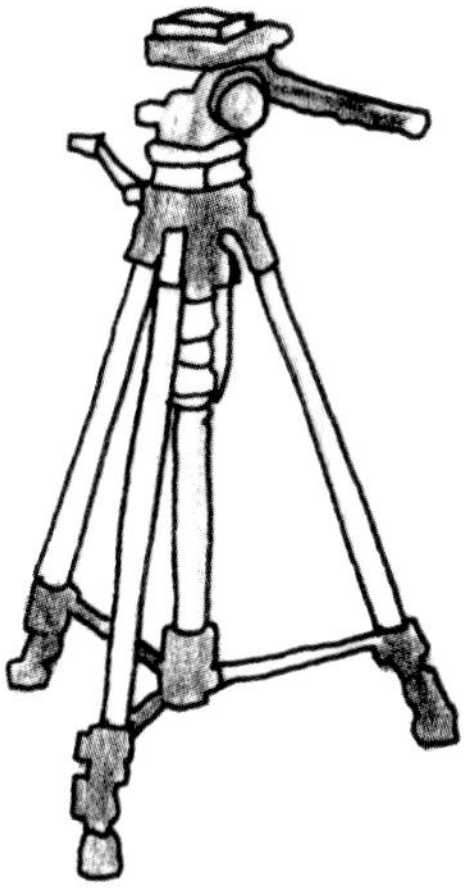
図4　三脚のフォルム
暗い場所での撮影では重宝するが，やはり重いし，場所をとる．便利で必要なシーンは多いが，悩ましい存在．

図5　レンズフィルター

アクセサリーの種類

アクセサリーとはいっても、フィールド中は過酷な状況における移動が多いので、基本的にはカメラ1台と（必要に応じてサブ機）、レンズ数本（もしくはズームレンズ一本）だけをバッグに詰めていく、というスタイルになることが多い。それを踏まえたうえで、以下ではフィールドワーカーにオススメの、オプションとして持って行った方がいいアクセサリーを紹介しよう。

（1）三脚・一脚

暗い場所や夕方での撮影の際には、やはりブレ防止のためにカメラを固定したい。しかし、三脚（図4）は雲台も含めるとなかなかに重いし、機動性が損なわれるのが玉にキズ。建築物やモノ撮りなどの正確性を重んじる場合でない限り、私は一脚をオススメする。

一脚とはその名の通り、一本の足でカメラを支えるものだ。自立できないが、撮影時のブレ防止には相当な効果がある。また伸縮するので、短くしてナップザックのなかにすっぽりと入ってしまうし、とても軽い。足を大きく広げる三脚に比べると、撮影場所の確保や移動もしやすい。

（2）フィルター

フィルターとは、レンズの前面にはめ込む形で取り付けるもので、種類も多い（図5）。フィルター自体はとても軽いので、いくつか持っておくと便利だ。ここでは主要なものを3つ紹介する。

【プロテクトフィルター】　フィールド中は激しい動きになりがち。そのようなときにレンズをいろいろなところにぶつけてしまう可能性がある。プロテクトフィルターは、レンズの前面が傷つくのを保護する目的で作られたもので、フィールドワーカーにはマストなアイテ

図6　ブロアー

ムだろう。種類としては、無色透明のガラスフィルターや、紫外線をカットするＵＶフィルター、青色を少しだけ軽減させるスカイライトフィルターといったものがある。

【偏光フィルター】　表面加工した2枚のガラスの間に偏光膜を組み合わせたもので、反射光をカットする役割を果たす。ＰＬフィルターとも呼ばれる。たとえば水面やガラスケースの中身を撮影する際の、光の反射を抑えたりするのに役立つ。また、被写体の色彩を濃く鮮やかなものにするという効果もある。使用の際は二枚重ねのガラスを回転させることで光の振動を限定させる。

【減光フィルター】　その名の通り、レンズに入社してくる光の量を減らすためのフィルターで、ＮＤ(Neutral Density)フィルターとも呼ばれる。発色に影響はない。明るい場所で絞りを開きたいとき、スローシャッターを切る場合などに使用すると便利だ。

（3）ストラップ

とくにデジタル一眼レフカメラなどはかなり重量があるので、ずっと手に持っての撮影はしんどい。ストラップを装着し、首や肩からぶら下げての撮影をオススメする。ただし移動の多い撮影現場では、ネックストラップのように首からぶら下げていると、胸のあたりでバウンドして痛いので、肩から下げるためのショルダーストラップや、手に巻きつけてカメラの落下を防止するハンドストラップなども便利だ。素材やデザインなどとても多様なので、楽しんで選ぼう。

（4）予備バッテリー

フィールドでの撮影に欠かせないのが、予備バッテリー。ストロボ撮影の場合にはバッテリーの消耗が激しいので、必ず予備を持参しよう。

（5）ブロアー

過酷な自然条件での撮影では、カメラは壊れやすい。とくにホコリやチリ・ゴミなどはこまめに除

図 7　カメラバッグの例
ポケットがたくさん付いているタイプは，カメラ機材だけではなくフィールドノートやメモ，筆記用具やスマートフォンなども収納できるので，それだけでフィールドスタイルができあがる．

去したい。ブロアーはそのようなホコリを吹き飛ばしてくれる（図 6）。先端にブラシが付いているブロアーブラシも便利だ。エアダスターと呼ばれるスプレー式のブロアーもあるといいが，かさばるのでオススメできない。

（6）レンズクリーナー

ブロアーと同様，レンズのお手入れに欠かせないのがレンズクリーナー。レンズに指の油分や液体が付いてしまうと，そこにホコリやチリ・ゴミが付着してしまう。これがカビの原因になったり，ピントリングの故障につながったりする。レンズのお手入れには専用の布，紙，液が必要なので，絶対にハンカチ・タオル・ティッシュなどで拭き取らないことが重要。

（7）カメラバッグ

カメラやレンズ，その他アクセサリーをしっかりと収納できるコンパクトなものを選ぶと良い（図 7）。カメラバッグは，これらの細々した機材同士が持ち運びの際にぶつかったり擦れたりしないように，内部で分けられるのが特徴。緩衝材を外側にあしらっているため，移動の激しいフィールドワーカーでも多少の衝撃は耐えてくれるだろう。バラエティは豊富なので，レンズの数やアクセサリーの種類などをもとに，自分の撮影スタイルにあったものを選ぼう。

これらは必要最低限の機材・アクセサリーであるが，撮影の方法によって必要なものはかわってくる。本書の Part II で多様な撮影方法に触れながら，自身に合った必要な機材を揃えてほしい。

Column 3

海外調査における機材のあれこれ

遠藤 仁
ENDO Hitoshi

フィールドワーカーにとって、機材に関する苦労話はおそらくその容量や重量にまつわるものが最も多いと思う。私も例に漏れず、機材の軽量・コンパクト化には常に頭を悩ませている。私の専門分野は民族考古学で、フィールドワークとしては主に海外の遺跡発掘や、遺跡出土品の整理・分析作業、農村や都市部での民族調査に従事している。ここでは海外フィールドワークにおける機材についての諸々を述べてみたい。

海外調査での懸案は荷物の重量である。航空機搭乗時の重量制限や、現地で機動的に動き回るための機材の軽量化は、フィールドワーカーにとって必須命題の一つであろう。写真だけを撮りにいくわけではないので、さまざまな調査機材と折り合いをつけ、撮影機材を選ばなければならない。私の場合はデジタル一眼レフカメラと、複数の交換レンズ（接写や広角など）、三脚、バウンス撮影用の機材（外付けフラッシュ、アンブレラ、レフ板など）は欠かせない。また、サブとして高性能コンパクトデジタルカメラや、一眼レフ内部のセンサーをクリーニングするメンテナンス道具も欠かせなくなってくる（頻繁にレンズ交換をするため、センサーにゴミが付着することが多い）。このように必要な機材は削減できないため、各機材の軽量化が最も頭を悩ます懸案であり、いまだに解決をみていない。

三脚に関しては、炭素繊維製のものが最も剛健かつ軽量で、容量・重量問題の解決に寄与している（ただし、高価ではある）。しかし、ほかの機材に関しては、市販のものは、使い勝手や重量などの面で納得できるものは少ない。そこで、自作はできなくても改良や工夫が必須となってくる。私の場合は分析対象のモノの、かなりの接写が必要で、顕微鏡にカメラを取り付けたいが、本格的な機材は重いうえにかさばり、ハンディなものは解像度が低く不満が残る。

写真**1**　ルーペを用いての接写撮影

海外調査での最善策として現在採用している方法は、接写レンズに折りたたみ式の箱型ルーペを組み合わせて撮影する方法で、これにも三脚の使用が欠かせない（写真1）。このほかにも、三脚は遺跡出土品や民具などをできる限り無影かつ、立体感をつけて撮影するのにも欠かせない。これには自然光撮影が望ましいが、撮影場所や時間帯が必ずしも最善の撮影環境下にないことが多い。そのため、夜間での撮影にも対処可能なバウンス撮影（被写体にストロボの光を直接当てず、光を別の場所で反射させ間接的に当てる撮影方法）をすることになるが、これまた、かさばる機材が多く、頭を悩ます。

現在の最もコンパクト化した機材での撮影の様子は、写真2を見ていただきたい。アンブレラ（バウンス撮影の際に用いる傘）やアタッチメントのいくつかを排除し、機材のスリム化には成功しているが、光量がアンブレラ使用時より弱く、夜間での撮影は厳しいので改良の余地ありである。

写真**2**　海外フィールドワークでの「スリム化」バウンス撮影

このように機材の悩みは尽きないが、徐々に改良して自分に最適な道具揃えにしていくこともまた、フィールドワーカーにとっての密かな楽しみの一つである。

Part II

写真を撮る

Part IIではフィールドワーク中の写真術、すなわち撮影方法そのものについて扱う。本書全体の中心をなし、頁数も最も多い。フィールドはあまりに多様で、あるフィールドで理にかなった方法が別のフィールドでは役に立たないことがある。写真撮影もその例に漏れない。そのため、各章においてはできるだけ汎用的な記述をこころがけるとともに、コラムを多数収録することによってフィールドの多様性に応えるよう努めた。フィールドワーカーがどのようなフィールドでどのように写真撮影と向き合ってきたか、それこそがフィールド写真術である。

4 人物を撮る

主題を損ねない撮影法

秋山裕之
AKIYAMA Hiroyuki

人物撮りの心構え

人類学や開発学などの、人の営みを主たる研究対象とする分野におけるフィールドワークでは、人物の写真を撮ることがよくある。そのときの主題は人物そのものであることもあるし、営みであることもある。フィールド写真は記録写真であるので、人物写真に限らず、主題を意識して撮影に臨むことが肝要である。主題を明確に意識してはじめて、適切な構図や露出を考えることができる。そこを自覚しないままなんとなく撮った写真は、主題がぼやけた資料的価値の低い写真になりがちである。

人物写真の基礎として、ピントを瞳に合わせることがよく言われるが、フィールド写真の場合はそうとは限らない。瞳にピントがあってしまったせいで主題がかすむことさえあるのだ。主題は人物の表情であるのか。それとも指先で行っている作業なのか。漫然と撮るのではなく、つねにその写真の主題を意識する。繰り返しになるが、このことは人物写真に限ったことではない。ことさらにここで主題の重要性を強調するのは、人物写真の場合、人物の存在感が大きいため、主題をおざなりにした写真になりやすいからである。人物に引きずられたせいでピントが広範囲に合いすぎたり、主題がわかりにくい構図になったりすることがある。

写真 **1**　オリックスの角
斧の柄の素材としてたいへん優れている.

たとえば写真1の主題はオリックスの角である。人物は角の大きさを示すための比較対象であると同時に、これからこの角を加工して斧の柄にする人物でもある。柄を抜いた斧の刃の部分を画面下部に入れたのはそれを含意するためである。ここまで言葉を尽くさなければこの写真に込められた意図は伝わらない。ピントと露出は角に合わせているものの、暗いレンズであるため被写界深度をあまり浅くできず、人物もくっきり写っている。構図もあまり良くない。わざわざ角を持ってポーズをとってもらうなら、背景や光と影（木陰で撮るなど）や斧の刃の配置なども含めてもっと工夫できたはずである。漫然とオートで撮るとピントと露出を人物に合わせてしまい、これ以上に主題のぼやけた写真になったと思われるが、この写真もあまり出来の良いものではない。

写真 **2**　ブッシュマンの少女たち
とっさに手動でピントを合わせて露出を決める必要があったが，構図はズームレンズ使用のため容易．何度か交流をもてば誰にでも撮れる類いの写真．嫌われてさえなければ．

本章で扱う人物写真の主題は、人物そのものだけでなく、人の振る舞いや動作など、人の行為一般を含む。フィールドワークにおける人物写真が目指すべき地点は、現場の状況や雰囲気を正しく捉えて描き出すことであり、被写体の表情などをしっかり描写して人びとの思いをも焼き付けることである。女性の肌をいかに美しく写すかではない。

一般的な写真術の書で扱われる人物写真（ポートレイト）における被写体は、撮影されるためにそこにいるモデルであることが多い。フィールド撮影では人物のプロフィールを作ったり、記念撮影をしたりするときを除いて、被写体は撮影される準備をしてシャッターが切られるのを待っているわけではない。撮影者がいようといまいと変わらない振る舞いがそこにあるのであって、また、そうでなければ記録写真としての価値がない。記念写真のような人物写真しか撮れないようではフィールドワーカーとして物足りない（写真2）。

フィールドワーカーは写真の素人であるが、プロのカメラマンにも簡単には撮影できない写真を撮ることができる。フィールドは人びとの生活の場である。そこに長期滞在して人びとと深くかかわっているからこそアプローチが可能となる、さまざまな場面や状況がある。短期間の取材で訪れる異国人には見る機会がないような、あるいは意図的に隠されてしまうような場面にフィールドワーカーは同席が許される。そのような状況を撮影した写真はそれだけで資料的価値が高く、フィールドワーカーだからこその仕事であるといえる。

しかし、フィールドに長期滞在して人びとと仲良くなれば十分というわけではない。たとえば彼らの規範による男性にしか見せられないもの、女性にしか見せられないものがあれば、フィールドワーカーは自分の性という変更が難しい属性によってアプローチの可否が決められる。

秘匿性のある状況を写した写真の公開

そのような場で得ることのできた写真あるいは映像資料は、公開する際にも慎重さが必要となる。たとえば、男性にしか開示できない儀式を、男性フィールドワーカーが同席して撮影できたとして、その写真を日本で女性を含む研究会などの場で発表することは許されるだろうか。現地とかかわりのある女性が含まれていなければ構わないだろうか。ならばウェブ公開はどうか。アフリカの奥地にも携帯電話が普及しつつある現在、秘匿性のある情報をどこまで公開できるか。この問題は写真に限られたことではないが、写真は文章よりも具体的に状況を活写し、映像よりもアクセスが容易である。たとえ登場人物を特定できないよう配慮しようとも、秘儀の様子が広く知られること自体が、現地の人びとを裏切ることになりはしないだろうか。フィールドワーカーは現地の社会・文化を理解したいと願い、自分なりの理解を他の人びとに伝えようとするが、人の営みを捉えた写真の公開がもつ背信の可能性について無自覚であることが多いように思う。個人の肖像権に関する話はコラム5を参照されたし。

性別以外でも、年齢によってアクセスが制限される領域があるだろうし、普段仲良く過ごす相手もある程度は性・年齢のカテゴリーでくくられる。そのほかにも、国籍や肌の色や宗教など、個性を超えた属性でアプローチできる状況やその深さが制限されることがある。さらに、フィールドワーカーの個性によってもアクセス可能な領域が異なることがある。

フィールドワーカーが撮影を許される場は、同席して観察することが許される場とほぼ重なるが、少し狭い。観察は許されるが撮影は許されない状況があるからである。

人の営みについて、撮影できるものとできないものがあり、長期滞在するフィールドワーカーは短期間の来訪者に比べてより広く深い領域にアクセスできることを述べた。もう一つの主題である「人物そのもの」についてはどうだろうか。

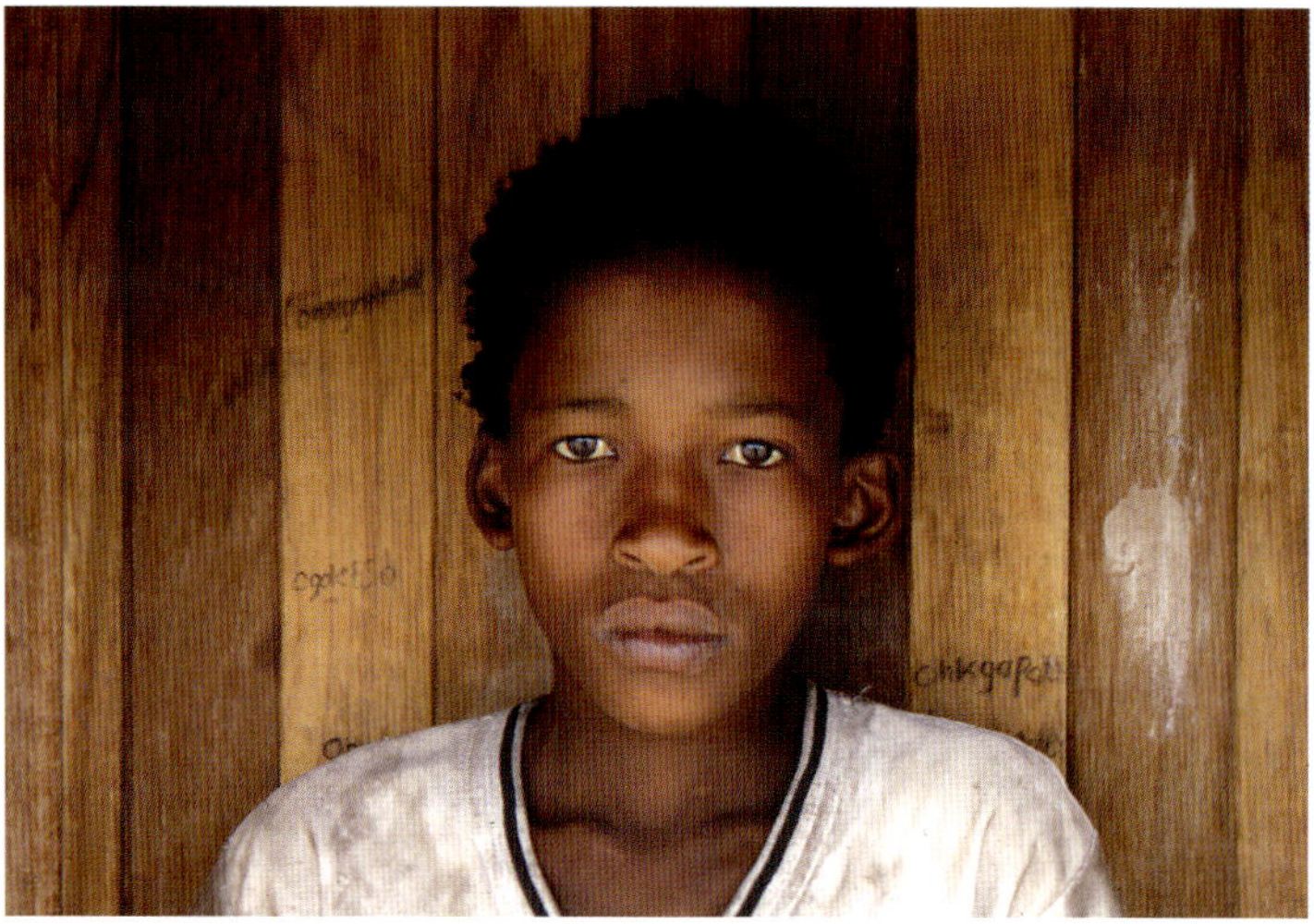

写真3　ブッシュマンの少年
子どもの所有物を調査したときに，所有者のポートレイトを撮影した．

フィールドでポートレイト撮影を行う研究者もいる。私の場合は写真を撮らせて欲しいと声をかけ、適切と思われる場所に立ってもらい、全身とバストアップの2種類を撮る（写真3）。その写真は被写体のプロフィールの一部として扱う。発表することを前提とした写真ではないが、その可能性もあるので「たくさんの人が見る」ことへの了承を得る。ここで彼らが了解するのはプリントした写真がたくさんの人に回されるという状況であって、学会発表でスクリーンに映し出されたり、ウェブで公開されたり、本に印刷されて出版されたりすることはおそらく想定していない。私と彼らとの関係性において、彼らが公開されることに対して嫌な思いをしないだろうと私が信じることのできる写真のみを公開している。

フィールドワーカーが撮影する人物は、撮影のために用意したモデルではない。彼らはわれわれの師であり、友人である。なかでもインフォーマント（情報提供者）あるいは調査助手という立場でフィールドワーカーと長い時間を共に過ごす人物とは、ある意味家族にも近い関係として付き合うことがあるだろう。そのような人物を被写体とする写真は、自然でありのままの姿が写っているように見え、緊張や警戒のない、優れたフィールド写真になることが多いと思われる（写真4）。

つまり、フィールドで良い人物写真を撮りたいと思うのであれば、何よりもまず、良い関係を構築

写真 4　調査助手
逆光のため露出をオーバーめに設定した結果，背景が明るく飛んでいる．また，頭の後ろの木をぼかしている．

することである。信頼関係があればあるほど、気の置けない間柄であればあるほど、フィールド写真は彼らの普段通りの姿を捉えることに近づく。カメラをことさらに意識しない自然な仕草と表情を写した写真は、資料的価値が高いだけでなく、純粋に写真として見ても良いものであると確信している。

本章では写真の質を上げるためのさまざまなテクニックについて紹介するが、良い関係が構築されていないところで、良い人物写真を撮ることは極めて困難である。そのような状況でフィールドワークを行う必要があり、写真を撮るのであれば、フィールドワーカーとしてではなく、報道カメラマン然として臨むよりほかないだろう。

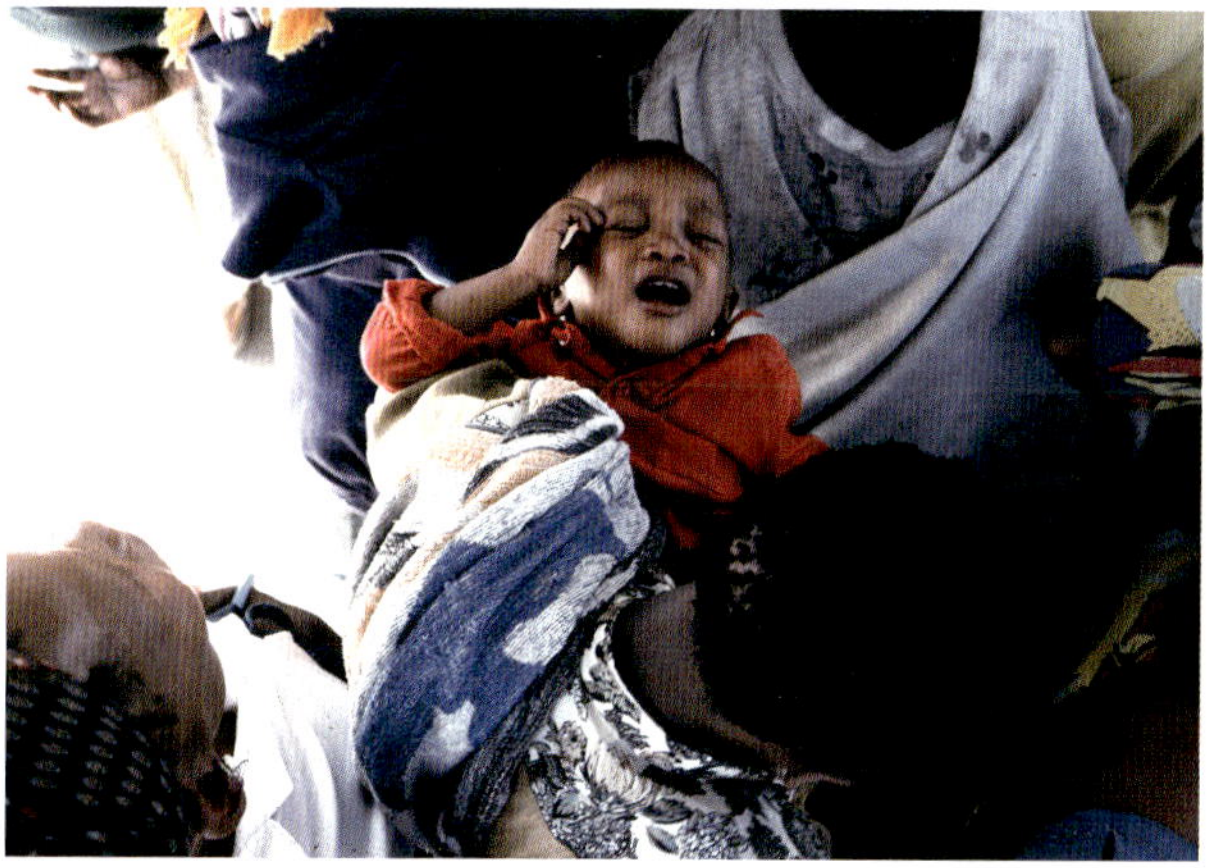

写真 5　独立記念集会にて
塀の上に立って，見下ろした瞬間にこれはと思って急いで露出を決めて撮影．たまたまうまくいった写真．コラム 4 参照．

Column 4

フィールドワーカーだからこそ

秋山裕之
AKIYAMA Hiroyuki

シルクロードで「人びとの日常の姿」を撮影することの困難さを知ったが、博士研究でカラハリ砂漠のブッシュマンの村に入ったときも同様であった。彼らは日本人調査者に慣れており、日本人は写真を撮るものだと理解している。異国人に撮影されることそのものへの反発がほぼないという意味では写真撮影のしやすいフィールドであるといえる。

しかし、私は子どもを主要な研究対象としていたため、撮影は容易ではなかった。カメラを向けると子どもたちは喜んではしゃぐか、誇らしげにポーズを取るか、恥ずかしがって逃げるかであり、その直前に彼らが行っていた、私が撮りたかった彼らの振る舞いはすべて放り出され、霧散してしまう。調査初期に撮影した満足のできるフィールド写真は、被写体に気づかれずに撮影できた、盗撮まがいの、良く言えば報道写真的なものだけである（写真5）。

仕方なく私はひたすら彼らのそばにいて観察記録をノートに取った。つねにカメラを提げ、頻繁にレンズを通して彼らを見た。シャッターを押すことはあまりなかったが、

写真6　仲の良い男女の幼児
イトコどうしである．すぐそばで撮影しているが，まったく動じない．このような写真を撮れるようになるまでに3カ月を要した．

毎日一日中、さまざまな子どもグループとともにいて、ノートを取り、彼らを見つめていた。

3カ月が過ぎた頃、子どもたちの様子が変わってきた。彼らは私を無視するようになったのである。無視と言っても、排除するような感じではなく、直接的なコミュニケーションは取らないがその場にそのまま受容する感じである。彼らは私をただそこにいさせてくれた。私に慣れた、あるいは飽きたのであろう。とくに長い時間ともにいたグループほどその傾向は顕著で、私がレンズを向けても一切の反応を示さなくなった（写真6）。

この頃を境に、私は「子どもたちの普段通りの様子」と信じることのできる写真を自由に撮れるようになった。フィールドワーカーだからこそ撮影できる写真は、短期来訪者にはアプローチが困難な秘密めいた状況だけではない。日常的な振る舞いの撮影においても、フィールドワークという長期に渡る営みを通じてこそ可能な領域があるのである。

人物撮影の機材

主要な機材についての解説は3章で述べたとおりである。本節では、より実践的な面に焦点をあてて、フィールドでの使用機材について説明する。被写体ごとの特性に関する事柄については、当然ながら人物写真を念頭におく。

（1）カメラ

特別に人物写真に向いたカメラがあるわけではない。だから、自分の気に入ったものを買えば良い。道具を気に入ることはフィールドワークを行ううえで重要である。だが、フィールドの自然的・社会的条件によって、より推奨されるべき機材があるのも確かである。ここでは、本書の執筆陣のフィールドのなかでもとくに環境からの制約が多いカラハリ砂漠を例として概説する。

私は南部アフリカボツワナ共和国の中央部に広がるカラハリ砂漠のある村でフィールドワークを行うために、デジタル一眼レフを買うことにした。そこで勘案したのは、砂が舞う自然環境と充電できない社会環境である。

これからフィールド用のカメラを買う人は、まずカタログ上でカメラの重量を確認してほしい。毎日カメラを携帯して数キロ歩くのであれば、200g違えば体感的にはかなり違う。フィールドワーカーにとって、機動性の確保は極めて重要である。複数のメーカーのカメラのスペックを一覧できるウェブサイトもあるので、そこで重たいカメラを除外する。具体的には500g以下を推奨するが、レンズの重さにもよるので一概に言えない。

次に、バッテリーである。充電できない環境である場合、充電池使用のものでは長期滞在が難しい。デジタルカメラは液晶画面で写真を見て写り具合を確認したり、不要なものを削除したりできるが、そういった作業をしているとバッテリーはすぐに空になってしまう。充電池をたくさん買うのはあまりに非効率で不経済である。そこで筆者が選択したのは単三乾電池を使用するデジタル一眼レフであった。アルカリの単三乾電池であれば、アフリカの田舎町でも手に入る。しかし、アルカリはストロボを用いるとあっという間になくなってしまうので、半年以上滞在するならば、リチウムの単三乾電池を二〜三セットは日本で用意しておきたい。

もう一つ、砂塵対策が必要である。デジタルカメラの長所はたくさんあるが、とくに銀塩カメラと違って頻繁にフィルム交換をする必要がないことは、このようなフィールドにおいては非常に大きな利点である。銀塩カメラではフィルムの交換時にブロアー（58頁）などを使って念入りに砂を排除したつもりでも、ほんの小さな砂粒が残っていて、その上をフィルムが舐めるように動いた結果、フィルム一本分すべてのコマに横線が入ることがある。現像後にこれほど落ち込むことはない。デジタルであればそのような心配はいらない。しかし、デジタルカメラはすべてが電子制御であるので、機械式の一眼レフよりも砂塵に弱いと思われる。

しかし、防塵仕様の一眼カメラを買うことは現実的ではなく、現場でできる限り砂をかぶらないよう細心の注意をするほかない。砂の上にカメラを落としてしまったら、落下時のショックでは壊れなくても砂が中に入ることによって壊れるだろう。だからストラップは必須で、つねに首から提げておくのが望ましい。また、雨や強風の際にはすぐにカメラを守れるような準備をしておくことも必要だろう。加えて、万が一カメラが壊れたときのために、ボディのみもう一台持っておくか、防塵仕様のコンパクトカメラを用意しておくと安心である。

（2）記憶媒体（記録メディア）

カメラ本体の次に、記憶媒体である。さまざまな容量の媒体が販売されており、どの容量をどの程度買うかは検討を要する。32GBの大容量であれば、一年滞在してRAWで記録してもおそらく一枚で足りるであろう。しかし、大容量の媒体は、紛失したり破損したりしたときに数千コマのデータを失うことになりかねない。また、フィールドでは何が起こるかわからない。

私はフィールドを求めてナミビア共和国の北部を自動車で走っていた際に、たまたま見つけたバオバブの群落が気に入って、車を止めて撮影したことがある。それからまた車に乗ってバオバブに近づいたところで、アサルトライフルを構えた兵士に囲まれた。そこは政府軍の駐屯地だったのである。おりしも隣国のアンゴラから略奪目的のゲリラが頻繁に襲来していた頃で、機密事項である軍の所在を記録した写真の存在は許されず、ただ一コマ（しかもそのフィルムの最後の一コマであった）のためにフィルム一本を没収されたのだ。もしこれが大容量メディアであったなら、私が失った写真資料は膨大なものとなったであろう。

つまり、管理などの手間を考えるなら大容量が良く、データの安全性を考えるなら小容量のメディア複数枚に少しずつ記録する方が良い。２ＧＢほどの媒体であれば安価であるので、これを10枚ほど用意するのも良いだろうし、ノートＰＣなどを使用できてまめにバックアップを取れるなら、大容量の媒体でも構わない。ただし、紛失や破損のおそれがあるので、現地で入手することが難しい場合は予備を最低でも1枚は持っておくべきである。

（３）レンズ

一般に、人物写真に向いているレンズは中望遠（35㎜判換算で70㎜～135㎜程度の焦点距離を持つレンズ）とされている。歪みが目立たなくなり、背景を綺麗にぼけさせることができるからである。カメラ本体とセットで売られていることの多い標準ズームレンズを、望遠寄りにして使えば良い。じっくり構図を検討する余裕のないフィールド撮影では、ズームレンズの利便性は多少の画質や明るさを犠牲にしても捨てがたく、必ず一本は持っておくべきものである。

単焦点レンズも魅力的であるが、画角を変えられないため、複数のレンズを持ち歩かねばならない。あるいは、必要な構図を得るために動き回らねばならない。つまり、機動性を妨げる。こと人物写真に限れば、超望遠レンズやマクロレンズが必要なケースはまずないわけで、標準ズームだけで十分である。ただし、植物などを撮影する予定があれば、マクロ撮影が可能な望遠レンズを持って行こう。望遠レンズでマクロ撮影すると背景がきれいにぼけるので、小さな自然物を撮影するときに重宝する（写真７）。

とはいえ、本書を手に取った人たちは「写真を上達したい」との思いを強くお持ちであろう。単焦点レンズはその焦点距離に特化して作られているため、明るく、軽く、画質が良い。少々暗い場所で

写真 7　レンズの効果：カラハリの野生の花（英名 Cat's tail, *Hermbstaedtia fleckii*）
300mm の望遠レンズをマクロ撮影モードにして使用．このように望遠レンズは被写界深度が浅くなり，ほんの少し後ろ側の背景が綺麗にぼける．

もISO感度に頼らずに手持ちで撮影できるし、描写力が高いので大判での印刷にも耐えられる。是非40㎜～85㎜（35㎜判換算）あたりの単焦点レンズを一本持って行くことをお勧めする。

（4）三脚、レリーズ、レンズアクセサリー

人物写真を撮るために三脚やレリーズを用いることはほぼないと言っていい。照明のない屋内などで記念撮影をする場合にはあると重宝するが、そのようなケースのためだけに用意するにはいささか煩わしい。フィールドでの人物写真撮影は、手短に済ませることが肝要である。

レンズアクセサリーも必須というほどのものではないが、レンズフードはある方が良い。一眼カメラ用の交換レンズにはたいてい純正のフードが付属しているので、日中の屋外では常に装着しよう。レンズフードの機能は、余分な光が入るのを防ぐことによって、ゴースト（六角形や円形をした光の映り込み）やフレア（コントラストが低下し、写真が白っぽくなる現象）の発生を抑制することである。レンズ表面の保護にも役立つので付けっぱなしで良い。ただし、内蔵ストロボを使用したときにケラレが発生すること（ここではストロボ光がレンズフードに当たって周辺が暗くなってしまうこと）があるので注意が必要である。

レンズフィルターは、レンズフードよりも優先度は下がる。ＵＶフィルターやスカイライトフィルター、円偏光フィルターが比較的よく使われるフィルターである。

ＵＶフィルターは紫外線をカットする働きを持つが、デジタル写真の出来映えにはほとんど影響しない。また、スカイライトフィルターは日差しが強いときの日陰での青かぶりを防いでくれるが、これもさほど写真の色味が変わるわけではないので、これらをレンズ保護目的に常用することを勧める人がいる。

円偏光フィルターは余分な反射光を除去して色鮮やかな写真にしてくれる。ただし、暗くなるためシャッター速度に注意しなければならない。これも常用しているカメラ愛好家がたくさんおられるようである。

しかし、レンズ保護目的ならフィルターでなくプロテクターで良いし、円偏光フィルターは空などを綺麗に撮るのに役立つが、われわれが撮りたい写真は「実際に見えている以上に空が青い」写真だろうか？　レンズキャップを外したままでカメラを持ち歩く機会が多い人は、レンズを保護するためにレンズプロテクターまたはＵＶフィルターを装着しておくと良いだろう。円偏光フィルターは使い方を間違えなければ効果の高いフィルターであるが、暗くなるためズームレンズには向かないこと、屋内などでいちいち外す必要が生じることから、フィールド撮影には無用の長物である。ただし、時間をかけて風景写真を撮るときには使ってみるのも良いだろう。

絞り優先自動露出（ＡＶ）撮影

カメラ任せの撮影から一歩先へ進むために必須であるのが絞り優先自動露出（以下、ＡＶ）撮影である。市販されているすべての一眼カメラで設定可能であるので、自分のカメラの取扱説明書を熟読しよう。よく売れている人気機種であれば、その機種用のムックが出ているのでそれも購入すると良いだろう。

表1　被写界深度の違い

被写界深度	浅い	深い
レンズの焦点距離	望遠	広角
絞　り	開く	絞る
ピントを合わせる場所	近く	遠く

絞りとシャッター速度で露出を決めることについては2章で述べた通りである。AV撮影とは、絞りを撮影者が決めて、シャッター速度はカメラ任せにして適正露出を得る撮影法である。絞りを開く（値を小さくする）とピントの合う範囲が狭くなり、絞る（値を大きくする）とピントの合う範囲が広くなる。一般に、f11ぐらいでパンフォーカスとなり、標準レンズであれば5m程度離れたものにピントを合わせると、その背景までピントが合う。

ピントの合う範囲を被写界深度と言い、これ次第で写真の見栄えが変わる。それを自分で調節するのがAV撮影である。適切な被写界深度とは、人物ならこれ、風景ならこれ、と決まっているものではない。コンパクトデジタルカメラには人物写真モード、風景写真モードなどの被写体別モードがあるが、それは単純に人物なら開き、風景なら絞っているだけである。そうではなく、その写真の主題を自覚し、主題を効果的に表現するのにふさわしい被写界深度を実現するために絞りを意図的に調節することが、AV撮影の目的である。試しに、身近なものをさまざまな絞りで撮影してみよう。そうして、〈レンズの焦点距離・被写体との距離・絞り〉と〈被写界深度〉の関係を体得して欲しい。被写界深度の法則は、表1のようにまとめることができる。

（1）人物写真における被写界深度の基本

コンパクトカメラでの設定がそうであるように、人物写真では被写界深度を浅めにすることが基本である。すなわち、主題である人物にピントを合わせ、背景をぼけさせる。また、人物よりも手前にあるものもぼけさせる。そのためには〈絞りを開く〉、〈中望遠レンズを用いる〉などが有効な手段である。なお、先述した単焦点レンズであれば開放F値（レンズの絞りを開ききったときの値。標準ズームレンズでは4程度、単焦点の標準レンズであれば1.2～1.8ぐらい）が小さいため、被写界深度を極端に浅くすることができる。写真表現の幅が広がるのである。

（2）シャッター速度の調節

AV撮影は絞りを撮影者が決定する撮影モードであるが、カメラがその都度設定する適正露出は絞りとシャッター速度の関数で実現されるので、シャッター速度の調節を目的として絞りを設定することがある。シャッター速度を上げたければ絞りを開き、下げたければ絞れば良い。

実際の現場では、暗いために通常の絞りではシャッター速度が遅くなってカメラぶれの可能性がある場合に、絞りを開くことによってシャッター速度を上げるケースがある。また、これは少しレアなケースであるが、日中の明るい屋外では、通常の絞りではカメラの限界性能を超えたシャッタースピードが必要なことがある。その場合、ISO 感度を下げるか、絞ってシャッター速度を下げる。

もちろん、被写体に動きがある場合に、その動きを止めて撮るか、流して撮るかという一般的なシャッター速度調節のために絞りを変更することもある（写真 8）。そのようなケースでは複数の絞りで撮影すると良いだろう。

暗い状況下での撮影

フィールドワーカーが現場で人物を撮影する場合、最もシビアな環境条件は光である。真上から降り注ぐ強烈な日差しのもとで撮影することもあれば、屋内や薄暮時などの暗い環境下で撮影することもあ

写真 8　オリックスの角を削っている様子
動きが写るようにシャッター速度を遅くした.

写真 **9**　暗い状況下での撮影①：ストロボ撮影した治療儀礼の様子
奥の方には光が届いていない．

写真 **10**　暗い状況下での撮影②：写真 **9** と同じ現場でストロボを使わずに撮影
光源はたき火のみ．シャッター速度が遅くなり，人の動きが写っている．
ISO400 ではこれが限界．

る。われわれは多くの場合、レフ板も照明も持っておらず、現場の明るさに介入することが困難である。その時その場所の光の条件下で、主題（人物の表情など）をきちんと表現した写真を撮らねばならない。本節では暗い状況での撮影について、現場でとっさにできる対処法のいくつかを紹介したい。

（1）ストロボ ―― 最も単純な方法（非推奨）

最も単純な方法はストロボを用いることである。しかし、私は日中シンクロ（逆光時に主題を明るくするために行うストロボ撮影）以外でストロボを用いることはほとんどない。ストロボはいつでも使えるわけではない。ストロボの発光はある意味暴力的でもあり、とくに屋内で人が集まっている状況では忌避すべき手段である。また、色味が実際に見えているものと大きく変わる（写真9、10）ため、現場の記録としてもあまり適切ではない。もう一つ、ストロボ撮影の際に気をつけてほしいことは、ストロボの光が届く距離は限られていて、屋外では意味をなさないことがままあることである。よって、フィールドでは、暗所でのストロボ撮影はおすすめしない。むしろ、意図せずにストロボ撮影してしまうことのないよう、自動発光モードにしない（ストロボをOFFにする）ことが望ましい。

（2）ISO感度と露出補正

ストロボの次に簡単な方法は、ISO感度を上げて露出を＋補正することである。先述したように、デジタルカメラのISO感度は、CCDイメージセンサなどの感度をフィルムのISO感度規格の数値に相当するものとした値である。フィルムと同様に、ISO感度が高ければ少ない光量で撮影できる。したがって、ISO感度を上げて撮影すれば、暗い場所でもカメラぶれしないシャッター速度を保ちやすくなる。ただし、元の状況が暗いため、ISO感度を上げただけでは撮影した写真も全体に暗いものになる。そこで、露出を＋補正してやれば、全体の明るさを増すことができる。

カメラによっては、露出を-0.5、0、+0.5などの3段階で自動撮影する機能（オートブラケット、多段露出撮影）を備えているので、それを使うのも一つの方法である。しかし、電灯のない屋内など、実際の撮影状況では+0.5と+1.0、さらには+1.5まで補正したいことがある（写真11）。できるだけ素早く露出を＋補正しながらシャッターを切れるよう、練習しておくと良い。

写真10や写真11はISO感度が400のため、暗い状況ではシャッター速度が遅くなる。練習してカメラぶれしないよう努めても、被写体が動いているとどうしようもない。ISO感度を1600、場合によっては3200まで上げてやればこの問題は解決できる。ただし、あまり高いとノイズが出やすくなるため、3200以上に上げて撮影したらすぐに戻すようおすすめする。1コマごとにISOを変更できるのは、デジタルの大きな利点である。暗い場所で撮影する場合、時間に余裕があればISOも何通りか変更しながら撮ると良いだろう。

（3）スポット測光

主題の明るさに直接アプローチする方法として、とくに主題と背景の明暗差が大きいときにおすすめなのがスポット測光である。通常、カメラの自動露出では画面全体で測光して平均的な設定を行う。露出計を持っていないか、持っていたとしても逐一計りながら撮る余裕などないわれわれにとって、自分のカメラの自動露出機能は唯一頼ることができる光度計である。スポット測光では、画面内の1点（多くの場合画面の中心）の明るさを測定し、適切なシャッター速度と絞りを表示してくれる。主題が中心にあればそのまま撮影すれば良い。主題が中心から外れている場合は、主題をスポット測光したときのシャッター速度と絞りを記憶して、マニュアル露出モードでそのシャッター速度と絞りに設定して撮影するか、絞り優先自動露出モードで絞りだけ設定し、シャッター速度は露出補正を＋にしながら適切な速度となるよう調節する。多少面倒にも思えるだろうが、要はカメラを簡易露出計として用いるということで、単体の露出計を用いるよりは短時間で撮影することができる（写真12）。

写真 **11**　暗い状況下での撮影③：家のなかで食事をとる子ども

屋内で露出補正＋ 1.0 にて撮影．シャッター速度 1/15 秒，ISO400．手ぶれはしていないが，シャッター速度が遅いため画面左上の手が動いている．

写真 **12**　暗い状況下での撮影④：強い日差しを逃れて校舎の床下に入った小学生

中央の少年の眉間でスポット測光した．標準設定のままオートで撮ると顔はほとんど写らない．

写真 13　ピント合わせ①

日本人フィールドワーカーが車の運転席で読書をしている．外からガラス表面のステッカーにピントを合わせて撮影．

写真 14　ピント合わせ②

写真 13 と同じ場面を，運転席の人物にピントを合わせて撮影．マニュアルフォーカスなら容易にできる．

ピント合わせ

ピント合わせは写真撮影の基本中の基本である。しかし多くの人がオートフォーカスで撮影していることもあって、重要であるのにあまり意識されていない事柄でもあるだろう。被写界深度を決めるにしても、ピントを合わせるにしても、重要なのはまず撮ろうとしている写真の主題をしっかりと意識することである。本節ではピント合わせの基本と方法について概説する。

（1）ピントをどこに合わせるか

人物写真では原則的にピントを瞳に合わせる。被写界深度がとくに浅い場合、目と鼻程度の距離の差でも両方にはピントが合わないので、慎重に瞳にピントを合わせることが必要となる。

しかし、われわれフィールドワーカーの場合、すべての人物写真の主題が人物の表情であるだろうか。ときには、そのときの被写体の手仕事が主題であることがあるだろう。あるいは、主題はその人物が身につけているアクセサリーであることも、髪型であることもあるだろう。

すぐれたフィールド写真は主題が明確に表現されているものであるとするなら、やはりピントはその写真の主題に合ってなければならない。これは当たり前のことであるが、しっかり自覚しなければ容易にはなされないことである。たとえば、手仕事が主題のとき、もちろん指先などにピントを合わせるのであるが、このときに被写界深度が深くて人物の瞳もくっきりと写った場合、できあがった写真は主題が曖昧なものとなる。人物写真における瞳の持つ力は強大で、よそ見をしている主題の人物よりも、カメラに視線が向いている別の人物の存在感の方が大きくなる。手仕事が主題であり、顔も画面に入れざるを得ないのであれば、瞳にはぼけがかかる程度に被写界深度を浅くしてやると良い。

(2) オートとマニュアル

すべてのデジタル一眼カメラがオートフォーカスで撮影できる。実際ほとんどの人がオートフォーカスで撮影していると思われる。原則的に、それで良い。現在のオートフォーカスはたいへん精度が高いこと、また、われわれが用いるような普及機ではファインダーの作りが良くなく、マニュアルでピントを合わせることが少々難しいことがその理由である。

オートフォーカスで撮影する場合、画面のどこにピントを合わせるのかについては意識する必要がある。カメラ任せだと画面全体でなんとなくピントを合わせてしまうので、被写界深度が浅い場合には合わせたいものに合わないことがあるからだ。一般的な手段として、銀塩のオートフォーカス一眼レフが発売された当時から実装されている「半押し」という機能がある。ピントを合わせたいものを画面中央に置いてシャッターボタンを半押しにするとオートフォーカス機構が働いてピントを合わせてくれる。それからシャッターボタンは半押しのままで構図を決め、さらにシャッターを押しこむと撮影できるという寸法だ。あらかじめピント合わせの場所を画面中央の一点に設定してから行うと一層効果的である。

しかし、マニュアルフォーカスでの撮影も選択肢に入れておく方が良い。なぜなら、オートフォーカスが苦手とする被写体があるからだ。明暗差や凹凸の少ない被写体に対して、オートフォーカスはうまく機能しないことがある。そのようなときに、マニュアルフォーカスが有効である。

また、マニュアルフォーカスであれば、複数の異なる点にそれぞれピントを合わせながら次々と撮影することができる。たとえば、ガラス越しに人物がいる場合に、ガラスの表面とガラスの向こうにいる人物のそれぞれにピントを合わせた写真を撮るのはマニュアルフォーカスの方がはるかに容易である（写真13、14）。

以上、ピント合わせはオートフォーカス主体で良いが、マニュアルも使えると便利なので、練習しておくようお勧めする。なお、カメラ背面の液晶でマニュアルフォーカスを行うのは至難である。撮影時に液晶をファインダー代わりに用いるとバッテリーの消耗も大きい。液晶は各種設定や撮影済み画像の表示にのみ使うようにしよう。

（3）カメラぶれ防止

ピントをしっかり合わせたはずなのに、画面全体がぼけたように見える場合は、カメラぶれが原因である。これを防ぐには、まず撮影時にしっかりとカメラをホールドしてシャッターを押す際にカメラぶれしないよう意識することと、露出決めの際にカメラぶれしないシャッター速度を確保することである。

カメラぶれしないシャッター速度は人によって、また使用するカメラやレンズによって異なり、練習することによって向上するものである。あらかじめ練習して、自分はどの焦点距離のレンズであればどの速度までカメラぶれせずに撮影できるかを確認しておくと良い。これを怠ると、現場でぎりぎりのシャッター速度を用いることが難しくなる。自分の限界速度がわかっていれば、暗い場面で露出を決める際にそれを基準として絞りやISOを設定できるので便利である。

構図

本書も写真術の書であるからには、構図について触れないわけにはいかない（たとえば写真15、16）。デジタルカメラの性能が上がり、撮影後の補正もパソコン上で自由にできるようになった現在において

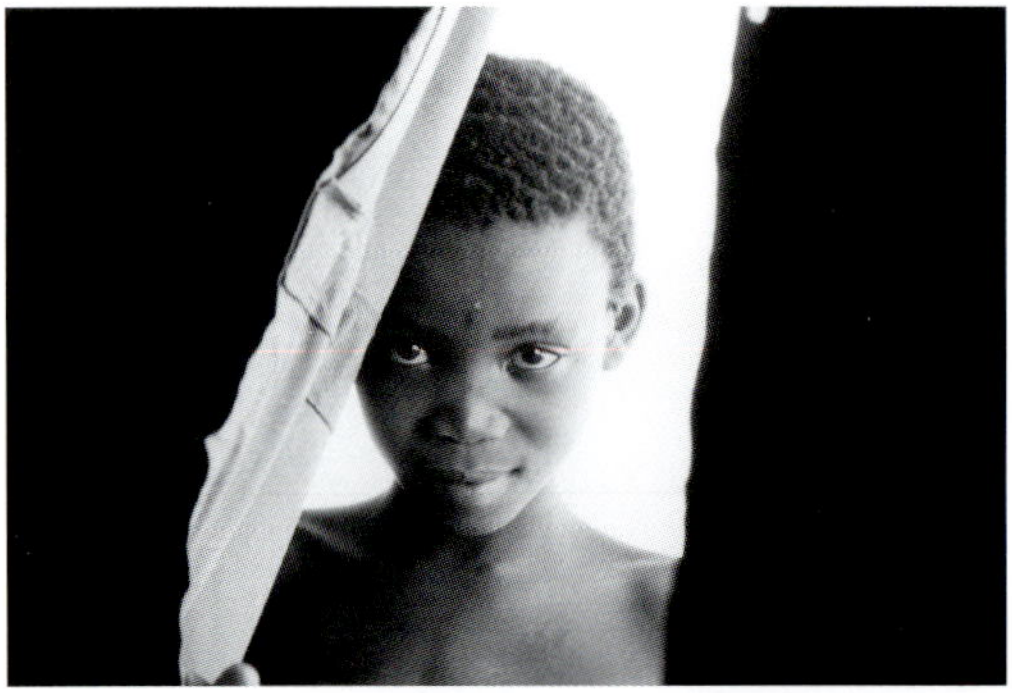

写真 **15**　構図①：典型的な三分割法
右側の縦線に人物を配置している.

写真 **16**　構図②：日の丸と三分割法の組み合わせ
小学校の仮設教室として用いられたテントを覗き込む少年．主題は日の丸配置だが，バックの光と影が三分割になっている.

写真 **17**　構図③：日の丸
給食をシェアする小学生．この写真はむしろ日の丸構図以外ありえない．なお，このシーンは一瞬これに近い状況が起こったのを見て感動し，お願いしてあらためて手を伸ばしてもらった「ヤラセ写真」である.

は、撮影者の個性と実力が発揮されるのは、被写体と構図の選択ぐらいであると言われることさえあるようだ。本節では、代表的な構図の紹介と、背景への気配りについての注意喚起を行いたい。

（1）日の丸

その名の通り、主題が中心に置かれる構図である（写真17）。いかにも素人っぽいと軽んじられ、写真術関連の書籍では悪い例として示されることがままある。つまり通常であればあまり推奨されない構図である。しかし、少し待って欲しい。フィールド写真においては決して忌避すべき構図ではなく、まず日の丸で撮ってから、自分好みの構図で撮り直すぐらいでも良いのではと私は考える。

フィールド写真の第一の意義は記録である。できる限り正確な記録を確実に残すためには、日の丸が最も適した構図である。というのも、カメラはピント合わせも測光も画面中央が最も得意であり、フルオートで撮影しても失敗することが少ないからである。主題が中央から外れていると、絞りを開く状況ではピント合わせがシビアになるし、先述したスポット測光の際にも手間がかかる。

また、とくに人物写真においては、写真3などの一見証明写真のような日の丸構図がかえって効果的に被写体の人柄や思いを描き出すことさえあると私は思っている。

（2）三分割法

基本中の基本とされ、これを少し気にするだけで日の丸よりも画面全体が安定すると言われる構図である。画面を縦横にそれぞれ三分割する線をイメージし、その線上に主題や背景を配置する。日の丸を卒業して三分割法へ、というのが構図面での写真上達の正統な道筋のようである。

人物写真の場合は主題となる人物そのものを三分割の線に配置すると良い（写真15、18）。主題の構図が日の丸気味の場合、地平線や水平線などの背景の切り替わりを三分割の線に重ねるよう意識する（写真16）。主題が中央なうえに地平線を画面中央に配置すると、とても不安な感じのする写真に

写真 **18**　構図④：三分割法

左側の縦線に人物を配置．さらに，背景も下三分の一の線付近に空との境界がある．

写真 **20**　構図⑥：二分割法

人物が日の丸で背景が二分割であるが，この写真の主題は人物ではなく風景である（人は小さく，しかも後ろ姿である）．人物が主題の場合，このような構図は推奨できない．

写真 **19**　構図⑤：二分割法を避けた例

日の丸構図での人物写真であるが，背景が三分割法にしたがっている．背景が二分割法であったら奇妙で収まりの悪い写真になっていただろう．また，背景の切り替わりの線が顔を通っていないことも重要である（後述）．

なるが、背景を三分割法に従わせると安定するので、知っておくと便利である。

縦横の三分割線の交点は4つあるが、このいずれかに主題あるいはアクセントとなるものを配置すると画面全体のバランスが良くなるとされている。とくに風景写真においてアクセントなる物をどこに配置するかを迷った際に、有力な選択肢の一つである。

（3）二分割法

画面を上下または左右に二等分する構図。基本構図であるのはもちろん、三分割法以上に単純な構図であるので、それより先に紹介してもよさそうであるが、こちらの方がむしろ汎用性が低く、使いどころを考える必要があるとされている。フィールドではとくに風景写真で地平線を画面中央に配置して撮影する人が多いと思うが、それが典型的な二分割法である。

二分割法の長所としては画面が安定しやすいことや、使いやすいことが挙げられる。短所としては、特徴のない、どっちつかず（空か、陸か）の主題がぼやけた写真になってしまうことなどがある。とくに人物写真で気をつけたいのは、人物を日の丸で配置したときに背景を二等分すると主題の中心に背景の横線が入ってしまうことである。先に日の丸構図でも背景を三分割法で配置すると良いと述べたのはこの理由による（写真19、20）。

（4）対角構図

画面上に対角に、すなわち斜めに被写体を配置する構図。奥行きを表現でき、バランスの良い写真になりやすい（写真21）。とて

写真 21　構図⑦：対角構図

踊る二人の少年．対角構図を用いると，横並びで撮るのに比べ，ずっと面白い写真になる．

も汎用性が高く、便利な構図なので人物写真を撮影するときにも活用しよう。人の行列なども斜めに撮ると、正面や横から撮るよりも現場の雰囲気を効果的に表現できる。

（5）水平、垂直など背景に注意

フィールドワーカーが撮影する写真に、背景への気配りの足りなさが失敗の原因となっているものがある。人間の目は見たい物だけを効果的に視ることができると言われるが、われわれが現場で人物を撮影するときにもそうなっている。主題である人物にばかり注意を向けてしまい、背景がどれほど主題を損なっているのか気づかないのである。

その代表的なものが、水平・垂直の取り損ないと、背景の主題への被りである。フィールドで撮影した写真を見て、水平が取れていないことに気づいた人は多いのではないだろうか。人物の背景にある地平線や建物などの、水平であるはずの線が斜めになっている。撮影時には気づかないが、写真になるとはっきりわかってとても不安な気持ちになり、気になってしょうがない。

これを防ぐには常に水平を意識しながら撮影するほかなく、あえてわざと斜めにするとき以外は原則的にきちんと水平のものは水平に、垂直のものは垂直に撮るよう心がけるしかない。また、フィールドによってはそもそも現場が斜面地であり、人物を垂直に撮ると背景は斜めになることもある。斜面の角度によっても状況は異なるので、適切と思える角度で撮影する。肝心なのは無意識のままに撮影しないということである。

背景の主題への被りについては、少し意識すれば防ぐことができる。撮影時にわれわれの目は主題にしかピントが合っていない。背景は、ちゃんと背景を意識して初めてそこにピントが合い、主題への被りに気づくことができる。背景に濃い色の物があって主題を見えにくくしていないか（写真22）、背景の横線（壁など）が人物の首を切断しているように、あるいは縦線（柱など）が人物を串刺しにしているようには見えないか（写真23）。とくに、主題と背景との距離が近かったり、絞る必要があったりして、背景にもピントが合う場合は注意が必要である。人物写真において背景をぼかすことが基本になっているのも、そうしなければ背景が主題を損なうことがむしろ常態だからであると思って良い。

（6）広めに撮る

デジタルの利点を活かして、その場逃れというか先送りというか、次善策としての構図決めに「広めに撮る」という方法がある。かつてのフィールドワーカーはスライドフィルムで撮影し、そのまま映写機にかけていたが、現在はデジタルであるので、学会発表などに用いる前に自分で簡単にトリミングすることができる。また、少し広く撮っておくと、水平をうまく取れていなくて画像を回転させる必要が生じた際にも、主題を損なわずに済むことがある。

現場ではゆっくりと構図を検討する余裕がないことがあるため、絞りだけ自分で決めてとりあえず広めに撮影しておくのが実践的である。ただし、広く撮った写真のほんの一部分だけを切り出すと画角の不一致などのため不自然な写真になることがある。また、どのようにトリミングするかを考える際に、先述した基本構図は判断の材料となるため、記憶にとどめておいてほしい。

シャッターチャンス

これは撮影のテクニックとは言えないかもしれないが、フィールド撮影で重要な事柄の一つではないかと思う。現場で人びとの営みを観察しているときに、これは、と思う瞬間がいくつもある。たいていそのときはノートを取れる状態にはなっているものの、撮影できる状態ではない。カメラを構えたときにはその記録したかった瞬間は消えてなくなり、その残滓が漂うばかりである。

そのような瞬間的なものを撮るのはさすがに難しいが、撮影したい状況が数十秒から1分ほど継続していることも珍しくない。もっと長く続いていれば余裕で撮影できるし、数秒なら諦めもつく。その間ぐらいの継続時間をもつ状況をどうすれば撮影できるか。それが、フィールドでシャッターチャンスを逃さないための準備である。

心身それぞれの準備が必要であろうと思う。心の準備は、つねに予測しておくことだ。撮りたい瞬

写真 22　構図⑧：背景に留意して撮影した例
本当はもう少し低い位置から撮影したかったが，イヌの鼻先がそれと同系色の背景と重なるためこの高さで撮影した．

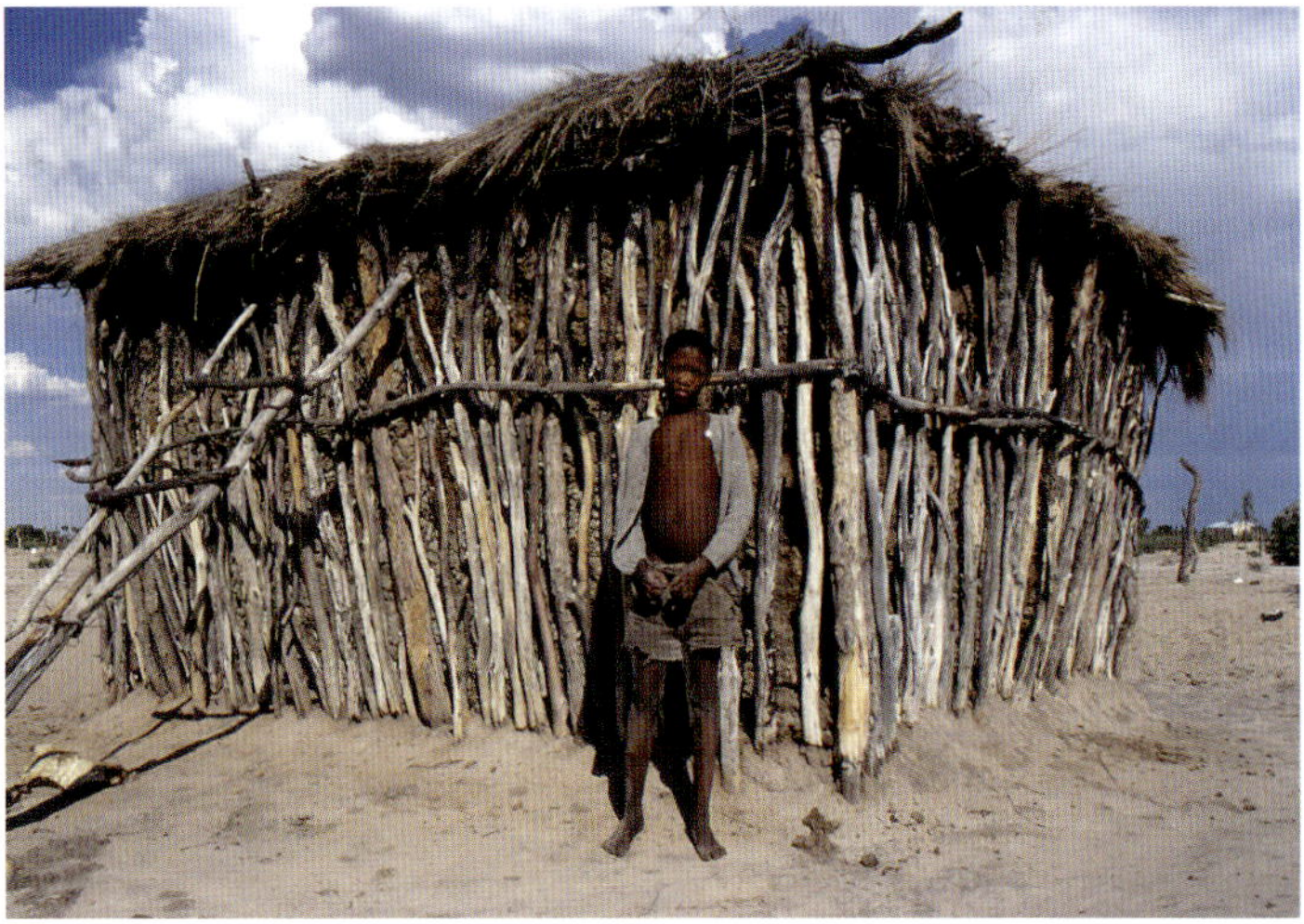

写真 23　構図⑨：背景がおろそかになっていた例
少年の頭部の真後ろを横木が貫いている．横木がもう少し目立つ色であれば当然避けるべきだが，撮影時は背景のことがおろそかになって気づかないことがある．

写真 **24**　シャッターチャンス：少年の宙返り遊び
何度も繰り返し跳ぶので，タイミングを計って撮影した．

間がこの先に訪れるのではないかと予測し、カメラをすぐに構えられるよう意識する。できれば、現場の光の状況を見てISOと絞りを先に設定しておくと万全である。

体の準備はもっと事前に行っておくべきもので、カメラを構えて露出を決めてピントを合わせてシャッターを押す、その一連の作業をスムーズに素早くできるよう練習しておくということだ。

そうして、その場面が訪れたとき、とりあえず広めの構図で何枚か連続で撮影する。露出を変えながら撮影できるとなお良いだろう。デジタルであれば枚数あたりのコストを意識せずに済む。二度と訪れないかもしれないその時をより良く記録するために、撮影枚数は惜しまずにシャッターを押そう。

私は銀塩カメラでフィールド撮影をしていたので、同じ場面を何枚も撮影するのは難しかった。ある時、少年たちが宙返りをして遊んでいる場面を観察しながら、3枚だけその瞬間を撮った（写真24）。本当にうまく撮れているかどうかは現像するまでわからないし、かといってここで貴重なフィルムをむやみに消費するわけにもいかない。もしデジタルであったなら、撮影後の画像を確認しながら良いのが撮れるまで何枚でも撮影できただろうにと思う。

視線

人物写真のなかで中心的な位置を占め、写真全体に与える影響が最も大きいのは被写体の目である。だから撮影者は瞳にピントを合わせようと意識を集中するし、広告写真やポートレイトなどではモデルに視線の指示を与える。われわれは現場の状況を記録するために人物を撮影するのであるから、そのときに被写体が何かを見ているということ自体が、その写真にフィールド写真としての物語性を添える。俗に言う「カメラ目線」の写真ばかりではフィールドワークの成果としてあまりにも足りない。本節では、人物写真の要とも言える視線に焦点を当てていくつか例示したい。

（1）カメラ目線は記念写真的

本章冒頭で紹介した写真2は記念写真的でありながらも、現場の突発的な状況にとっさに反応して撮影したものであるからだろうか、良い写真であると思ってくださる人がおられるようである。一方、写真25はいかがだろうか。ピント、露出、構図、すべてとくに大きな瑕疵はない。しかしフィールド写真としての臨場感を備えているだろうか。全員がレンズを見つめ、撮影されるためにそこにいるような彼らのありようは、フィールドワークの成果というよりは「フィールドで撮った記念写真」の域を出ていない。翻って、写真26はどうだろう。こちらは、誰一人としてカメラを見ていない。子どもが集まっているところを真正面から撮影している点は先の写真と同じだが、彼らのたたずまいは何らかの物語を孕んだ普段の様子を切り取ったもののように見える。

種明かしをすると、写真25は近くを歩いていた私を呼びつけた彼らに撮ってくれと言われるがままに撮影し、写真26は撮られることを目当てに子どもたちが集まってきたところを、私が彼らの隙をついて撮影した。似たような状況で撮影された二つの写真であるが、人物の視線が対照的であるがゆえに、まったく異なる印象を与えるのである。

（2）カメラを見る被写体と見ない被写体

カメラを見る被写体は撮影者を意識していることが写真に表れるため、その写真は撮影者自身の存在をも顕わにする。被写体の客体として撮影者は否応なく撮影の状況に絡め取られ、撮影者と被写体の関係性までもが写し出される。

一方、カメラを見ない被写体からは、直接的に撮影者の存在を感じることができない。撮影者は半透明状のまま被写体の意識に登ることがなく、写真から見て取れるのは被写体の視線が喚起する別の物語である。とくに複数の人物が一つのものを見ている写真は、彼らの注意を一手に惹きつけるものの存在が暗示されるため、その写真は物語性を帯びる（写真27）。

複数の人物がいるなかで、一人だけカメラを見ていたり、逆に一人だけがカメラを見ていなかったりすると、そのような「一人」は大きな存在感を放つ。それ故に、その人物が主題である場合はとても効果的なシーンとなる。逆に、主題でない人物がそのような「一人」である場合は、主題であるはずの人物を食ってしまうので、注意が必要である。

そして二人組の二人ともが主題である場合に、片方がカメラを見て、片方が見ていないという状況は写真に複雑な効果をもたらす。それは記念写真の要素とフィールド写真の要素が入り交じった写真であり、そこに写ったアシンメトリーな二人は、撮影者たるフィールドワーカーを巻き込んだ形で彼らの日常のただ中に存在している。その意味で、フィールドワークという営みがそのまま焼き込まれた写真であると言えるかもしれない（写真28）。

写真 **25**　視線①：小学 **5** 年生の女子児童たち

留年や入学遅れがあるので，実年齢はばらばらである．

写真 **26**　視線②：男子 **3** 人，女子 **2** 人のグループで遊びにきた子どもたち

比較的近しい親戚どうしである．

写真 **27**　視線③：シルクロード西域南道の町のお年寄りたち
皆で注目しているのは撮影者も含まれるラクダの隊列である.

写真 **28**　視線④：ロバに乗った少年
右側の少年は成長して子を持ち，撮影者の調査助手となった.

（3）横顔のススメ

私がこれまで見てきたフィールドでの人物写真の多くが正面からのもので、他は斜め前からのものである。真横から撮影されたものは後ろからのものよりも少ない。一方、私は真横からの写真を好んで撮影する（写真6、15）。

正面を注視している人物の横顔はたいへん魅力的であると思う。また、それを写した写真は、被写体の前方に広がる空間をも潜在的に含意するような奥行きを備えていると思う。横顔の写真は、彼の視線の先にあるものを彼の表情で語らせるうえで、前方から撮った写真以上に効果的ではないかと思うことさえある。今のところこれに同意してくれる人をあまり得ていないので、個人的な見解として蛇足ながら本節の末尾に付記させていただいた（100頁の写真29、30および216頁の写真31）。

人物を撮ろう

デジタル技術の進んだ現在、写真撮影はセンスと機材の善し悪しだけで決まるかのように思われる節があるが、やはり基本的な知識と技術も必要である。いくら高級なカメラを用いても、露出や被写界深度を自分の思うようにできないようでは限界がある。構図についても、センスが追いつかない部分をある程度は知識が補ってくれる。

たとえば写真32（201頁）では後ろの子どもの顔がちゃんと写るような露出を考えて撮影している。また、写真33（同）ではコントラストが強くなりすぎないか、後ろの2頭をどう写りこませるか、というところに気を配り、後ろの2頭にもピントが合って背景は少しぼけるような被写界深度を意図している。実践による失敗を重ねた結果、気づくことと対処することが可能になったのである。意図的に撮影するには知識と経験が必要だ。

本章では人物写真撮影に際して役に立つ知識と工夫について紹介した。次に行うべきは実践である。人物写真は被写体も心を持った人間であるところが、風景や物の撮影と決定的に異なる部分である。人物写真は人物を撮ることでしか上達しないのだ。

まずは気心の知れた、親しい人の撮影から始めよう。そこでまずピント合わせや露出の調整など、基本的な技術を身につける。それから、さほど親しくない人の撮影に挑戦してほしい。親しい人と比べて、自然な表情を捉えることがいかに難しいかを実感することになるだろう。

私自身は学部学生時代にいろいろな人物の撮影を行った。町で見かけた被写体として魅力的な人に声をかけて撮らせてもらったこともある。「写真の勉強をしているのですが、何枚か撮らせてもらえませんか」と声をかけるのだ。これは今の社会状況では男性がやると通報されかねない危うさがあるが、私が声をかけたのはもっぱらお年寄りと子ども（声をかけるのはその母親）である。公園で遊んでいる親子やベンチで休んでいるお年寄りを撮影した経験はフィールド撮影にも活きた。

しかし、デジタル化と情報化の進んだ現在では写真はデジタルデータとしてあっという間に世界中で閲覧できるようになるので、実際のところ見ず知らずの人から撮影許可をもらうのは難しいだろう。親しい人から被写体となってくれる人を紹介してもらう、あるいは本書を持つ研究室の先輩、後輩などと互いに被写体になるなどして、人物写真の撮影を楽しんでほしい。

写真の上達は考えながら撮ることの積み重ねによってなされる。本書には考えるための材料となる基礎知識があるので、何度も繰り返し読みながら実践してくだされればと思う。

写真 **29**　ブッシュマンの女性

これぐらいアップで撮ると背景は自然とぼける．三分割法通りに顔の前方に空間を作ると収まりが良くなる．

写真 **30**　ブッシュマンの少女

右上の女子の目を画面に入れて適度にぼかすことを意識した．主題への露出はとてもうまくいっているが，画面中央でスポット測光したことが効いている．

次頁のコラム **5** 「肖像権の問題」
写真 **1** クロアチア，ドブロヴニクの旧市街を歩く人びと
群衆のイメージ.

写真 **2** 同ドブロヴニクの港にて
夫婦の後ろ姿とハト.

Column 5

肖像権の問題

小西公大
KONISHI Kodai

肖像権とは、プライバシー権の一部として位置づけられるもので、すべての人間が法律によって保護されている肖像（人の姿・形およびその画像など）に関する権利のことである。しかし、じつは「肖像権法」といった確固たる法規制があるわけではなく、民法第703条および704条で規定された名誉毀損、不当利益などのプライバシーや財産権などの法律を援用したものである。つまり、刑事上の罰則はないが、民事上で問題になる場合がある、というものだ。

では、どのような場合に問題になるのだろうか。最も問題となるのは、無許可で撮影した他者の画像を、なんらかの形で（雑誌や個展、ウェブ上などに掲載することなど）公にすることだろう。その場合、被写体となった人物からプライバシーの侵害として訴えられる可能性が生まれる。

したがって、公表する場合には被写体となった人物に承諾を得さえすれば問題は生まれないのである。しかし、街角で撮影したスナップショットなどに、写り込んでしまった人物一人一人に声をかけ、承諾を得ることは大変難しいことだし、勇気のいることだ。実際に、カメラ雑誌などには街角のスナップショットが多く掲載されているし、人物もたくさん写り込んでいる。このようなことはなぜ許されるのだろう。

じつは、「公道など公的生活領域（パブリックスペース）での撮影は、承諾がなくても肖像権を侵害したことにはならない」ということなのだ（『アサヒカメラ』2004年1月号「知っておきたいスナップ写真のルール」より）。プライベートな場ではなく、あくまでもパブリックな場で撮影された人びとならば、問題とならないようだ（写真1）。もちろん、人物が特定されない後ろ姿などの場合は問題とならない（写真2）。注意しなければならないのは、被写体となった人物が明確に特定でき、かつ「恥ずかしくない」状況であること。もし写されたくない状況である場面や格好、恥ずかしくて公表されたくない場であると判断されるようであれば、公表は控えるべきとされる。このように法律上は、「侵害された」と被写体の人物が感じない限りにおいては（パブリックな場であれば）問題とならないようだが、やはりクローズアップでの撮影となった場合には、公表の前にできる限り承諾を得るべきだろう。

ここまでは日本における法的な話であったが、これが海外におけるフィールド写真となると、また話が違ってくる。各国において肖像権がどうなっているのか、ここで詳らかにすることは難しいが、ここではとくに学術的な営為における肖像権の問題について簡単に触れておきたい。

文化／社会人類学の場合、80年代以降はとくに「他者の表象」に関する議論が延々と続いてきた。民族誌の記述という営為そのものが、表象する／されるという明確な権力関係（非対称性）にもとづいて行われるものであるとする議論だ。そのなかで、自らを語る主体としてネイティヴ人類学者の存在がクローズアップされてきたし、インフォーマント（調査対象者）の一方的な語りを掲載する実験民族誌などの試みが行われてきた。写真の問題も同様にセンシティブなものであり、とくに先住権を主張する少数民族などを対象とする場合には、その意匠や知識などの知的財産権や肖像権の問題が大きく取り上げられてきた。

しかしながらわれわれは、他者を表象するという行為を日常生活においてさえもやめることはできないし、自分のことは自分以外の人間が語ってはいけないのか、という根源的な問題にぶつかることになる。われわれ人間は、他者との相互的な表象の網の目に生きているのであり、そこから自己イメージや他者イメージが形成され、維持され、再構成されていくのである。仮にそれがきわめて非対称的な権力関係にもとづいていたとしても、他者に負の影響が及ばないことに細心の注意を払いながら、またそうした権力関係にあることを肝に銘じながら、われわれは他者表象をつづけてしまうし、またそこに意義を見出してしまうのである。なぜなら、他者とのつながりから学ぶことのできるものの多さと大きさを知ってしまっているから。それが社会の具体的な問題解決や人間の存在理解につながることを知っているから。

ここでは、肖像権という法的な問題とともに、アカデミアに生きる人間として、他者との関係を不断に考え続ける必要性があることを明示しておこう。フィールド写真もそうした問題系の只中にある。民族誌の記述に、長い年月をかけて築き上げる他者との信頼関係が必要とされるのであれば、写真の撮影も同様である。カメラはとくに、直接的に被写体との関係性が反映される、ある意味強力で、ともすれば暴力的なガジェットである。できあがった写真の公表に関して、きわめて繊細に対応しなければならない意味が、ここにある。したがって、人物が特定できると判断したものに関してはできる限り承諾を得た後に使用する、くらいは最低限のマナーとなるだろう。

Column 6

家族写真のたのしみ

杉本 浄
SUGIMOTO Kiyoshi

文献史学を専門としていたこともあり、調査開始当時は写真を撮ることにあまりこだわりはなかった。それでもフィールドで親しくしていただいた家族の写真を撮るときは、技術はなくてもそれなりにいいものを撮りたいと念じたものだった。そうして撮りためてきた写真は３０００枚を超えるものになった。

　その家族との出会いは１９９９年８月までさかのぼる。インド東部のオディシャー州の旧都カタックの、とある家に招かれたことがあった。本格的に文献調査を行う前に現地の研究者から指導を受けたいと思い、比較的若い、現地を拠点に意欲的に歴史を研究している人物を新刊本から選び出し、勤務先宛にあらかじめ手紙を出しておいた。

　そうして出会ったのがN氏だった。たまたま彼がロンドンに文献調査に出かけると聞いて、６月終わりに彼の下宿に潜り込み、さらに８月にインドに戻る彼についていった。彼の実家でもあるその大きな家は兄弟３家族が共に住む、典型的な合同家族だっ

写真1　2015年のプロトゴロにて

た。その一角の応接間で博士論文執筆のための今後の調査スケジュールについて話し合い、奥様お手製のランチをご馳走になった。帰りがけに、N氏たちの家族と写真を撮ることになった。2人の兄の子どもたちを含め総計7名が写っている写真はその最初のものである。日本人＝機械に強い、だからカメラもうまくとる、という標準化がここで確認され、以後このイメージを裏切ることができなくなった。

何度か行き来のあった後、ようやく調査ビザを取得して2001年12月から6カ月間、本格的な文献調査に入った。コレッジの官舎に引っ越したN氏の部屋に居候させてもらい、4人の生活がしばらく続いた。州立文書館にバスで通い、夕方は文学協会の図書館で新聞を書き写す毎日だった。こうした調査の傍ら、N氏の親類縁者や友人たちとも知り合いになり、交友の場は格段に増えた。さらに、デジタルカメラを持って行ったこともあり、家族写真のコレクションは増える一方になった。

初めて撮った家族写真から早16年近くが過ぎ去った。N氏の家族が丘陵部の大学に引っ越した際も、さらに州都ブバネーシュワルに移ってからも撮った。「スギ（私のニックネーム）が来ると家族の写真が増える」と言われ続け、誕生会、結婚式、成人式にあたるプロトゴロ（＝ウパヤナ、写真1）、家族旅行、喪明けの会食会のエカドソホなどの行事で、はてはパスポート用の写真までも撮った。

　その間、初めてカタックで出会った子どもたちは一様に大きくなり、一人はオーストラリア、一人はアメリカで働き、一人はベンガルールで新婚生活を送り、そしてN氏の息子はコルカタの大学で法律を学ぶ。かつて合同家族が住んだ家には今や次男夫婦とボウー（お婆ちゃん）の3名が暮らすのみとなり、二階は借家になった。それでも遠くないところで別々に暮らす兄弟家族の往来は頻繁である。なお、家族のように接してくれた奥さんの父親と妹さんが亡くなった。

　この16年間の家族写真は、よく見ると多くの情報が埋め込まれている。子どもたちの成長は目を見はるものがあるが、高い経済成長が続くなかでいかに中間層の生活様式が変化してきたのかが、写り込んでいるのである。

Column 7

美しさは自分でつくる

「マサイの戦士」の「被写体力」のみがきかた

中村香子
NAKAMURA Kyoko

「マサイの戦士」。彼らは、どうしてこれほどまでに「絵になる」のだろう。たとえば遠景。地平線沿いに「牛の民」である彼らが牛群を追う。細長い牛追い棒を高らかに振り上げるしなやかな腕と、大きなストライドを描く長くのびた脚の完璧なバランス。牛群の足もとから立ちのぼる砂煙は真横からさしこむ夕陽に反射し、牛群と一体化した息をのむような美しいシルエットが浮かび上がる。写真好きならずとも、「切り取りたい！」という欲望にかられるだろう。カスフィール（Kasfir 2007）によれば、マサイの容姿は19世紀末にアフリカを訪れた探検家たちを強烈に魅了したというから、彼らの被写体としての人気の歴史はかなりのものである。

遠くから見て絵になる彼らは、アップではまた別の魅力を放つ。色鮮やかなビーズの装身具で飾り尽くされた頭や首、腕、足首。赤い染料を練り込みながら細かく編みあげた長髪はただそれだけでエキゾチシズムにうったえるが、それ以上に彼らは、驚くほどに「写り方」を心得ているのだ。つい今まで世間話をしながら笑っていた友人でも、初めて出会って写真を撮らせてもらう相手でも、こちらがカメラを向けるやいなや、両足をクロスさせて立つ独特のポーズにすばやく姿勢を整え、少し斜めから不敵な視線をまっすぐにおくってきたり、アンニュイに目を伏せたり、はるか地平線の彼方に目線を投げたりする（写真1）。日本人を相手に「さあ、撮りますよ～」とかけ声をかけて撮る人物写真は、カメラを意識するあまり、不格好な立ち姿になってしまったり、表情がこわばったりして、「さっきまでの自然な感じを撮りたかったのに残念…」と思うことが多いが、「マサイの戦士」たちに限っては、そのようなことがほとんどないどころか、ファインダー越しに見えるその姿があまりにも完璧なので、こちらもピリリと張り詰めた気持ちで丁寧にフレームを決めながらシャッターを切ることになる。「すごいな…」とあきれてしまうほどなのである。

なぜだろう。彼らが天性の「ナルシスト」であることはまちがいない。誰もが小さな手鏡を持ち歩いていて、頻繁に取り出しては自分自身の容姿を確認しているし、町の写真館で恋人や友人と記念写真を撮り、アルバムに収めて何度も何度も繰り返し眺めることが大好きだ。私はサンブルというマサイ系の人びとを対象に調査をしているのだが、誰かの家を訪問して振る舞われたお茶を飲んでいると、目の前に無言でアルバムが差し出される。アルバムは来客への「おもてなし」のひとつであり、誰もが何度も見たいものなので「前回来たときも見ましたっけ？」などと聞かれることなど決してないし、見せながら自分もまた眺めるのである。

体型と肌、そして姿勢。自身の身体への強いこだわりというのだろうか。妥協や諦めは一切ない。太っていることは「態度が悪い」とされ、蔑みの対象であるし、痩せすぎているのもよくない。戦士同士が握手するときには互いの上腕の筋肉のつきかたを意識しながらぎゅっと力を入れる。乾季にはワセリンで肌をみがく。姿勢にはとくに気を配っている。両脚をクロスさせるか、片脚だけを大きく前に出しながら地面に突いた槍に重心をかけたり、同じく脚をクロスさせながら脇に杖や棍棒を挟んで腕組みしたりする「マサイ」独自の完成された立ち姿がいくつ

写真1　照れずにポーズをきめてくる「戦士」

かあり、彼らはひとりで放牧中にしばらく立ち止まるときでさえも、必ずこれら定番の立ち姿のうちのどれかで立っているのである。誰にも見られていなくても自然に格好つけているような人たちである。「どうして日本人はそんなに頭が大きくて胴が長いんだ？」などと失礼なことを言われたり、「もっとちゃんと立て」と私の立ち姿の無様さを笑われても、「ごもっともです…」と完敗を認めざるを得ない。

身につけている無数のビーズの装身具についても、ただ派手にたくさんつけているのではない。ひとつひとつをゆるぎない美意識のもとに選びぬいている。彼らは自分たちの肌の色に映える色を熟知していて、「黒や茶色の装身具は自分たちには良くない」といい、赤や白、黄色、オレンジ、水色といった色を好む。黒や紺を用いるときには必ず白を添えて色を際だたせてから身につける。あるとき、私がオレンジ色のビーズのバングルをつけていると「その色はおまえの肌に映えない」「似合っていない」

と何人ものひとに忠告された。
彼らが、「目が大きい」とか「鼻が高い」といった生来の顔の特徴をとりあげて、人を褒めるのは聞いたことがない。「生まれながらの美男」も「生まれながらの美女」もいないのである。マサイの場合、美しさというものは、体型と肌、姿勢、そして選び抜かれた装身具によって自分でつくるものなのだ。

その意味では、彼らにとって後ろ姿は正面からの姿と同じぐらい重要なようである。私が彼らを正面からばかり撮ろうとすると、必ず「後ろ姿も撮ってくれ」と頼まれる。ファインダー越しに見るその背中。滑らかな肌と無駄のない筋肉。その上を十字に横切るビーズ飾り。「確かに、これは撮らねばならない…」と唸るばかりである（写真2）。

写真 **2**　正面と同様に重要な後ろ姿

参考文献
・Kasfir, S. L.(2007) *African Art and the Colonial Encounter: Inventing a Global Colonial Commodity.* Bloomong: Indiana University Press.

5 風景／景観を撮る

漫然とした撮影からの脱却

秋山 裕之
AKIYAMA Hiroyuki

フィールドで風景を撮る

フィールド撮影の主要なモチーフに、フィールド周辺の自然環境や、都市や村落の景観などがある。これらを併せて、本章において扱うこととする。当然ながら、自然の風景と都市の景観とでは被写体までの距離が異なることもあり、適したレンズなども変わってくる。一方で、構図の決め方や被写界深度など、共通する事項も多いので、自分のフィールドを念頭に置きながら読んでほしい。

自然環境と一口にいってもさまざまで、そのバリエーションはフィールドの数だけあると言って良いだろう。本書の執筆陣が実際に撮影したことのある自然環境はそのごく一部に過ぎない。本章ではできる限り汎用性を保って記述し、多くの人に役立つよう努める所存である。また、本章に続くコラム9〜12は本章にフィールドの多様性を添えてくれる美しい各論である。本章と併せてじっくりと読んでいただきたい。

風景撮りの心構え

人物撮影と同様に、撮影するときに意識するべきはその写真の主題である。眼前に広がる畑を撮影するとして、季節の移り変わりを表現したいのか、作物の生育具合を記録したいのか、その土地の人びとの工夫が景観に現れていることを伝えたいのか。

ともすればフィールドワークにおける風景写真はフィールド紹介に用いるためのプロフィール画像の域を出ないものとして、人物写真以上におざなりに撮影されているのではないだろうか。しかし、撮影の主題を自覚することによって、意図を持った撮影が可能となり、その意図に即した写真にするための知識や技術を活用することができる。ただ漫然と撮るのではなく、何をどのように撮りたいか。それをはっきりさせて初めて、露出や被写界深度や構図を決めることができるのである。

フィールドの風景あるいは景観とは何であろうか。自然地理学の場合はそれ自体が主たる研究対象の外観そのものであろうし、村落研究においては持続的に現前している人びとの営みの集積であろう。また、狩猟採集や牧畜を営んでいる人びとにとっては、風景は生活空間であり、彼らをさまざまに条件付けるものであり、命の糧である。

自分のフィールドにおいて、風景あるいは景観と呼んで撮影しようとしているものが、そこに住まう人びとにとって何であるのか。それを自覚的に問い続けることがとくに人類学や開発学、人文地理学などの分野では必要ではないかと思う。その問いを抱いてシャッターを切るところに、フィールド写真としての風景写真があるのだろう。プロの風景写真家や一般旅行者との違いは、眼前の風景への思いの馳せ方にある。フィールドワーカーは、風景としての美しさだけでなく、そこに立ち現れているものの学術的な意義、あるいはその風景に暮らす人びとの歴史や文化にピントを合わせているのである。

風景撮りの機材

主要な機材についての解説は3章および4章で述べたとおりである。本項では、より風景写真に特化して、いくつかの機材を紹介したい。

写真 **1**　フィルターの効果①
祇園新橋．白川の水面に光が反射している．

写真 **2**　フィルターの効果②
同じ場所．円偏光フィルターで光の反射を抑えて撮影．

（1）カメラ

風景写真を本格的に撮影するのであれば、銀塩写真の場合、中判と呼ばれる一回り大きなフィルム（120フィルム）を用いるカメラが必須であった。大きく引き延ばしてプリントする際に、フィルムが大きいほど画質を保てるので有利だが、その分、カメラも大きく重くなる。風景写真を撮影する際は、スナップ撮影やフィールド撮影に求められるほどの機動性は必要なく、現場へ運ぶことさえできれば良い。大きなカメラとしっかりした三脚でじっくりと撮影するのが風景写真撮影の醍醐味である。

デジタルカメラの場合も、中判デジタルカメラと呼ばれる、センサーが大きなものがある。しかしこれは非常に高価で、やはり大きく重いため、よほどの覚悟が必要である。普段のフィールドワーク中に用いるカメラではない。風景を撮影すると決めた日にのみ携行するべき特別なカメラである。

中判までいかなくとも、35㎜フィルムと同等のセンサーサイズを持つ一眼カメラがある。風景写真の質を極めたいならば、思い切って手を出すのも良いだろう。ミラーレスであればAPS-Cサイズの一眼レフと重さは変わらない。ただし、当然ながらたいていの場合APS-Cサイズのカメラよりも高価である。

写真 **3**　フィルターの効果③
京都華頂大学より，知恩院山門と華頂山を臨む．ノーマルで撮影．

写真 **4**　フィルターの効果④
同じ場所．円偏光フィルターで空をより青く，山の緑をより濃くなるようにして撮影．

（2）レンズ

レンズも上述の理由から高性能に越したことはないが、ここでは焦点距離について述べる。なお、APS-Cやフルサイズなど、センサーサイズが違うと同じ焦点距離でも画角が変わる。そのために統一的な基準として、本章ではレンズの焦点距離をすべて35㎜判換算で記述する。

風景写真を撮る場合、カメラを買うときにセットで付いてくるレンズ（キットレンズ）である標準ズームが基本である。たいていこれだけでなんとかなる。不満であれば、より広角から望遠までカバーできるものがあると良い。原野などで遠景を撮る機会があるならキットレンズ以上の望遠レンズが活躍するだろうし、町中で撮影する機会のある人はキットレンズよりも広角のレンズを持っておくと良いだろう。風景や景観の撮影では都市であっても比較的遠くにピントを合わせるほか、そもそも被写界深度を深めにすることが基本であるので、ボケを重視した明るいレンズ（開放F値の小さなレンズ）の優先度は人物写真に比べてずいぶん低い。

とくに高倍率ズームレンズは広角から望遠までカバーし、望遠マクロ撮影もできるので、風景撮影に限らずフィールド撮影のさまざまなシーンで重宝する。キットレンズの標準ズームに替えて購入できる場合はそうすれば良いし、キットレンズは予備として持っておいても良い。たいていのフィールドで、高倍率ズーム（16〜300㎜）と単焦点（50㎜前後）の2つがあればさまざまな撮影シーンをカバーするであろう。

（3）三脚、レリーズ、レンズアクセサリー

本格的な風景写真を撮るには三脚とレリーズが必須である。風景写真の撮影時は望遠レンズを用いたり絞りを絞ったりする。また、薄暮時や早朝などの光量の不足する時間帯に撮影したいことがある。いずれも、カメラぶれせずに撮影することが困難な状況である。よって、三脚とレリーズのセットが役に立つ。たとえ三脚にセットしていても、シャッターボタンで撮影するとぶれることがある。レリーズは、シャッターを押すことによるカメラぶれを防ぐために使用する。バルブ撮影（シャッター速度が1秒以上必要なときに用いる機能。シャッターボタンを押している間、シャッターが開く。レリーズを使うと押しっぱなしにできる。）にも必要なのでフィールドで星空や夜景を撮りたいならば必ず携行しよう。

三脚は特別に大きなものでなくともよく、動画撮影用に三脚を持っていく人はそれを使用すれば良い。ただし、あまりに軽いものは風で揺れるので使いにくい。できれば、水準器がついていて雲台の水平を確保でき、雲台をハンドルで上下左右に自由に動かすことができるものが良い。

レンズアクセサリーとしては、円偏光フィルターが役に立つだろう。三脚を用いるのであれば多少シャッター速度が遅くなっても問題ないし、風景は人物のようにやたらに動かない。

円偏光フィルターは水面などの反射を除去してくれる（写真1、2）ほか、空の青さや植物の緑を鮮やかにする効果（写真3、4）がある。円偏光フィルターはファインダーを覗いたまま回すことでフィルター効果を確認しながら撮影できる。実際の色調に最も近いものと、最も美しいと感じられるものとの二通り撮影すると良いだろう。

Column 8

カメラぶれを諦めない

秋山裕之
AKIYAMA Hiroyuki

1章で述べた通り、本書に収録することが叶わなかった題材に動物写真がある。私は主たる調査対象の人びとが狩猟採集民であることから、野生動物の写真もそれなりに撮影してきた。しかし、超望遠レンズを用いたり、動物の生態を把握して待ち伏せたり、赤外線カメラをセットして夜行性の動物の撮影を試みたりしたことはない。ここでは、「動物を含んだ風景写真」を撮影した体験から、現場の厳しい撮影条件をどのように見極め、それにどのように対処したかについて紹介したい。

撮影地はナミビア共和国のエトーシャ国立公園、時期は雨季に入ったばかりの12月、時刻は日没間近の夕暮れ時である。空を映す小さな水場を含んだ薄暮の風景が美しく、ぼんやりと眺めていたら、そこへ一頭のアフリカ象が現れた。象はゆっくりと水場へ近づき、水を飲もうとしている。これは撮影しなければならないと、私は慌ててカメラを用意した。

少し距離があったので望遠ズームレンズをつける。構図を決め、撮影の準備はできたが、シャッターは押せない。というのも一見して暗く、露出を＋補正しないことにはどうにもならないことが明白だったからである。とはいえ、太陽は真正面に沈んでいくところなので、あまり＋に補正すると空が白く飛んでしまう。経験にもとづいて+1.0補正とし、半押しにしてシャッター速度を確認すると、1秒以上もの値を示していた。

ここでカメラぶれを防ぐためには、まずISOを6400に変更して撮るなどの対処法がある。撮影する際に最初に注意を払うべきは光の状況、すなわち露出まわりである。次にピントを合わせる場所と背景すなわち被写界深度で、構図はその後でいい。そして最後に必ずシャッター速度を確認する。ISOの変更では対処できないほどに低速なシャッター速度で撮る場合、カメラぶれを防ぐための工夫が必要である。カメラぶれを諦めるわけにはいかない。ぶれは不適切な露出や被写界深度や構図よりもはるかに資料的価値を損なううえに、事後に修正することが不可能である。

私がここでとった方策は、単純に周辺の岩場にカメラを置くことであった。手持ちで撮影できないシャッター速度が必要で、三脚がないのであれば、別の何かの上に置くしかない。しかしこの場合は、水平をとるのが容易ではない。布などをカメラと岩の間にはさんでなんとか水平らしくする。それからやっと構図を決めることができた。

写真5　エトーシャ国立公園の水場と象
これ以上明るくするとバックの空が白飛びする．

しかし、まだシャッターは押せない。カメラの置き方が不安定なため、シャッターを押すことによるぶれが生じるからである。普段はレリーズがあるのでそれを使うのだが、このときはたまたま持っていなかった。

そこで思いついた方法が、タイマー撮影である。タイマー撮影はカメラの内部機構でシャッターを切るため、シャッターボタンを押すことによるカメラぶれが生じない。タイマー撮影である以上、被写体の動きに合わせてシャッターチャンスをとることはできないが、風景のように動かない被写体の場合は有効である。写真5がそれであるが、よく見ると象の鼻先は動いている。

以上に述べたように、三脚とレリーズがあれば薄暮時などの状況で風景写真を撮ることが容易となり、撮影可能なシーンが大幅に増える。しかしたとえそれらがなくとも、いくつかの知識があれば一応の対処が可能なこともよくあるのだ。

写真 6　露出の補正：カラハリの虹
露出をアンダーに（マイナス補正）することで虹を撮影できる．構図はあまり良くない写真．

撮影時の設定

（1）絞りはF８

風景写真の場合も、撮影モードは絞り優先自動露出で良い。基本の絞りはF８で、より絞りたければF11、最大でもせいぜいF16までにする。F16を超える絞りはお勧めしない。絞り込みすぎることによって、小絞りぼけと呼ばれる解像度の低下が発生することがあるからである。フルサイズのセンサーを搭載したカメラであればもう少し絞れるが、APS-CサイズならF16が限界であると思って良いだろう。F16が限界ということは、よほどの状況でない限りF16は用いない方が良い。

また、手持ち撮影の場合はシャッター速度との兼ね合いでF８まで絞れないこともある。ISO感度を上げるか三脚を用いるなどして絞りを優先したいが、それも難しければ少し開く。F5.6まで開くと標準レンズ以上の焦点距離の場合、近景（およそ10ｍ先まで）にピントが合うと遠景がぼけるので注意が必要である。

風景写真の主題は多くの場合画面全体あるいは画面の大部分である。したがって、パンフォーカ

写真 7　三分割の構図：香港
横長に撮る場合は縦三分割を意識する．

スであることが求められる。それを実現し、画質を損なわない絞りがＦ８であると思って良い。

（２）パンフォーカスの是非

前述の通り、被写界深度は深めにすることが風景写真撮影の基本である。画面全体にピントが合っているように見えることをパンフォーカスと言うが、それを実現するためには、絞りをＦ８以上にすることの他に、広角寄りのレンズを用いる、できるだけ近くのものが写らないようにする、という方法がある。極端な話、広角レンズを用いて遠くを撮れば、Ｆ値にかかわらずパンフォーカスとなる。

ここで思い出してほしいのは、風景写真を撮るときも主題を明確に意識するということだ。近景が主題のときに、パンフォーカスにすると遠景が邪魔になることがある。そのようなケースでは、近景までピントを合わせつつ、遠景は少しぼかした方が、主題が明確な写真となる。パンフォーカスは基本であるが、常に正解であるとは限らない。

また、町中での撮影で主題が画面全体のときは、原野での撮影以上に近くのものから遠くのものまでピントを合わせる必要がある。町中では広角のレンズを持つべきであるのは、広い画角と深い被写界深度が求められるからである。一方、町中で近景が主題の場合は、背景の建物などが主題から比較的近くにあるため、背景が主題を損ねないよう一層の注意が必要である。

（３）ＩＳＯは低め

おそらく多くのフィールドワーカーはISOを400～1600あたりに設定したまま滅多に変更しないと思うが、風景写真の場合、ISOは200で良い。足りなければ400にする。風景写真の画質は人物写真以上にきめ細やかなほど良いとされる。また、フィールドにおける野外撮影では太陽光が強烈であるためにISOが高いとＦ11の絞りでも適切なシャッター速度がカメラの限界を超えることがある。絞りをＦ16にして回避するよりも、ISOを下げる方をお勧めする。

ただし、現在のカメラの性能でいえば、画質については四切程度に引き延ばすケースを含めてもISO 800ぐらいまでは問題なく実用レベルにある。フィルムでは高感度フィルムはコントラストが強くなり、粒子が目立つが、デジタルは補正が容易なこともありコントラストは気にならなくなる。だからISOは800固定でも構わない。必要に応じて1600まで上げたり、200まで下げたりすればよく、晴天時の風景写真は200が必要十分なISO感度である。

（4）ホワイトバランス

これをオートでしか使ったことのないフィールドワーカーは多いのではないだろうか。室内でなら変更するという人もいるだろうが、ぜひ外でも光の状況に合わせて設定するようお勧めする。とくに曇り空のときは肉眼で見るよりも一層、全体にくすんだ色調になることがある。曇天時に植物や町並みの色などを綺麗に出したければ、オートのままで撮影するよりもホワイトバランスを曇天に設定する方が良い。

（5）露出補正

これは個々の状況によるが、逐一複数の露出で撮影する余裕のない場合、曇天のときは1段階プラス、日差しが強いときは1段階マイナスにあらかじめ設定しておく。少し暗いと思ったらプラス、明るいと思ったらマイナスに補正したものも撮るよう習慣づけると良いだろう。たとえば虹を撮影する場合は少しマイナスに補正して撮る（写真6）。通常のカメラ任せの露出では、明るすぎて虹がよく見えない写真になる。

構図など

基本的な構図は前章で紹介した通りである。とくに三分割（写真7）、二分割（写真8）、対角（写真9）の三つは汎用性が高く、容易に実践することができるので少し意識して取り組むと良いだろう。

写真 **8**　二分割の構図：石垣島の海

水平線で二分割し，下側はさらに陸地と海とで二分割している．

写真 **10**　レイルマン比率：香港

右下の交点に道路の消失点を置いている．景観が主題のときに人物などアクセントになるものをこの 4 カ所のいずれかに置くと良い．

写真 **9**　対角構図：竹富島にて

右下から左上への対角構図．色彩のバランスも意識して撮影．

写真 **11**　色彩バランス①：ナミブ砂漠
色で画面を三分割して構成.

写真 **12**　色彩バランス②：同上
画面をどのように分割するかを考えて構図を決める.

構図を決めるうえで重要なのはまず主題であり、その主題がより活きる構図を検討するためにいくつかの引き出しを持っていればいい。

より実践的には、困ったときは少し広めに撮って、後でトリミングする。身も蓋もないアドバイスであるが、風景写真であっても、現場ではゆっくりと構図を検討する暇がないこともよくあるのだ。しかし、大幅なトリミングは不自然な写真になる。できるだけ撮影時にある程度構図を決めておきたい。

（1）レイルマン比率（写真10）

構図の引き出しを増やすために一つ紹介したい。鉄道写真家の中井精也氏が考案し提唱している構図である。画面の長辺を四分割する線の内、中央を除く二本の線と、画面の対角線との交点である四点のいずれかに主題を配置する。風景全体が主題の場合、アクセントになるものを置く。三分割法よりも少し外側に配置する、という感覚で良いかと思う。たとえば、町並みが主題であるのに人物が三分割法の位置にいると人物が主役に見えて本来の主題を食ってしまうことがあるが、レイルマン比率の交点に配置すると人物は町並みのアクセントとして引き立て役にまわり、画面全体を安定させる。

（2）色彩バランス

風景写真の場合、画面いっぱいに広がっている風景全体が一つの主題であることが珍しくない。風景の一部を主題ないしアクセントとする場合と異なり、全体が主題である場合に検討してほしいこととして、画面の色彩バランスがある。

あたり一面が雄大な砂丘であるナミブ砂漠で撮影した写真を例示しよう。一つは、水平な線で画面を三つに分けて色彩を配置したもの（写真11）、もう一つはいくつかの斜めの線で画面を切り取ったもの（写真12）である。この二つの写真は同じ場所で撮影したものであるが、漫然とあちこち向きながらたくさん撮ったのではなく、画面のなかで色彩のバランスを検討しながらズームレンズで構図を決めて撮影したものである。撮影後のトリミングはしていない。でたらめに広く撮って後でトリミングするよりも現場できちんと構図を決めた方が良い。広く撮るというのは、あくまでもある程度構図を決めてから「少し」広く撮るということである。

もう一つ、空の写真を例示する。私のフィールドは高い木もビルもない土地であるので空が非常に広い。世界の半分は空である。長い乾季の間、空は退屈な空色と仮初めの朝夕を繰り返すばかりであるが、雨季に入って雲が出たとたんに日替わりの鮮やかなキャンバスとなる。いきおい雲の写真を撮ることに夢中になるのだが、そのときに検討するのも色彩をどのようにするかである。

写真13の主題は沈み行く夕日に照らされた雲であるが、画面上にどうしても左下の朱く明るい部分を入れたかった。これ以上レンズを左に向けると夕日が写真に強く干渉してしまうぎりぎりのところで、左下から右上へのグラデーションを実現したわけである。

（3）比較対象を置く

広くて大きな風景を撮影した写真が、実際のサイズ感を表現できていないことがある。これは比較対象となる物が写っていないため、現場を知らない人が見てもピンとこないからだ。さきほど例示したナミブ砂漠の写真(写真11、12)もその典型例である。砂丘との距離やその大きさがよくわからない。

動物や人や樹木をうまく配置することによって、風景全体のサイズ感などが明確になり、資料としての価値が高まることがある。その際、比較対象とするものを画面のどこに置くかは検討が必要である。写真14では下部に樹木や自動車を写り込ませた結果、主題である背後の砂丘の巨大さが引き立っている。また写真15のオリックスはサイズ感の表現と言うよりは、地面に点々と続く足跡の主として登場しており、彼の前方にはこれから足跡がつけられる大地が広がり、画面上部と下部には過去につけられた足跡が配置されている。オリックスを入れることによって、過去・現在・未来の時間経過を含意

写真 **13**　色彩バランス③：夕日に照らされた雲

ボツワナ共和国中央カラハリ動物保護区にて．

写真 **14**　比較対象①：砂丘の大きさ

写真 11 と同じ場所で撮影．主題である「砂丘の巨大さ」を表現するための構図．

写真 **15**　比較対象②：時間の経過

オリックスがこの地点まで歩いてくるのを待って撮影．

写真 16　高所から：
竹富島の景観
なごみの塔から撮影.

写真 17　高所から：ブッシュマンの再定住地である某村の景観
再定住初期（1997 年）に給水塔の上から撮影.

写真 18　アップで撮影：
雨季の到来
夜間に降った雨が，屋根を葺く藁を伝って雫になっていた．この光景を目撃して雨季の到来を実感した．カラハリ砂漠という，きわめて乾いた土地だからこその「発見」である.

する写真になったのである。

集落などの景観を撮影するときは、人の視線の高さからだけでなく、できるだけ高いところから撮ると良い。空撮ができればなお良いが、せめて屋根より高いところから撮影できれば集落の外観のおおよその様子を記録することができる。

（4）高いところから撮る

写真16は沖縄県の竹富島で撮影したものであるが、これは観光客も登ることのできる塔から撮影したものであり、絵はがきなどにもなっているたいへんポピュラーな景観である。写真17はボツワナ共和国の某村の給水塔に登って撮影したもので、警官などに見つかると厳重注意されかねない危険を冒している。高所からの撮影では足元が不安定なうえにレンズ越しの風景に集中しているため、落下の危険も当然ながらある。少なくとも身の安全にだけは十分に注意して撮影に臨んでいただきたい。

（5）アップで撮る

これは、厳密には風景写真というよりは物撮りと言うべきかもしれないが、眼前の光景をアップで撮影することで季節などの記録とすることがある。その際、花や昆虫などであればマクロレンズで接写するのも良いだろう（4章写真6）。

また、たとえば取るに足らない雫だけでもフィールドの季節を象徴する写真になりえるものである（写真18）。目の前のささやかな光景にフィールドの季節やエッセンスが詰まっている。これらを被写体として意識することは、フィールドにおける観察眼を養うことにもつながるのではないかと思う。大きな風景と小さな光景の両方を捉えるパースペクティブは自覚的な観察の積み重ねによって身につき、それは写真撮影の幅を広げるだけでなく、研究そのもののパースペクティブをも育む可能性を持っているのではないだろうか。

カメラ（と本書）を持って町へ出よう

以上、風景や景観を撮影するときに参考になると思われる事柄について述べた。まずは主題を明確に意識すること、その主題を損なわないために露出・被写界深度・構図に気を配ること、また少しでも効果を上げるためにいくつか工夫できることがあることについて実例を交えながら紹介した。

いきなりフィールドでうまく撮影しようとしても簡単にはいかない。まず町へ出て、普段の通学や通勤の道すがら撮影することから始めよう。一枚一枚、考えて撮影し、できあがりを検討し、それをふまえてまた撮影する。その実践の積み重ねがフィールドでの撮影に活きてくる。この書が教科書であるとすれば、町での実践は練習問題のドリルである。読むだけでも、撮るだけでも、なかなか上達しない。

あなたの町もフィールドに負けないぐらいに魅力的な光景にあふれている。それらを発見し、被写体として向き合い、効果的に表現できるよう考えて撮影することは、写真撮影だけでなくフィールドワークそのものの練習にもなりえるのだ。

Column 9

暮らしのある風景を撮る

孫 暁剛
SUN Xiaogang

朝5時、腕時計のアラームで目覚める。月が沈み、テントの外は暗闇だ。昨夜もハイエナがヤギを盗みに来たようで、村の犬たちはひと晩中吠えていた。ゆっくり寝られなかったからもうひと眠りしたいが、今日は朝から大事な撮影がある。ヘッドライトをつけてリュックに詰めた撮影機材を確認する。デジタル一眼レフカメラ2台、17㎜から400㎜までのレンズ4本、中判フィルムカメラ一台、予備バッテリーと水筒。三脚はリュックの横に付けてある。ハイキングシューズを履いて村を出る。夜中ハイエナを警戒していた村人たちは今しずかに寝ている。でも後一時間もすれば日が昇り、家畜の搾乳や放牧の準備などで村は一気に目覚めるだろう。

ここはケニア共和国北部の半砂漠地帯。年間降雨量が200㎜未満で、日中の気温が40℃を超える過酷な環境に、遊牧民レンディーレの人びとはラクダ・ヤギ・ヒツジとともに暮らしている。私は1998年から、彼らの自然利用に注目した生態人類学的な調査を続けてきた。そしてその頃から、研究論文だけではなく、彼らの自然とのかかわり方を写真を通して表現したいと思い、撮影を続けてきた。

集落から北東に向かって歩いて15分ほどのところに、「白い丘」と「黒い丘」という二つの丘がある。丘の上に巨石が積み重なっていて、登ると落石が落ちそうで足場がかなり不安定だ。この丘の頂上は、私が住む集落や周りの大平原を一望できる唯一の場所である。私はかねてから集落の全景と集落から放牧に出される家畜の写真を撮りたかった。しかしどこまでもつづく平坦な原野につくられた集落を、空撮でもしない限り全景を撮ることは難しい。それにいつ雨が降るかわからないこの土地では、家畜が集落に帰ってくることはめったにない。今回はたまたま集落が丘の近くに引越してきて、そのうえ「ソリオ」と呼ばれる大事な供犠祭が開催されるために、ラク

写真1　ラクダとともに生きる東アフリカ乾燥地域

ダもヤギ・ヒツジも集落に帰ってきた。儀礼が終わると牧夫も家畜もすぐ放牧キャンプに出発してしまうので、写真を撮るには今日しかない。

6時15分、石を踏み外さないように慎重に丘を登る。東の空は赤からオレンジ、黄色に変わっていく。一瞬眩しいと思ったら地平線に太陽が現れ、周りは一気に明るくなった。丘の頂上に着き、安定した岩を探して三脚を立てる。風がつよく、三脚をしっかり押えないと倒れそうだ。望遠レンズをつけると、村に人や家畜が動きまわる活気あふれる様子が見えた。

7時すぎ、搾乳を終えた家畜は放牧地へ出発。環状に作られた集落の出入口から家畜の群れが流れ出す。早朝の光で少し赤く染めた半砂漠草原に人も家畜も鮮やかに見える。70～200㎜の中望遠レンズに付け替えて、ISO感度200、絞りは11か16、シャッタースピードは250分の1秒か125分の1秒にシフトしながら、構図とピント合わせに集中する。ファインダーのなかから、白く輝くヤギ・ヒツジの群れと薄茶色のラクダの群れが急ぎ足で移動している。前景に移動する家畜を置き、その背後に環状の集落、さらに遠景に数十㎞離れた山を入れて、構図を決める（写真1）。10分もしないうちに、すべての家畜が点となって地平線へ向かった。緊張が解け、念願の写真が撮れた満足感で胸がいっぱいになった。

フィールドで風景写真を撮るとき、私は風景のなかに人が入っていることが好きだ。その土地に長い年月をかけて続けられた暮らしは、人びとを風景の一部のように馴染ませる。このような風景写真は、人が自分たちを取りまく自然とどのように付き合うべきかを考えさせる力があると私は信じている。

Column 10

氷原・雪原での撮影

岩野 祥子
IWANO Sachiko

南極という、とびっきり素晴らしいフィールドに長期滞在する機会を得て、足掛け2年4カ月、南極で暮らした。「写真術」を語る本に登場するには、わたしはあまりに素人カメラマンであるけれど、南極滞在中は、いい写真を撮りたい一心で熱心に撮影した。最高のフィールド、最高の素材に、素人なりにどう向き合ったか、お伝えしたい。何かの参考になれば幸いである。

南極は、空気が澄んでいて日差しが強いうえに雪面からの照り返しもあるので、行動中は色つきのサングラスが必須だった。ただ、サングラスをかけたままだと写真の色がわからないので、写真を撮るときにははずしていた。わたしの場合、行動中、常にシャッターを切り続けているわけではないのでこの方法でよかったが、氷原・雪原で頻繁に撮影する人は、紫外線をカットするクリアレンズを使用するといいかもしれない。雪目になれば、行動できなくなるし夜も眠れなくなる。雪目を甘く見てはいけない。

さて、氷原や雪原といった明るく白い被写体を撮影する場合、カメラの露出計は明るすぎると判断し、写真は暗くなってしまいがちだ。そういうときには露出補正をプラスにして撮影する。露出補正の程度は、私の場合、時間があるときは納得のいく色が出るまで何段階か試した。シャッターチャンスが一瞬で、何度も撮り直せない状況なら、オートブラケット機能を使って、自動的に異なる露出で記録するようにしておくといい。また、RAWデータで記録しておけば、撮影後の画像補正の可能性が広がる。

南極での写真撮影で心がけていた一番のポイントは、「このチャンスは一生に一度きり」と心に刻むことだった。初めて南極に行き、前次隊の隊員から観測や生活の引き継ぎを受けるなかで一番心に残った言葉。それは、「同じ季節は二度と巡って来ない。そのことを忘れない方がいいよ」ということだった。この言葉がなかったら、たくさんのシーンを撮り逃していたかもしれない。目の前に広がるこの光景、この光は今だけのもの。今日のオーロラ、今日の空、今日のペンギン、今日の色。同じ瞬間は二度と訪れない。そのことを、越冬が始まる前に気づかせてもらったおかげで、眠くても起き出してオーロラを撮ったし、寒い屋外へも躊躇なく飛び出したし、何かと手間のかかる極寒の地での撮影も面倒だなんて思わなかった。

極寒地での手作業は、同じことをするのに暖かい場所の3倍は時間がかかる。0℃前後まで気温が上がる夏の時期は、素手でも平気だったが、-30℃や-40℃になる冬の時期にはインナーグローブをつけたままカメラを操作した。インナーグローブだけでは当然寒さは防げないので、手は常にかじかんだ状態だ。それでも徐々に身体が慣れ、素早く撮影できるようになるのはおもしろかった。そのうちに厚いグローブをつけたままでも操作できるようになり、「カメラの低温耐性もすごいけど人間の機能も捨てたもんじゃない」と思った。

寒冷地ではバッテリーの扱いにも工夫が必要だ。寒いとバッテリーの減りが早くなるので、予備バッテリーは、体温が届く範囲の身体に近いシャツの胸ポケットに入れていた。テントや雪上車に泊まる調査旅行などでは、夜寝るときも電子機器類のバッテリーは寝袋のなかに抱いて寝た。寒冷地での撮影は、撮影後の配慮も大切だ。カメラバッグには大きめのジップロックを常備しておき、暖かい室内にカメラを持ち込む前に、必ずジップロックにカメラを入れた。カメラの結露を防ぐためだ。取り出すのは、カメラがゆっくり室温に戻ってから。

寒いというだけでたくさんの手間が生じる。最初はとてももどかしかった。けれど、「いつもとは違う世界」には信じられない瞬間がたくさんあり、最後にはその手間を楽しめるようになった。手間のかかる南極での方が、わたしはいいカメラマンになる。

写真 **1**　南極大陸を背景に，凍った南極海を行く雪上車

F16, 1/160 秒で撮影.

写真 **2**　南極は彩り豊かな世界

あと 10 日ほどで極夜という時期の朝 10 時過ぎ. F10, 1/50 秒で撮影.

写真1　撮影地として有名だったバダーバーグ遺跡
遠景に映り込む風車の姿を不快に思うか，未来の希望と感じるか．
フィールド・フォトグラファーに突きつけられる，世界の写し方．

Column 11

失われつつあるサバクの景観

小西公大
KONISHI Kodai

広漠とした乾燥の激しい大地、吹きすさぶ熱風、そしてじりじりと肌を焼く灼熱の太陽。筆者のフィールドは、まさにこのような典型的な「サバク」を連想させるエリアである。インド北東部に広がるタール沙漠。ここでは、乾燥した不毛な大地（岩盤や砂・小石に覆われた）の広がりを意味する「沙漠」を用いることとする。しかし、われわれが「砂漠」という語でイメージしやすい、美しい砂紋に彩られた砂丘がところどころに点在し、現地で使用されているラクダのイメージも伴って、サバク世界のノスタルジーをかき立てるような側面も少なからずある。

このロマンティックなイメージを求め、海外から、また近年では国内からも多くのツーリストたちがこの地を訪れている。観光化の本格的な始まりは80年代。中世の街並みが保存されていたジャイサルメールという城塞都市（もしくはオアシス都市）を拠点とし、周辺のエリアや砂丘をラクダに乗ってめぐるキャメルサファリと呼ばれるツアーが、観光の目玉

写真**2**　強風に耐えられず落下した風力タービンのブレード（羽）

となっている。
「文明の果つる地」、「人間の営為が及ばない無の大地」を求めてくるツーリストたちは、地平線に落ちる夕日にため息をつき、満天の星空に感嘆の声を上げる。このようなロマンティシズムは、インドを中心とする世界の映画産業も目をつけてきた。タール沙漠がロケ地として選ばれた作品は枚挙にいとまがない。砂丘や朽ち果てた中世の遺跡を背景に、ラブロマンスが演じられ、ダンスシーンが数多く撮影されてきた。もちろん映画だけではなく、海外からも、（プロ・アマを問わず）多くのフォトグラファーたちがこの地を訪れ、叙情的なフレーミングで乾燥した大地の景観や、そこに生き続ける素朴な「砂漠の民」をファインダーに収めてきた。

　ところが、人びとの心をとらえてきたロマンティックな景観が、すごい勢いで失われつつある。２０１０年代から急激に勧められてきた、タール沙漠の風力発電開発によるものだ。風力発電は、広大な土地と豊かな風量を必要とする。効率的にパワーを得るために、風車（風力タービン）の受風面積を大きくし、他のタービンの風圧の影響を受けないように距離を開けて設置される。こうした風車が、沙漠の景観を台無しにするかのように乱立している。ツアー中にどこにカメラを向けても、写り込んでしまう風車の群れ。自然の大地の力を感じたいのに、巨大な風車という「近代的」な建造物に囲まれてしまうと、ロマンどころではなくなってしまう。映画や撮影地としての価値は下がり、撮影班が落としてくれるお金で糊口を凌いできた現地の人びとからも、「食いぶちがなくなった」と悲鳴に似た声が上がっている。

一方で、風力発電開発事業に絡むことによって、豊かになった人びともいる。こうした人びとは風車の姿を肯定的に捉える。また、世界的な「エコ言説」に乗っかり、クリーンエナジーの必要性を声高に主張する人びとは、タール沙漠の風力発電に大いなる期待を抱いている。沙漠の風車は、今や賛否両論を巻き起こしながら、景観のあり方をめぐる議論の核となっているのだ。

これもまた、現実。沙漠にロマンのみを求めてファインダーを覗く人びとだけの世界なんてありえない。フィールド写真とは、このような具体的な世界をもしっかりと映し出す、リアリスティックな感性も必要とされるのだろう。

Column 12

草原と活断層

杉戸 信彦
SUGITO Nobuhiko

ひろがる草原。風はない。背後のおだやかな山並みが、静かな湖面に映りこむ。

いつしか馬の群れがやってきて水を飲みはじめた。飼い主の遊牧民はどこにいるのだろう。

馬が集まるこの池は、活断層が大地を切り裂いて成立した（写真1）。左側にある紡錘状の高まりや右側の小さな池も然り。厚い永久凍土があるため、地下の断層のずれは素直には地表に現れず、こうして高まりや凹地といったかたちで姿を現す。「切り裂いて」と書いたが、永久凍土の存在ゆえにこの草原はある意味では切り裂かれなかった。そしてその凹地が水を湛え、いま馬たちが集まっている。およそ百年前に起きた巨大地震の瞬間を想像しながら目の前の美しい光景にあらためて見入る。

遠いモンゴルの地に私が足を運ぶようになったのは、20世紀に発生したふたつの巨大地震を調べるためである。一つは１９０５年ブルナイ地震、そしてもう一つは１９５７年ゴビ・アルタイ地震。いずれも数１００㎞にわたって活断層がずれ動いた。

写真1　Büst 湖を北方より臨む
2009年8月12日10時25分28秒撮影.

両地震とも私が生まれる前である。しかし出現した「ずれ」は現在でもその姿をほぼそのまま保っている。日本列島とは違って地形変化のスピードがゆるやかなためである。過去に地震が繰り返したことを示す地形もよく残っている。地震発生の繰り返しパターンを変動地形学的に読み解く格好のフィールド。そのモンゴルと日本の合同調査に、２００６年から4年間参加した。

２００９年はブルナイ断層を調べる約2週間のテント生活を送っていた。移動は車3台。調査道具のほか水や食糧も積みこんでいる。この季節、日中は半袖1枚で汗ばむほどだが、日が落ちると急速に冷えこむ。明け方には霜が降りることもある。同じモンゴルでも砂塵の舞うゴビ・アルタイとは趣が異なる。

8月11日の晩は、湖の北側にある丘で野営。翌朝、いつものようにゆっくりと朝食をとった。そして間もなくこの美しい光景に出会う。

撮影はオリンパス製ＳＰ５５０ＵＺ。当時画期的であった18倍ズーム搭載の、乾電池でも動くコンパクトデジカメである。ただ、起動やオートフォーカスなどで時間がかかる難点もあった。しかしそのせいではない。もう30秒早ければ、馬の群れの大半は

写真 **2**　写真 **1** の約 **30** 秒前の様子
2009 年 8 月 12 日 10 時 25 分 00 秒撮影.

まだ池に到達していなかった（写真2）。群れに見とれるあまり、草原と湖、山並みのなかにこれを位置づける俯瞰的な構図をすぐには思い描けなかった。その瞬間は、池に向かう群れの足どりが伝わってきて、静けさのなかにより動きを感じるショットになっただろう。一緒にいた数名はその瞬間を見事に切り取っていた。発想、また工夫と努力が足りなかった。

とはいえ、これらの写真から、モンゴルの気候と地形、また植生、永久凍土など自然環境の特徴を読み解くことができる。近隣でゲルに暮らす遊牧民の姿は写っていないが、遊牧民はこのモンゴルの自然環境を生かした伝統的な生活を営んできた。乳製品と肉、皮、毛の恩恵。もちろんそれだけではない。昨今のウランバートルへの人口集中は、こうした歴史的な文化、あるいは植生などの自然環境に今後どのような変容をもたらすのだろうか。

6 建造物を撮る

機材とテクニック

宇田川 俊之
UDAGAWA Toshiyuki

写真術の誕生と建造物

写真術はその誕生以来、被写体としての建造物と深いかかわりをもってきた。写真技術は、１８３９年にルイ・ジャック・マンデ・ダゲールらが公表したダゲレオタイプに起源を持つ。初期の写真家たちにとって、被写体が「動かない」ことはきわめて重要であった。彼らは動かない被写体を選び、建造物写真や静物写真を数多く残した。ジョルジュ・オスマンはパリ大改造の写真記録をのこし、建築家ヴィオレ・ル・デュクは建造物修復の際に記録手段として写真を用いた。こうして、建造物写真は、写真術の源流のひとつとなった。初期の写真術にとって建造物は動かないからこそ格好の被写体だったのだが、技術革新のおかげで今日では動く被写体も撮影することができる。一方で、建造物の写真も、より多様な目的のために撮ることができるようになった。

建造物写真の基本的な目的のひとつは、建造物の構造や質感を記録し、平面上に表現することにある。しかし、大きな建造物の様子を、一枚の写真の中で伝えるのは容易ではない。実際にその場にいない人に、建物の構造やそれを取り巻く環境を伝えなければならないからだ。そのためには、さまざまな角度から建造物を観察して、撮影しなければならないのである。綿密な計算にもとづいた写真は、単に美的鑑賞に耐えるだけではなく、建造物の研究のためにも大いに役立つものとなる。この章では、建造物を撮影する方法について、撮影機材と撮影テクニックを中心に解説する。

撮影機材

建造物を撮影する際に利用できるデジタル・カメ

ラと周辺機器にはさまざまな種類があり、それぞれに一長一短がある。ここではフィールドワーカーにとってとくに有用と思われる機材を紹介する。

（1）カメラ

建造物の撮影の際によく使用されるカメラには、大判カメラ、一眼レフカメラ、コンパクト・カメラの3タイプがある。これらは、機構も画面サイズも異なり、それぞれにメリットとデメリットがある。

【大判カメラ】　4インチ×5インチ以上のシートフィルムを用いるカメラの総称である。大判カメラの最大の特徴は、「アオリ」と呼ばれる操作が可能な点である。アオリ操作によって、レンズと撮像面（撮像センサー）の位置関係を変え、被写体の形を撮影時に補正することができ、ピントが合う範囲を操作できる。パソコンでの画像補正は、補正処理の度に画像の劣化が避けられない。そのため、撮影時に補正することが望ましいのである。たとえば、長方形のビルを見上げて撮ると、ビルは上すぼまりの台形に見える（写真1）。しかし、適切にアオリ操作を行えばまっすぐな長方形のかたちに撮影することができる（写真2）。また、被写界深度を深くすることで、一眼レフカメラよりも広い空間にピントを合わせることができる。

しかし、大判カメラは大型なものが多いため携帯に労力がかかり、撮影準備にも時間を要す。臨機応変な対応が必要とされるフィールドでは、一眼レフカメラやコンパクト・カメラのほうが使い勝手が良いかもしれない。

【一眼レフカメラ】　一眼レフカメラは、利用できるレンズの種類が多く、撮像センサーサイズも比較的大きいものが多い。付属品類も充実しているため、さまざまな場面に対応することができる。付属品が豊富にあることは、他の種類のカメラにはないメリットである。

【コンパクト・カメラ】　近年コンパクト・カメラは、目覚ましい発達を遂げており、種類も豊富にある。普及版のカメラは安価で手軽に購入できるが、機能面では見劣りするものが多い。撮像センサーが小さく、画像をRAW形式で保存できず、手動で露出の設定を行えない機種もある。撮像センサーが小さいと、絞り値を上げなくてもピントが合う範囲が広くなるため建造物写真には手軽で良いが、解像力に劣り暗い場所ではノイズが生じやすい。

（2）シフトレンズ

建造物撮影においてとくに有用な特殊なレンズであるシフトレンズの機能について解説する。

建造物の壁や柱など、地面と垂直に交わって見える線は、画面上でも垂直に表現すると安定感のある写真

写真1　カメラを傾けて撮影した場合
カメラを傾けて撮影したため，建物が上すぼみの形になっている.

写真2　カメラでアオリ操作をした場合
アオリの操作を行うことで，垂直線が保たれている.

になる。逆に、地面に垂直にたっている建造物を、画面上で傾けて撮影すると不安定な印象の写真になってしまう。こうした建造物の「垂直線」をまっすぐに描画するためには、シフトレンズを使うと良い。

高さのある対象物を撮影するとき、通常は被写体を見上げる角度でレンズを向けることになる。その結果、撮影されたものは上すぼみの形にゆがんでしまう（図1a）。しかし、シフトレンズを用いるとアオリ操作ができるため、見上げることなく建造物の垂直線を保ったまま撮影することができる（図1b、図1c）。

ただし、シフトレンズを使う際には注意が必要である。オートフォーカス機能がないため、ピントを手動で合わせる必要があり撮影に時間を要する。また、単焦点レンズしかないため、画角を変えたいときにはレンズ交換しなければならない。撮影時間に余裕のある場合はシフトレンズを使うと良いだろう。焦点距離については、通常のレンズと同様に考えて良いので、上記の解説を参考にされたい。

（3）三脚

三脚は、光量が少ない環境において、ぶれを防ぐために欠かせない道具である。　野外で使用した三脚を、家屋などに持ち込む際には、地面と接した石突き部分をタオルで拭くなどの配慮をする。屋内で

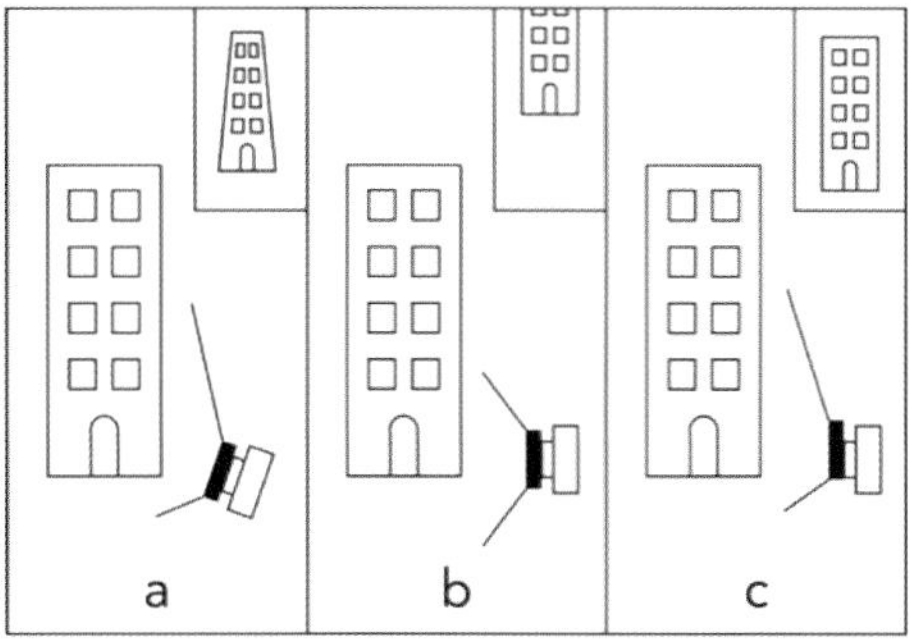

図1　シフトレンズの効能

a，建物を見上げて撮影すると，ビルが上すぼまりに写る．

b，カメラと建物を平行にするとすぼまりはなくなるが，建物上方が画面切れしてしまう．

c，シフトレンズを使うと，レンズを上方にシフトすることができ，カメラを上向きにすることなく建物全体を撮影できる．

作業する際には、石突きの大きさにあったゴム足をはかせれば、床を汚さずにすむだけでなく、うかつに三脚を落としても床を傷つけにくくなる。

撮影テクニック

（1）事前の準備

建造物の写真撮影において、シャッターをきる行為自体は、数分の一秒から長くても数秒ほどで完了することが多い。しかし、意図する写真に近づけるためには、その一瞬の行為に先だって入念な準備が必要となる。機材の選定・準備、撮影現場に関する情報収集、建造物の権利者への撮影許可申請などである。もちろん、計画を入念に立て細心の準備をしていても、現地の状況によっては臨機応変に予定を変更し、その場で判断しなければならなくなることが多い。それでも、現場で作業を滞りなく進めるだけでなく、撮影後に写真を効率的に整理するためにも、入念に準備しておくことは重要である。

屋外で撮影する場合は、天候を予想しておくことが極めて重要である。撮影現場に入る前に、必ず天気予報を確認する。雨天時に野外で建造物の外観を撮影する際には、撮影機材へ大きな影響が出ないように注意する。いざというときのために予備の機材を準備し、防水対策を施すなどしておく。臨機応変に機材や撮影工程を見直すことが重要である。

現地に到着したら、まずは機材を持たずに、被写体の建造物や周囲の環境をよく観察する。建造物の向き、その状態や構造、太陽の軌道などを確認したうえで、どの部分をどの時刻に撮影するのか大まかに撮影工程を決める。小さな個人宅や室内のみの撮影なら工程は単純になるが、何棟か連なった建造物など規模の大きい被写体を撮影する場合は、時間配分が極めて重要になる。一部の撮影にこだわりすぎて、限られた撮影時間を使い果たしてしまわないように工程を決める。

高い位置から建造物を撮影するために、別の建造物に登って撮影する場合がある。このとき、登る建造物の所有者を事前に調べ、許可をもらわなければならない。また、建造物内部の撮影においては、そこで人が生活していることがある。撮影の目的によっては、写真の中に写したくない物を移動したり、掃除をしなければならないこともある。このような場合には、居住者から許可を得て移動し、撮影後には元の位置に戻さねばならない。撮影に没頭しすぎると、現状復帰を忘れたり、戻す位置がわからなくなることがある。これは、とくに小さな物を移動する際におこりやすい。対策として、物を移動する前の状態を、カメラで簡単に記録しておくと良い。主要な撮影作業に使用するものとは別に、現場記録のためのカメラを用意しておけば、本来の目的である建造物写真データとの混同を防ぐことができる。スマートフォンのカメラなど、簡易的なものを活用すると荷物が増えなくて良いだろう。

（2）構図とフォーカスの基本的な考え方

構図は、正面から撮影し安定感を出す構図と、斜めから撮影し遠近感を強調する構図のふたつに大別することができる。構図を決定する際に重要なことは、空間を把握するために動き回り、撮影する位置を探すことである。カメラの高さや位置を少し変えるだけでも、画像の印象や映し出される情報が大きく変わる（写真3・写真4）。斜めから撮影すると写される面が増え、建造物の構造が伝わりやすくなる場合がある（写真5）。また、タージ・マハルのように左右対称の建造物は、正面から撮るとその構造が強調されて良い。

どのような場合でも重要なのは、建造物の垂直線をよく意識することである。たとえば、垂直に立っている柱を傾いた構図で撮影すると、不安定な印象を与えてしまう。この場合には、カメラの液晶画面にグリッド線を表示したり水準器を用いたりすることで、地面に対してカメラを垂直に構えて撮影し、傾いていない写真を撮ることができる（写真2）。

建造物の撮影においては、画面のすみずみまでピントを合わせて撮影することも重要である。これはパンフォーカスと呼ばれる。もちろん、芸術的価値を重視する写真作品では、意図的に画面内の一部をぼかすこともある。しかし、学術的な記録を重視するフィールドワーカーは、建造物の様子を知る手がかりをより多く伝えるためにも、パンフォーカスでの撮影を心がけた方が良いだろう。

（3）外観撮影

建造物の細部まで記録したいと考えるフィールドワーカーには曇天時の撮影を勧める。給水塔を被写体とした作品で有名なベッヒャー夫妻は、あえて曇り空の下でだけ撮影した。光のコントラストが強い晴天時に外観撮影を行うと、建物の表面の質感が失われるおそれがあるからだ。また、晴天時であれば太陽の位置が刻一刻と変化するが、太陽が雲に覆われると空一面がやわらかな光源となる。光源の位置を気にしなくてもよくなるのである。曇天時に撮影すると、立体感は表現しにくくなるが、建造物の隅々まで均一に光が届き、構造を把握しやすい写真が得られる。日出前の空が白みはじめる時間帯や、日没後の完全に暗くなるまでの間も、建造物に落ちる影が消え、日中とは異なる表情を撮影することができる（写真6）。曇天時、日出前、日没直後は、直射日光の影響を受けずに撮影ができるため、建造物写真にとって好ましい条件となる。

晴天時に外観撮影を行う際には、建造物に光があたる角度に注意を払わねばならない。とくに、樹木や電線などは建造物に影を落とすことが多いため、その位置を確認しておく。建物に落ちる影は、太陽が動けば消えることもある。しかし、影が消えるのを待っているあいだに、別の影が入ってしまうこともある。建造物の一部にどうしても影が入ってしまうときには、優先して記録すべき壁面に影が落ちない瞬間を見つけて撮影するほかない。そのためには、スマートフォンのアプリケーションを使うなどして、太陽の動きを予測しておく必要がある。晴天時に建造物に対して正面から光が当たっている場合（「ベタ光」とも呼ばれる）は、全体に光が当たり建造物の構造を表現しやすくなるが、陰影による立体感はなくなる。逆に、斜めから光が当たる場合は、建造物の表面の細かな凹凸に影ができ立体感が生まれるが、建造物の構造によっては大きな影が入る。晴天時には、太陽の動き、周辺の環境、建造物の構造や材質をよく観察しておくことが重要である。

写真で伝えられる情報は、撮影する角度によっても大きく変わる。建造物の立体感を強調したいときには、正面からではなく斜めから撮影するのも良い。写される面が増え、構造が伝わりやすくなる場合がある（写真5）。アオリ機構のないカメラやレンズを使って、高さのある建造物を撮影するときには、見上げるかたちでカメラを構えることになる。この角度で撮影すると建造物が上すぼまりの形に写る。これは、高さを強調したいときには良いが、建造物の形状は把握しづらくなる。そのため、撮影後にパソコンでAdobe Photoshopなどの画像編集ソフトを使って、画像の編集をする場合がある。写真7の場合、建造物が地面に対して垂直に建って見えるように補正すると、画像の一部を切り捨てることになる。とくに画像の上部は広く切り捨てられている。そのため、撮影時にあらかじめ建造物の上部を広めに撮影しておく必要がある。コンピュータで編集することを見込んで、目的に応じて最適な角度を選択しなければならない。

外観撮影では、ひとつの建造物を複数箇所から撮影することもある。たとえば、動かせない遮蔽物が

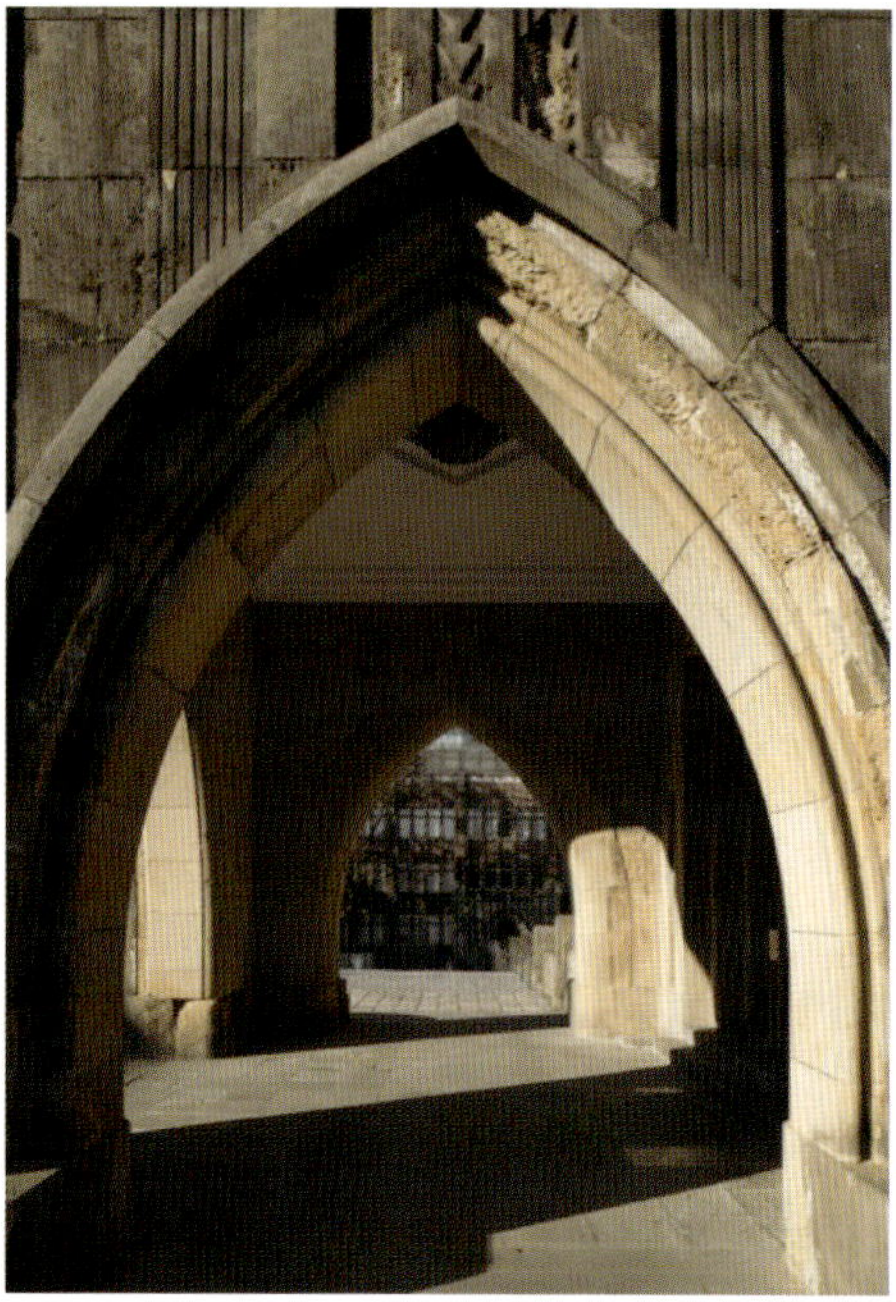

写真 3　アイレベル（目線の高さ）から撮影
天井にある照明が一部きれて見え，中途半端な印象を与える．

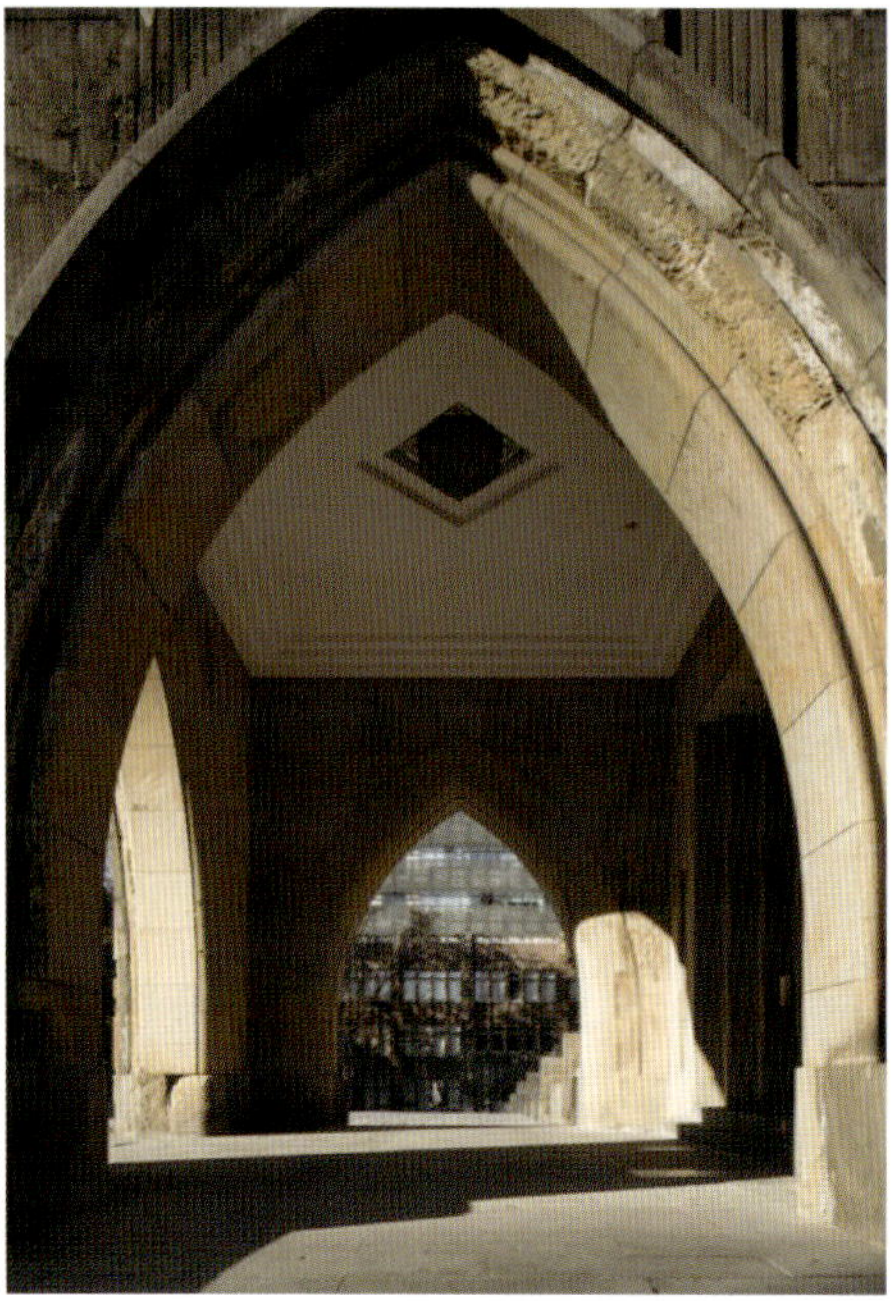

写真 4　カメラの高さを下げて撮影
照明全体の様子を見ることができる．

ある場合には、遮蔽物によって隠れてしまう壁面を複数のカットで補う。また、近年の3D技術の急速な発展のおかげで、複数の角度から撮影した静止画を組み合わせることによって、建造物や地形などの立体データを作成することができるようになった。こうした目的のためにも、上空を含め複数箇所からの撮影を行うことがある。上空からの撮影には、かつては高所作業車やセスナ機を用いることが多かったが、ドローンの普及のおかげでより手軽に撮影できるようになってきた。

建造物の大きさを伝えることは非常に難しい。巨大な高層ビルも、こじんまりとした住宅も、A4サイズの写真にしてしまえば、どちらも同じ大きさの平面上にしか表現できない。大きさを伝えるために、人物や自動車など建造物以外のものをあえて写し込むこともある。また、建物の周囲を写し込めば、立地と建造物の関係の把握に役立つ。

（4）内観撮影

内観撮影においても、光と撮影の角度が重要であるが、屋外での撮影とは注意すべきことが異なる。露光時間の決定が難しく、カメラの自動露出設定機能に任せきりにはできない。屋内では、窓からの光が部屋の一部分だけを照らし、光のコントラストが強くなる場合が多いからである。窓が部屋の一方の

写真 **5**　斜めから撮影

時計が側面にもあることが確認できる．

写真 **6**　夕景撮影

完全に暗くなると建造物の細部を撮影するのが難しいため，限られた時間内に撮影しなければならない．

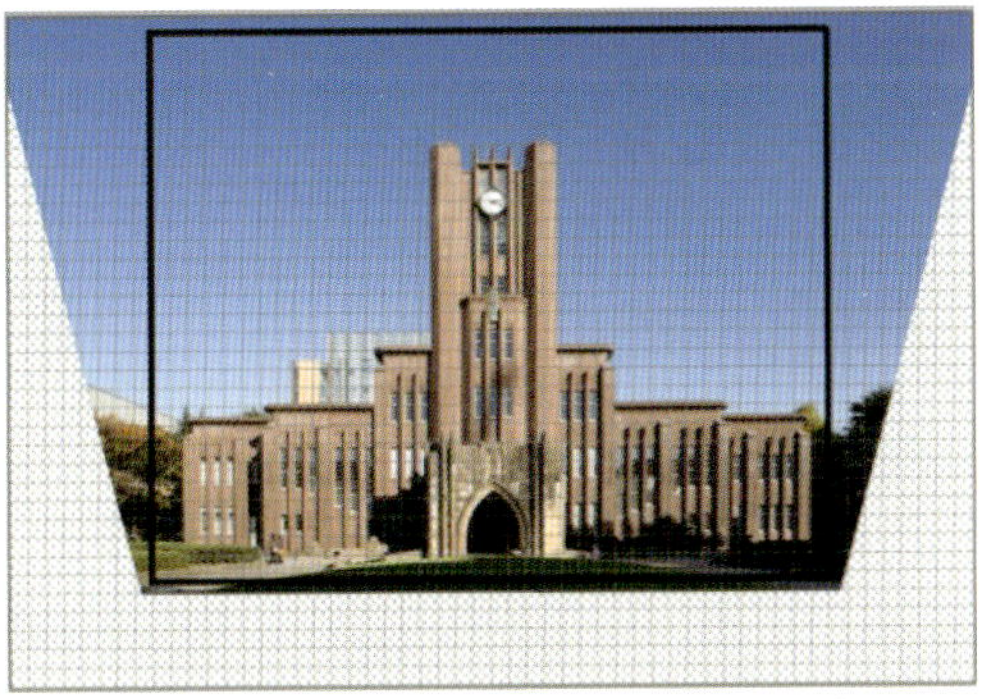

写真 **7**　修正した画像（黒枠の範囲）

写真 1 を修正したもの．黒枠外はトリミング時に切り捨てる．こうした編集をする場合は，撮影する際に広めに空間をとる．

壁にしかないときは、直射日光が射し込まない時間を選ぶことで、光のコントラストが強くなりすぎることを避ける。また、どうしても白とびしてしまうときは、窓から離れた位置にカメラを設置するか、カーテンやブラインドで光をさえぎる。これによって光のコントラストが強くなりすぎないようにする。

暗い室内を撮影する際には、室内照明を用いて撮影する場合もある。しかし、光源が画面に写ると、長時間露光のときに白とびを起こし、照明器具の形が見えなくなる。白とびを防ぐためには、照明器具の点灯時間を調整する。まず照明器具を消した状態

Column 13

家の痕跡

宇田川 俊之
UDAGAWA Toshiyuki

で長時間露光し、最後に照明器具を点灯させる。照明器具を点灯させるタイミングは器具の光量による。光量の多い器具なら短時間、少ないものなら長時間点灯する。何度かテスト撮影を行い、適切なタイミングを見つけることが重要である。

室内ではテーブルや椅子などの家具が撮影のさまたげになることも多い。家具が大きく写ってしまうことによって、本来表現したい空間の広がりを撮影できないときがある。家具を撮りたい場合は良いが、そうでないときは家具を動かして構図をつくると良い。動かせないときには、カメラの高さを変えることで空間の広がりを表現できることもある。

建造物は、人物や動物といった動く被写体と比べると、容易に撮影できるのではないかと思われるかもしれない。しかし、本章でみてきたように、事前の計画や現場での状況判断が、写真の出来上がりに大きく影響する。動かない建造物に対して、撮影者が能動的に働きかけることが重要なのである。

この章では、主に建造物の内外を撮影することを例にとって解説したが、視野を広げてみれば可能性は大きく広がる。建造物写真と言うとき、しっかりとした構造を持つ建物を被写体とした写真を思い浮かべることが多いだろう。しかし、蔦や雑草に侵食され壁や床が腐って崩れつつあるような廃墟の空間も、確かに建造物の様態のひとつだといえる。そうした廃墟という形態を表象する写真もまた建造物写真である。また、冒頭で述べたダゲールによるパリのタンプル大通りの写真のような都市の景観や、カッパドキアの寺院群のような自然の造形なども、建造物写真の延長線上に考えることができる。こうした広義の建造物写真を撮るときも、本章で解説した方法が基本的なものとなる。

その家は、都心にはめずらしく、豊かな緑にかこまれて立っていた。かつて、ひとりの作家がここに住んだが、現在は老朽化が進んで使われておらず、今にもくずれ落ちそうなありさまであった。現在の所有者は、これを残すべきなのか、移築して一部でも保存すべきなのか、あるいは記録をとったうえで解体すべきなのか決めあぐね、複数分野の専門家に相談することにした。わたしは、このプロジェクトに記録撮影担当の一員として参加した。撮影当日、プロジェクトの核となるメンバーが現場近くで打ち合わせをしているあいだ、わたしはひとり家の中を歩いて回る機会を得た。

外観は、入母屋屋根をもちながら、アンドリュー・ワイエスの家に似た洋風な雰囲気をまとう。赤瓦の屋根はところどころ陥没し、端に伸びるラインは歪んでいる。中に入ると、一切の生活用品が取り去られ、家の構造が露わになっていた。一階の格子状の窓枠にはすりガラスがはめられていたが、一部は後からつけ替えられたらしく透明なガラスが不揃いにおさまっていて、そこから部屋の中にしっとりと柔らかな光が射し込んでいる。この家は坂道のなかばに建てられており、透明なガラスから垣間見える外の景色が地形の傾斜をわずかに伝える。キッチンのすぐ隣には、大きな長方形のくぼみが床に空けられた部屋がある。これは書斎で、くぼみは移動書棚が取り去られた痕であった。四辺を囲んだ書棚は、書斎の半分以上の空間を占めていたようだ。二階への階段を上ると、雨漏りの痕が生々しく、カーペットには天井の壁面の破片が散らばっている。老朽化がひどく進行しており、壁はひび割れ、窓ガラスは何重にもテープで補強されていた。

しばらく見て回るうち、わたしは自分が生活の痕跡ばかりを追っていることに気づく。作家のお気に入りの薄紫色に塗られた木製のドア、いくつかのボードゲームの名前を記した紙が貼られた物置の扉、階段の手すりのサイズに合わせて取り付けられた小さな鏡。これら細部のひとつひとつが、かつてここで営まれた生活の痕跡として存在していた。その後、家は取り壊されることになった。作家が家に住んだことを示す痕跡は失われ、わたしがそれらを目撃したことの痕跡として写真が遺された。

Column 14

遺跡を撮る

遠藤 仁
ENDO Hitoshi

遺跡の撮影というと、読者の皆さんは観光整備された状態の遺跡を想像される方も多いと思う。しかし、フィールドワーカーが撮影するのは発掘中の遺跡であり、私の場合は北アフリカや西アジア、インド北西部の遺跡が調査対象で、それらの地域は半乾燥から乾燥地（わかりやすくいうと沙漠）に属している。沙漠での調査は季節を問わず過酷であるが、写真撮影もまた、過酷である。ここではエジプトでの発掘調査時の撮影談を少し提供してみたい。

沙漠における写真撮影の最も大きな障害は、砂である。沙漠が形成される地域は、暑いだけではなく、季節的に強風が吹き、砂を巻き上げ、カメラにダメージを与える。レンズ交換は、至難の業であり、コンパクトデジタルカメラは砂のおかげで、数台壊した経験がある。また、日中の沙漠での撮影は、強烈な太陽の下に石英を含んだ砂が広がり、足元がすべてレフ板状態になり、上下から強烈な光が照射されている状況となる。そのため、写真が「白飛び」することが多く、減光フィルター（色彩に影響を与えずに光量を低下させるフィルター）を用いるなどの工夫が求められる。そのほかにも、強すぎる光は強烈な影を生じさせる。過去人類が残した生活の痕跡は、沙漠の下に凸凹として残り、それを撮影すると片側に濃い影が生じて黒くつぶれてしまう。太陽が真上に昇る時間帯は、今度は反射で白くなってしまうなど、悩みは尽きない。影が強く出る時間帯は、強い日差しの下フラッシュを使用するなどの対処法があるが、状況次第で、臨機応変に対応する技術が求められるのが遺跡での撮影である。

遺跡の撮影に必要なものは、じつはもう一つある。それは体力である。ここでは困難な撮影の一コマを紹介したい。写真1は古代エジプトの墓を上から

写真 1　中エジプト・アコリス遺跡の古王国時代（前 22 〜 27 世紀）の墓

絶壁の上より撮影．

写真 2　上の写真を撮影したポイント

俯瞰して写したものである。昨今ではドローンなどを用いて空撮をすれば、もっといい写真が撮られるが、その国の規制や地形条件など、便利な機器が使用できないフィールドは多い。そこで使うのが、知恵ではなく、体力である。撮影場所の墓の前面（写真1の上方）も崖であるが、その背面は岩山へとほぼ垂直に伸びる絶壁となっている（写真2）。発掘後、墓群全体の写真を撮りたいが、墓と同レベルからでは脚立を使っても、あまりいい写真は撮れない。背後には標高差20～30mの岩山がある。もろい石灰岩のため、直登はできないが、緩斜面から岩山に登り、目的の場所まで登ったり下ったりを繰り返し、最終的には撮影地点真上の岩山から腹ばいになり、身を乗り出して撮影した。もちろん単独行動ではなく、仲間と行くのだが、身を乗り出して撮影する際は、縄（ロープやザイルではない）で我が身を縛って牽引してもらったり、足を押さえてもらったりする。そのため、カメラをもつ手が安定せず（恐怖でという側面もある）、手振れで苦労することになる。まさに体力がなければなしえない撮影である。

　このように遺跡の撮影には、困難が付きまとうが、それを技術と体力で乗り切るのがフィールドでの写真術ということになる。

7 遺跡／遺物を撮る

写真で歴史を記録・保存

栗山雅夫
KURIYAMA Masao

考古学における撮影

考古学にかかわる撮影には、主に遺物を被写体とする屋内撮影と、遺構を中心に遺物の出土状況等を被写体とする屋外撮影に大別できる。本章は屋外撮影にかかわる事項を紹介する。

柱穴を半裁するときは…

20年あまり前、私が初めて発掘調査現場に立った際に、調査指導を受けていた先輩調査員から言われたひと言が印象に残っている。検出した遺構の埋土を記録するために断ち割りを行うが、半裁するときは南側を掘り下げること。その意図は、「太陽の光が常に当たるから」というものであった。言われてみると、確かに南側を掘り下げることで土層断面は明るく照らされ、図化作業時に層序の観察がしやすかった。また、写真を撮る際には、陽があたって明るいのでシャッタースピードを稼ぐことができ、手持ちでシャッターをきってもブレない写真を撮ることができた。もちろん遺構検出の環境は千差万別であり、情報量がより多く得られる部分を断ち割るべきなので、遺構に応じて臨機応変な対応が必要なことは言うまでもない。が、そのことに気づくのは、ある程度経験を積んでからである。ともかく、屋外で行う発掘調査では、太陽を味方につけること、さらには雲の動きから天気を読む技能が不可欠であることに気づかされ、えらく感心したことを昨日のように覚えている。

さて、発掘調査撮影におけるメイン光源は太陽である。バッテリータイプのストロボやレフ板を用いることもあるが、それらは補助光源として用いるものである。したがって、太陽の位置と雲のかかり具合を見極めることが重要となる。屋内撮影で光源をどこに配置するか、光質をどうするかということを、屋外では太陽相手に行うことになる。それに加えて、写真によって被写体をどう表現するのかという、根源的なことにも注意を払わなければならない。求める写真の内容に応じて、必要とするライティングは異なるからだ。考古写真に必要な要素を挙げるなら、

①鮮明・鮮鋭である（ブレやボケがない）
②高解像度（粒子が粗くない）
③適度な濃度（濃すぎない、薄すぎない）
④適度なコントラスト（高コントラストで白飛び・黒つぶれしていない、低コントラストでメリハリやシャープさが欠けていない）
⑤色に偏りがない（実物に近い色）
⑥立体感・材質感がある（良好な光線状態）
⑦遠近感がある（レンズの選択、撮影高度や位置、フレーミングなどが最適）

の7つに集約される。この目的を達成するために、天候や撮影時刻、撮影方向や高度、機材・感材の選択、露出やシャッタースピードなどが最適なものとなるよう取捨選択することになる。

さらに、考古写真に求められる役割や能力を発揮するのは、「材質感の描写」「形状と位置（立体感や遠近感）の表現」「雰囲気・臨場感の表現」である。

こうした役割を果たす写真を撮影する際に、強い影響を持つのが太陽である。どういう陽のあたり方がいいのか？　結論を先にいえば、光源にディフューザー[注1]をかけた場合と似た状況を呈する「花曇り」と呼ばれる薄曇りの晴天が最適である。そして、この光源に対して逆光・半逆光の状態で撮影することが、前述した目的を満たす写真に仕上げる近道である。土層断面写真はさておき、大半の遺構写真は穴や溝で構成される。こうした凹凸の少ない言わば平べったい発掘調査現場の遺構を、写真上で表現するには、陰影を強調した撮影を行う必要があり、逆光・半逆光が基本となる。学術報告書の類いが、モノクロページで印刷される場合が多いことも、こうした光線での撮影が適する理由である。この考え方に立てば、撮影方向と太陽位置が密接にかかわることが理解できるだろう。

図1は、この関係性を表したものである。1日の動きのなかで、逆光・半逆光になるような位置取りをしようとすれば、このような撮影方向をとなる。また、夏と冬では太陽の高度や日の出・日の入時間が異なるため、適切な撮影時間帯が前後することも頭に入れておきたい。ここで述べたことは、いわゆ

（注1）光源から照射される光を拡散させるために用いる半透明のスクリーン．光質をやわらかくし，強い影がつくのを抑える効果があるため，自然な印象の写真に仕上がる．ディフュージョンフィルターと呼ばれる撮影専用品も販売されているが，トレーシングペーパーで代用することも多い．

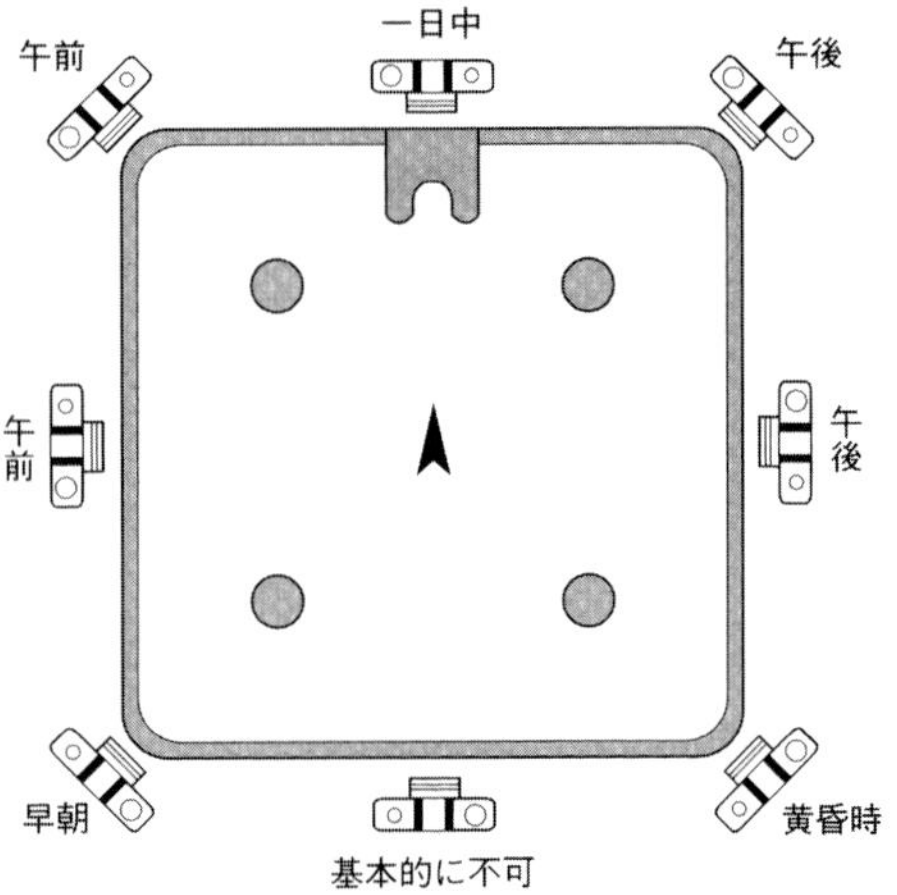

図1　基本的な撮影方位と時間帯

る遺物の出土状況写真にも当てはまることであるが、遺構より小さい遺物撮影の方が、光源に対する位置どりの融通がききやすい。したがって完全逆光でも、レフ板で影の部分に光をあてることは相対的に容易である。

　太陽の光がまんべんなく当たる順光状態も悪くないが、ライティングにひと手間加えて逆光気味に撮るだけで、より臨場感のある写真を撮ることができるのである。

多彩な発掘調査現場

　文化庁の『埋蔵文化財関係統計資料』によれば、平成26年度（２０１４）の発掘調査件数の内訳は、学術調査等307件に対して、工事に伴う発掘調査は８１８４件と26倍を超える数量比となっている。この違いは、遺跡の保護措置とかかわり、調査方法にも影響を及ぼすものである。

　工事に伴う調査は、開発行為によって遺跡が破壊されることを前提としており、「記録保存」のために考古学的な調査が行われている。そのため、遺構の断ち割りはもちろん、各遺構を完全に掘りきってしまう「完掘」まで行ったうえで全景写真を撮ることが通例となっている。

　一方、学術調査はその名のとおり学術的な目的に基づいて調査を行うため、必要最小限の発掘に留めることが望ましい。したがって、遺構の断ち割りも必要なものに限定され、完掘まで行う遺構はさらに限られる。このため、遺構検出後に数cm掘り下げる「段下げ」状態で全景写真を撮ることも多い。「段下げ」は、柱根痕跡などを確認できるほか、平坦な遺構に高低差ができ陰影がつくことで立体的に見える効果が生まれる。私自身、両方の発掘調査を担当したことがあるが、段下げ時の写真は「遺構検出写真」の範疇でとらえて、完掘後のものを「全景写真」と呼んでいた。１カットで勝負した時に、より情報量が多いのは柱根痕跡も残る「段下げ全景写真」の方だと気づいたのは現在の職場に移ってからである。

　このように、発掘調査における全景写真ひとつとっても、知らないうちに別工程のものを同じ名前で呼んでいる場合がある。大きくまとめて考古学のフィールドで撮影する写真を整理すると、以下のカットとなるだろう。①調査前現況写真、②遺構検

出状況写真、③土層堆積写真（遺構断割りや基本層序）、④遺跡全景写真（遠景＋中景＋近景）、⑤遺構全景写真、⑥遺構細部写真、⑦遺物出土状況写真、⑧作業風景写真、⑨完掘写真、⑩埋め戻し完了写真。

遺構の性質や調査員の違いにより順番が入れ替わったり、省略されることもあるが、基本的な撮影機会はこの10カットである。なかでも、考古学調査にとって写真が果たす役割が最も期待されるのは、全景写真である。全景写真は遺跡の周辺環境も写し込むことができるため、遺構と立地状況を1枚の写真に記録することができる。このカットは、調査面積にもよるが、ある程度高い位置から撮影する必要がある。私の勤める独立行政法人国立文化財機構奈良文化財研究所（以下、「奈文研」）で通常使用しているのは、実機ヘリコプター、高所作業車、「ヤグラ」と呼んでいる1〜3段のアルミタワー足場である。要は高いところから写真を撮れればいいので、ラジコンヘリコプターやバルーン、最近ではドローンなども使用することが可能であるが、高精度な写真を撮れるかどうかの点で難がある。

遺構写真と遺物出土写真を撮る

ここでは、実例を挙げながら遺構写真、遺物出土写真の撮影方法を紹介してみたい。

まず、冒頭で触れた撮影方向の違いが遺構の印象にどの程度影響を与えるのか御覧いただきたい（写真1〜4）。藤原宮の中枢に位置する朝堂院朝庭部を発掘したもので、藤原宮の造営に伴う運河や造営に先行する朱雀大路の東側溝やそれに沿って設置された区画塀にあたる柱穴列などが検出されている。

写真1と写真2は全景写真にあたるもので、写真1が南から写真2が北から撮影したものである。南からのカットは10時頃に撮影しており、順光にならない状態で撮影しているが、写真2と見比べると明らかに平坦な印象を受ける。調査区の向こう側には、かつての大極殿址とされる木々の高まりや大和三山のひとつである耳成山が見える。これはこれで宮跡内における調査区の位置関係を明示する撮影方向なのだが、遺構の凹凸に目を転じると、陰影も弱く視認性が落ちる。カラー写真であれば、土色の違いで遺構を認知することもできるが、モノクロ写真となると一層厳しい状況となる。

写真3と写真4は、運河と朱雀大路の側溝とそれに伴う柱穴群に焦点を絞って、遺構写真として撮影したものである。光線の状態は写真1、写真2とほぼ同じであるが、近づいている分だけ遺構の識別がよりし易いだろう。道路側溝については南北に走る溝なので、どちらも大差がないが、柱穴の輪郭と運河の深さの違いが際立っている。

これらの写真1〜4から、太陽の位置を念頭において撮影することがいかに重要か認識していただけるだろう。遺構図で、高さや奥行きを直感的に理解できるよう表現することは困難である。しかし、撮影方向を意識しながら写真の力を使うことで、そういった臨場感や立体感を思いのままに表現できるのである。

写真5と写真6は同じく藤原宮の朝庭部で検出された礫敷広場の礫敷を部分的に露出させたものである。写真5は図化を目的に真俯瞰から撮影したもので、写真7のようなポールを利用した装置を開発して使用した。こ

写真1　南からの全景写真

写真2　北からの全景写真

写真3　南からの遺構写真

写真4　北からの遺構写真

写真 **7**　俯瞰写真撮影機材

写真 **9**　土器埋納遺構　検出状況写真

写真 **5**　礫敷遺構の俯瞰写真

写真 **6**　礫敷遺構の斜め写真

写真 **8**　土器埋納遺構　土師器出土写真

れは原理的にはカメラを数mの高さのところに上げて、ボール雲台に添え付けたカメラ本体の自重によってレンズ面が真俯瞰を向くようにセットしたものである。カメラは、ニコンのフルサイズ一眼レフカメラとしては最も小さく軽量なD700を使用した。これにUSBケーブルを介してマルチメディアストレージビューワー(注2)（エプソンP6000）を接続し、ライブビューでピントを合わせ、シャッターをきった。近年、測量ソフトが飛躍的な進歩を遂げており、基準となるスケールを写し込むことでオルソ画像(注3)の作成が容易になっている。同様の撮影機会は今後も増えるだろう。しかし繰り返しとなるが、考古学における写真の役割は、材質感の描写、形状と位置（立体感や遠近感）の表現、雰囲気・臨場感の表現を第一に果たすべきである。よって、写真6のような礫敷の凹凸を出すためのカットも撮影している。

写真8と写真9は10世紀末の土器埋納遺構で、土師器小皿を重ね置いた後に土師器甕を逆さまに被せた地鎮遺構である。厳密には遺構写真であるが、ここでは遺物の出土状況を記録する写真として紹介したい。この写真を撮影したのは5月中旬であるが、真夏の炎天下ではなくても、遺物を野外に露出することで土器の表面が乾いて白色化していく。とくに土師器の場合はそれが顕著で、そのまま撮影すると周囲の土との明暗差が激しくなり、乾燥した土師器の白い部分がとぶことになりかねない。このときは車に積んでいる霧吹きと書筆を使って、水分を吹きつけたり、筆で表面になじませて保水させることで明暗差を少なくした。また、快晴だったので逆光で撮ると影が強く出過ぎたため、これまた車に積んでいるレフ板で光を返している。現場の状況に応じて、その場で臨機応変に小物を工夫して撮影にのぞむ姿勢が大切である。言い方は悪いが、画角内に入らない限り、何をやってもいいのである。

また、発掘現場で遺物の出土状況を撮影する意味も、考えてみる必要がある。遺物に近接して撮影したものを、遺物出土状況写真と称して報告書等に掲載する例をしばしばみかける。私も以前にやったことがあるが、遺物を一度取り上げて、綺麗に洗浄して原位置に置き直して撮影することさえある。綺麗にすることは見栄えをよくするために必要なことであるが、撮影のために取り上げてはいけない。そういう写真は、整理作業を経て屋内での遺物撮影時に撮ればよい。それよりも、出

（注2）撮影画像を保存するフォトストレージに液晶画面を搭載することで，撮影画像を確認したり有線によるカメラコントロールを可能にしたもの．動画や音楽ファイルの再生や保存も可能．エプソン社のP1000（2003年11月発売）がヒットし，バージョンアップを重ねてP7000（2008年9月発売）まで発売されるも，現在は生産終了．

（注3）正射写真図とも呼ばれ，写真の外縁に向かって増すゆがみを補正して正射投影化された画像．写真のデジタル化に伴い，さまざまな場面で活用されている．

土状況写真であることを意識すべきであろう。つまり、周囲の遺構や調査区内での位置関係まで視野を広げて、どのような立地環境のもとで出土した遺物なのかを写真で記録すべきなのである。そういう視点で撮影したのが写真9で、「遺物検出状況」と呼べる写真こそ現場で撮るべきだと考えている。

デジタルシフトを迎えた考古写真

ここまで被写体をどのように見せるかの観点で、基本的な留意事項を紹介した。次に、撮影機材の観点から、考古学写真のあり方を述べたい。

奈文研の発掘現場では、平成27年度（２０１５）まで４×５インチの大判フィールドカメラ（TOYO FIELD 45A II）を使ってカラーリバーサルフィルムと白黒フィルムで撮影し、サブカメラとしてボックスタイプの中判デジタルバックカメラ（注4）（PENTAX 645Z）を使用していた。２０１０年段階では、大判フィルムと中判フィルムに35㎜フルサイズ一眼レフを用いていたが、デジタルカメラの精度向上とフィルムカメラの需給の低下に伴い、デジタルシフトが進み、ついに平成28年度（２０１６）から中判デジタルカメラのみでの撮影となった。ちなみに室内の遺物撮影機材は、２０１２年頃から中判デジタルバックを用いたフルデジタルに移行している。

では、地方自治体を中心とする埋蔵文化財の調査機関はどのような状況なのだろうか。私の所属する文化財写真技術研究会（以下、「文写研」）でこのことを取り上げたことがあるが（栗山ほか２０１１など）、現在でもフィルムカメラが写真記録の主力となっているところが少なくない。もちろん、漸次移行途中であり、メモ用としてデジタルカメラを併用しているところも多いが、記録用として使用しているのはフィルムカメラである。この理由として、機材更新にかかる経費が捻出できない、あるいは100年以上の歴史をもつ銀塩写真への長期保存信頼性を挙げる場合が多い。

このうち、銀塩写真の長期保存能力については、２００６年に文写研で各地の会員から提供を受けた外注処理による現像済み白黒写真の定着・水洗テストを実施した。定着処理は残留ハロゲン化銀、水洗処理は残留ハイポのそれぞれについて、試薬を滴下して判定を行った。この結果、定着で22％、水洗処理で45％のフィルムが将来的に変退色を起こす可能性を示す結果となった。10年あまり前の結果であるが、近年現像所が整理統合されており、現像処理が悪化している可能性は十分考えられる。いずれにして

（注4）銀塩写真が大判や中判，35 などとフィルムサイズで分類されたのと同様に，デジタルカメラでは中判，35㎜フルサイズ、APS-C などと呼称されることがある．このうち，中判デジタルバックは，645 フィルム（中判サイズ）に匹敵する撮像センサーを持ち，各種専用ボディに脱着して使用することから，このように呼ばれている．数年前までは，単体でも 500 万円前後する非常に高価なものばかりあったが，35㎜フルサイズを上回る 44 × 33㎜の撮像センサーを搭載したモデルが発売され，これらも便宜上中判デジタルの範疇で扱われている．

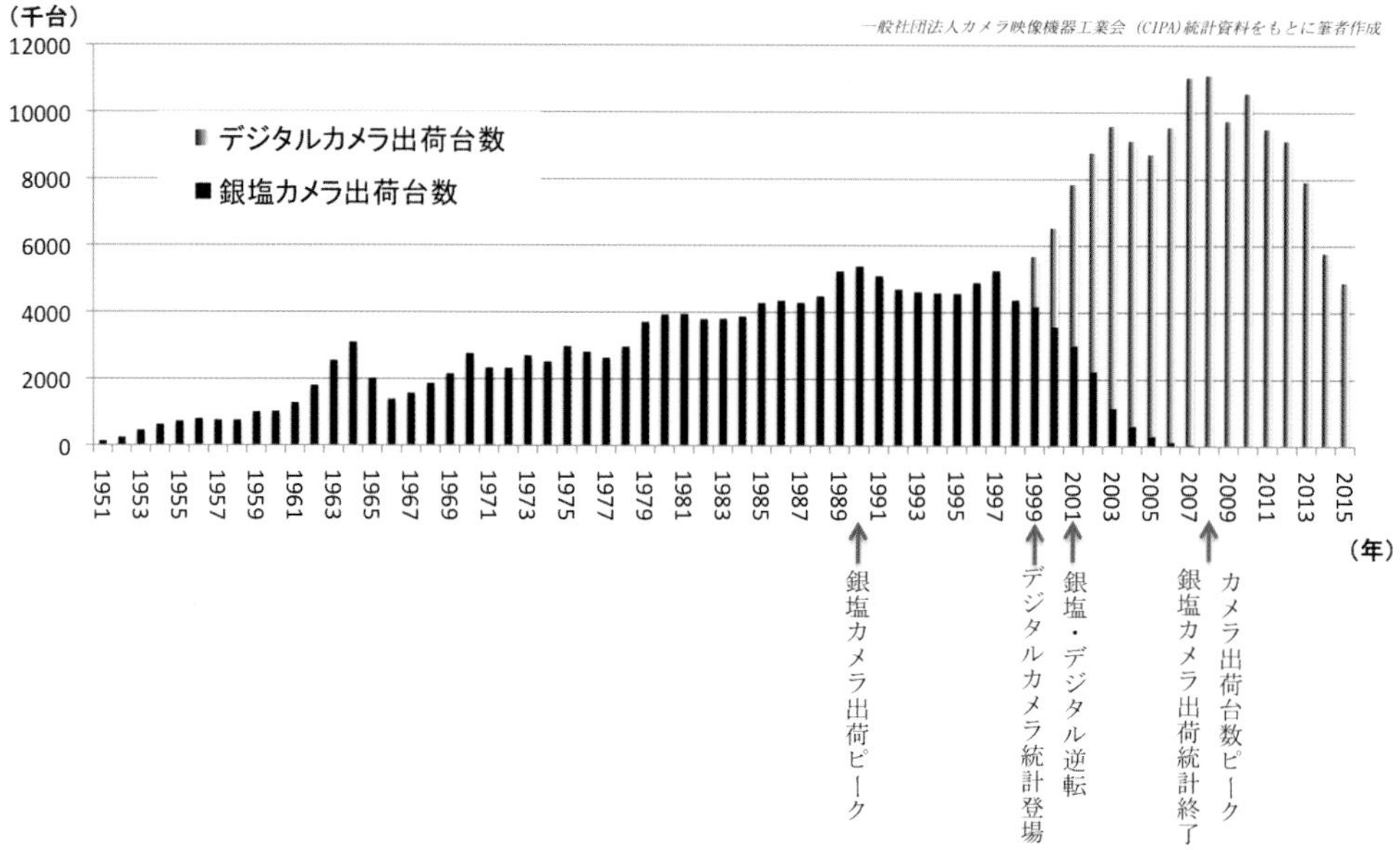

図2　カメラ出荷台数の経年変化（日本国内）
一般社団法人映像機器工業会（CIPA）資料をもとに筆者作成.

も銀塩写真の長期保存に対する信頼性は、自家処理をしない限り担保されないことが明らかとなった。

もう一つ興味深いデータがある。図2は、カメラ映像機器工業会（CIPA）による日本国内のカメラ出荷台数である。１９９９年に統計に登場したデジタルカメラは、2年でカメラの主役の座を奪った。そして、２００８年には統計の要件を満たさなくなったとして、銀塩カメラがグラフ上から姿を消した。この間たったの10年である。つい先日、大判カメラで撮影している私の姿が写った写真を娘が目にした際、「こんな昔のカメラを使って仕事しているの！」と驚かれ、その言葉に「昔のカメラ！」と私が逆に驚かされた。

ともかく、カメラを取り巻く世の中の情勢と発掘現場では、乖離が起きているのは確かである。デジタルカメラが普及し始めてしばらくの間は、考古学の記録を託するには画質や信頼性、保存性などさまざまな観点で不具合が見られた。しかし近年は画質の向上が進み、目的に応じてセレクトできる機種やレンズ性能の向上、保存に伴うバックアップ機器も充実した。35㎜フルサイズの一眼レフデジタルカメラを丁寧に使えば、中判フィルムカメラの質を上回るレベルに到達した印象がある。

デジタルの利点を活かした撮影方法

フィルムカメラとデジタルカメラでの撮影には、共通する部分とそうでない部分がある。それらを一々取り上げると、気にすることが多くなりすぎてシャッターを切れなくなってしまうかもしれない。迷ったときは、冒頭あげた考古写真に必要な７つの要素に立ち戻って考えてみればよい。以下、すぐにできる対処法を中心に箇条書きにしてみよう。

①鮮明・鮮鋭

→丈夫な三脚の使用。シャッターショックを防ぐためレリーズの使用。ミラーショックを防ぐためミラーアップ撮影。ライブビューによるピント確認。回折現象対策のために絞りすぎない（フィルム：F16からF32、デジタル：F8からF16）。シャッタースピードを稼ぐ工夫（デジタルカメラのISO感度を高くする）。

②高解像度

→できる限りセンサーサイズの大きなカメラを使用（フルサイズ以上）。用途に応じて画素数を選択（画素の多さ＝画質の良さとは限らない）。RAWデータで撮影。ズームレンズではなく単焦点レンズを使用。デジタルカメラにはデジタル設計されたレンズを使用。カメラISO感度をあげすぎない（フィルムでISO400、デジタルでISO3200程度まで）。アオリ操作[注5]を行う（フィルムはカメラボディでアオリ、デジタルはシフトレンズを使用）。

③適度な濃度　④適度なコントラスト

→撮影時の補助光源を工夫（野外ストロボによる日中シンクロ撮影、レフ板使用）。撮影時にヒストグラムを確認して露光調整。現像処理時の適切な補正。

⑤色に偏りがない

→基準となるグレーカード[注6]を写し込んでのRAWデータ撮影。フィルムの場合は、

（注5）被写体のゆがみや傾きを補正したり，ピント面を調節するために行う操作．カメラに装着したフィルム面とレンズ面を上下左右，前後，回転等任意の方向に動かすことで意図した構図にするもの．考古学の屋外撮影では，全景写真撮影時において発掘調査面全体にピントを合わせるためレンズ面を前に倒すティルト操作を行うことが多い．

（注6）標準反射板あるいはニュートラルグレーカードと呼ばれる．被写体の明るさの基準となるもので，反射率が18％に調整された灰色のカードである．カラーチャートも含めてさまざまな製品が市販されており，デジタルカメラ撮影時には正確な色再現を目的に使用することができる．色再現性に関しては，カメラ側でホワイドバランスを調整する機能もあるが，カメラやメーカーによる恣意的な調整がされており，客観的な正確性や再現性を保証するものではない．厳密に正確な色再現を目指すなら，各色が入ったカラーチャートを使用すべきであるが、グレーバランスを調整することで全体の色調も整ううえ，カラーチャートに比べてグレーカードは安価である．このため，泥で汚れることが多い発掘調査現場では，顔料インクによる紙製のグレーカードが便利である．

撮影時間帯の配慮やフィルムのセレクト（種別と乳剤番号の統一）。現像処理を平準化。
⑥立体感・材質感がある
↓遺構・遺物に応じた太陽位置や天候の見極め。撮影方向への配慮。補助光源の使用。
⑦遠近感がある
↓適切なレンズの選択・撮影位置と高度・フレーミングの選択を極端なものにせず、客観性を意識。絞りによる被写界深度の変化を利用した、擬似的遠近表現の工夫。

発掘調査は、語句として一つで表せるかもしれないが、実際には一つとして同じ条件の現場はない。このことに共感する読者は多いはずである。発掘作業が、思考錯誤しながら進められるのと同様に、それに伴う撮影作業も臨機応変に進めることになる。その際に必要とされるのは、経験と知識でありこれは車の両輪である。多くの現場を調査したり見ることで、考古写真に対する引き出しは増えていくであろう。また、知識についてはフィルムであってもデジタルであっても求めるベクトルは同じ方向を向いている。発掘調査において、何がその遺跡の特質を示しているか見極めながら、図面や文字で記録するのと同様に、写真が得意とする部分を活かして記録すればいいのである。

最後にデジタルシフトによって、記録写真がより良い方向に進む事項を3点紹介し、まとめにかえたい。

一つはカメラボディの小型軽量化と無線LANの内蔵によって、リモート撮影が容易になる点である。冒頭で紹介したように、発掘調査では高所から撮影する機会が多い。小型軽量化は、市販のポールやドローンなどを利用することでカメラを高所へ上げる壁を低くし、無線LANによる遠隔操作でシャッターを切ることができるようになった。実際に私がかかわった撮影では、東日本大震災の復興支援調査（福島県南相馬市）で、調査の迅速化に貢献した。また、大阪府高槻市の闘鶏山古墳という未盗掘の石槨内には、幅2㎝の空隙にコンパクトデジタルカメラを挿入しライブビュー確認しながらのリモート撮影を行った。

二つ目は、現像・焼付け、あるいは印刷時に行なっていた画像調整について、研究者単位で細部にわたり比較的容易に行えるようになる点である。知識と経験、倫理観が必要となるが、研究者＝撮影者＝画像調整者の図式は高い精度の写真記録を得る上で得難いものとなるだろう。

三つ目は、デジタル最大の利点と個人的に思うのだが、色の再現性の向上がある。フィルムではメーカーに始まり種類や現像方法、撮影時間帯などを制御することで正確な色の再現を目指した。しかしそこまで頑張っても、現像したフィルムは徐々に確実に変退色を始める。一方、デジタルは光源を選ばずに適正な色再現が可能で、それは原理的には退色しない。そのためには撮影段階での約束事があり、色再現に関しては基準となる色を写し込むことで簡便かつ高精度な結果を得ることができる。基準色を表示するカラーチャートには、価格も含めてさまざまなものが販売されているが、汚れやすい発掘現場では買い換えが容易な反射率18％程度の無彩色グレーカード（銀一）を使用して、同一カットに1枚必ずカード入りのものを写し込む。

　使用方法は、写真10のように被写体に光が当たる角度と合わせてグレーカードを写し込み、現像時に色温度と色かぶりを補正する基準とする。正確な色再現を目的とするグレーカードの写し込みは、RAWデータ撮影による現像処理を通して最も能力を発揮する。このためRAWで撮ることを原則としないといけないが、たとえカメラ側で色調補正などが行われてしまうJPEGデータであっても、グレーカードを写し込むことで、基準色を担保できるので有用だ。デジタルの普及によりカラー印刷も安価になり、情報量の点からも発掘調査報告書類のカラー化は今後一層進むものと思われる。その際に、正確な色の再現は必要不可欠である。土色帳に基づいて、ある意味主観的に設定される埋土や土層の色調決定を客観的に補完する点でも欠かせないといえよう。

　写真11は、縄文時代中期末（４０００年前）の高床建物の建築部材や、水さらし場の遺構が見つかった富山県小矢部市にある桜町遺跡から出土した、紅葉の写真である。この紅葉が出土したことにより、遺構面が秋に埋没したという考古学上の情報だけでなく、４０００年前の紅葉という叙情的なイメージと発掘の成果を身近に感じさせるのに一役かっている。何を隠そう私も初めての発掘調査現場で、湧水の激しい土中から中世の漆器が、色鮮やかな朱色とともに眼前に現れたときの映像は、今も脳裏にくっきりと焼き付いている。

　紅葉の写真はカラーネガフィルムで撮影されたもので、もちろんグレーカードも写し込まれていない。したがって、写真11の紅葉の色は私がスキャニングをして色調補正した、言わば想像色である。しかし、デジタル機器を用いることでここまで色の再現ができることがおわかりいただけよう。考古学写真にデジタル技術を導入するということは、発掘調査現場ならではともいえる瞬間性を写真の記録として遺し

写真 **10**　グレーカードの写し込み

写真 **11**　縄文時代の紅葉
小矢部市桜町遺跡．小矢部市資料より．

ていくことができるのである。その目的と倫理観を持ちさえすれば、これほど心強い援軍はないだろう。

本章に目を通された皆さんには、日本各地、世界各地において、あなたにしか見ることができない考古学的成果のさまざまな瞬間を撮影し、誰もが目にすることができるような写真記録を遺していってほしい。

参考文献

・文化庁文化財部記念物課、（独）国立文化財機構奈良文化財研究所編（２０１０）『発掘調査のてびき――集落遺跡発掘編――』文化庁文化財部記念物課．
・文化庁文化財部記念物課（２０１６）『埋蔵文化財関係統計資料――平成27年度――』．
・栗山雅夫・阿部将樹・富樫孝志・景山和也・椙木敬太・伊藤雅和・岡田愛・佐々木香輔（２０１１）デジタル文化財写真の本格運用」、「文化財写真研究 VOL.2」文化財写真技術研究会．

8 水中で撮る
水中考古学での実践例

吉﨑 伸
YOSHIZAKI Shin

水中写真の歴史

私は水中考古学の調査・研究に携わっており、その観点を交えつつ水中写真について述べる。考古学にとって「写真」と「実測図」は記録の二本柱である。実測図は必要な情報だけを取捨選択して形を正確に記録できるが、臨場感や質感は写真に遠く及ばない。もちろん水中考古学の分野においても写真の重要性は同じである。ただし、水中の写真撮影は水中という特殊な環境で行うため、数多くの技術的な問題がある。そのため、水中考古学の先駆者たちは数多くの調査のなかでこの問題に真っ向から取り組んできた。

水中で写真を撮影しようとする試みは比較的古く、1893～99年に遡る。パリ大学のルイス・ブータンは、数多くの鉄製防水ケース（ハウジング）を試作し、水中での写真撮影実験を繰り返した。彼はまた、人工照明（酸素を封入したマグネシューム燈やアーク燈）についても実験を行い、夜間や光の届かない深海（水深50m）での水中写真の撮影に成功している。また、1935年から2年間かけて行われたレバノンの古代港湾都市ティルスの調査では、フランスのアントアーヌ・ポアドバールがガラス底のバケツ（いわゆる箱メガネ）から水中にある港の遺跡を撮影することに成功している。

水中にカメラを持ち込み、実際に水中遺跡の撮影が行われたのは第二次世界大戦後のことである。アクアラング（スキューバ）の開発者でもあるフランスのジャック・E・クストーは1952年、フランス、マルセイユ港外のグラン・コングルエ島沖で一隻の沈没船を発見し、その後5年素歳月をかけて調査を行った。クストーはこの調査で、ドイツのローライ社が開発した35㎜カメラのハウジングを使用することによって、水中での遺跡写真の記録に成功した。クストーが開発した水中を自由に泳ぎまわることのできるスキューバとハウジング入りの水中カメラは、水中考古学だけではなく、水中活動のあらゆる分野で活用され、水中写真撮影技術の礎となった。

水中の特殊な環境

水中では写真に直接関係する「光」が陸上とはまったく異なる性質をおびている。光の吸収・光の拡散・光の屈折など、水中独自の物理的作用が光の性質を変えてしまう。このような物理的作用は水中写真にどのような影響を及ぼすのであろうか。

水深10m、20mへと潜水すると深度が増すごとに、周囲の明るさが急速に失われていることに気づく。水中写真を撮影する場合、予想以上の光量不足を経験することがしばしばおこる。これは、海面から射入する太陽光が水によって吸収・拡散されることによって急減するためである（写真1）。現在、最良の透明度を誇る海域においてさえ、太陽光の届く深度がせいぜい100mまでといわれているのはこのためである。

水中は、青と黒の世界が広がる。カラー写真はあたかも青色フィルターを取り付けて撮影したかのように写る。これは、光の吸収がとくに長波長（赤色）に強く作用するためにおこる現象である。波長が長い赤はまっすぐに水中に入り吸収され、波長の短い青は水に入りきれず乱反射するため、水中は青く見えるのである。この現象は海水中だけでなく淡水中でも同様に起こる。深度が増すにつれて赤色の光はなくなり、海底の遺跡や構造物は青色をおび、赤色は灰色から黒色へと変化する（写真1）。

このため、色彩の表現はきわめて困難となり、それを補正するためにストロボなどの補助光が必要となってくる（写真2）。しかしストロボから発する光はストロボから被写体、被写体からカメラまでの水中を往復することとなり、この間に太陽光と同じように赤色が吸収され、青みがかる。このようにストロボ撮影はせいぜい3m程度の近接撮影でのみその効果を発揮でき、それ以上、被写体から離れて撮影する場合はどうしても自然光に頼らざるを得ないのが現状である。また、この青色を補正するためにアンバー系のフィルターを利用することも考えられるが、光の吸収は水域によって一律ではなく、水深・塩分濃度・天候などによって変化するため、フィルターの選択はきわめて困難である。さらに水中では光量不足にこのフィルターによる露出補正が加わるため実際の使用は不可能に近いということができる。

水中から素面を見上げてみると、太陽光が水面全体を照らしていることに気づく（写真3）。これは水中生物やその他の微生物によって光が乱反射を起こし、その結果、光が拡散される現象である。これは光線のすべての波長帯について起こる。この光の拡散によって全体的な照度が減退するものの、まんべんなく光を広げることから、どの水深においても視程を助ける傾向がある。しかし、水面全体が光源となることから自然光による撮影は無影写真に近いコントラストの弱い写真に仕上がってしまうのである。

また、水中では被写体の大きさや被写体までの距離を見誤ることがしばしば起きる。これは光の屈折がもたらす目の錯覚によるものである。光の屈折は光が空気中と水中では違った速度（通常、空気中4に対して水中3の割合）で進むことによる。したがって水中マスク（水中メガネ）を通すと水中の物体の像は4／3に拡大され、物体は実際の距離の3／4の位置に見えることとなる（図1）。水中カメラでも同様に水とレンズあるいはカメラのハウジングとの節水面で光の屈折が起こり、画角もこれに合わせて3／4の比率で狭くなる。たとえば、35㎜の焦点距離を持つレンズは空気中では62度の画角があるが、水中では46度の標準レンズクラスとなる。しかし、この光の屈折も高塩分あるいは低水温の水域ではさらに屈折率が大きくなるなど、水域によってさまざまである。

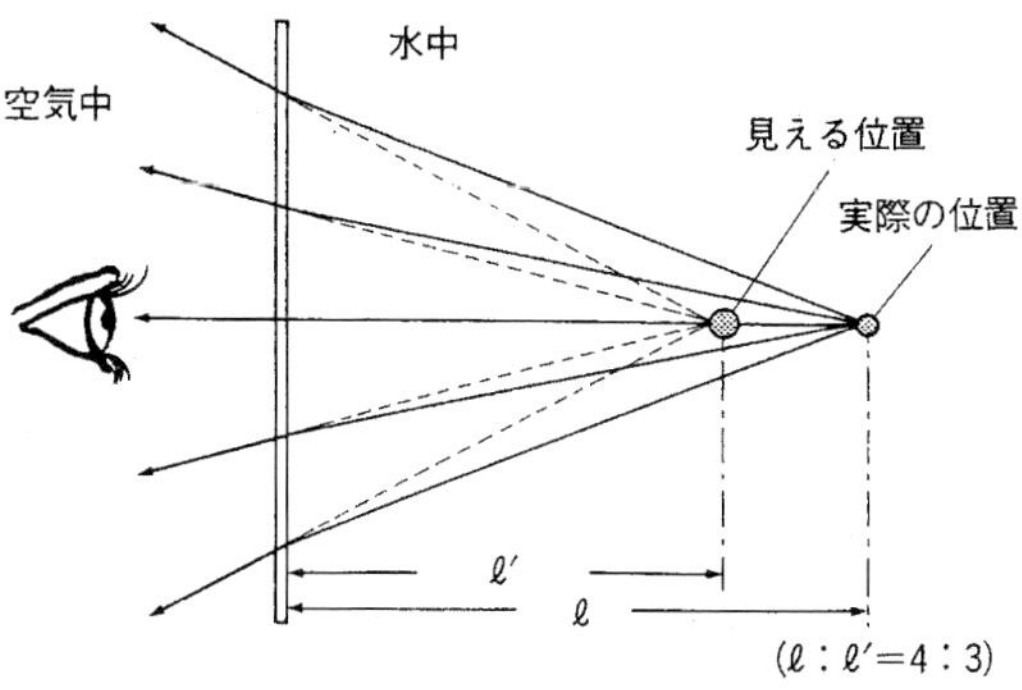

図1　光の屈折模式図
出典：「水中遺跡の調査における写真記録」埋文写真研究 Vol.2 1991.

水域の自然条件

一口に水中といっても、海、湖沼、河川などさまざまに異なった環境がある。また同じ水域でも季節や時間によって変化する自然環境は水中写真にさまざまな影響を与え、ときには撮影を断念するといった事態も引き起こす。水中の自然環境は水中写真にとってどのような影響を与えるのだろうか。

　水流の速い水域では水中カメラの保持が困難になるだけでなく、撮影者の体を安定させることについても考慮しなければならない。１９８３年に私が琵琶湖南端に位置する瀬田川流域で実施した水中遺跡の分布調査は、激流のなかの調査となった。折からの増水に伴って下流の堰が全開放流されたため、調査水域の水流は1.5～2ノットに達した。この水流に対処するため、水中カメラにペグ状の支持棒を取り付け、川底に突き刺してカメラを保持する方法を取り、撮影者は過分のウエイトとロープによって体を安定させる工夫を行い、何とか水中で発見した縄文時代の土器や石器を撮影することができた。河川だけでなく海洋にはさまざまな海流や潮流などの水流が存在しており、こうしたなかでの撮影も行われる

写真 **1**　補助光なしの写真

写真 **2**　ストロボ使用しての写真

写真 **3**　水面で拡散される陽光

可能性もある。ただ、そのためには十分なバックアップ（安全対策）が必要であることはいうまでもない。

水中写真撮影にとって最大の障害は、濁水域など劣悪な透明度である。これは高性能の水中カメラを使用しても解決できる問題ではない。水域の透明度をいかにして改善し撮影をするかにかかっている。１９８０年、琵琶湖南端の矢橋湖底遺跡で実施した調査では、浄水による置換法（撮影水域をシルトフェンスで囲み、透明度の高い水を流し込んで透明度を上げる方法）と薬品による浄化法（フェンス内に沈降剤を投入して濁り物質を沈めて透明度を上げる方法）を実験し、それ以来、数々の試行錯誤を繰り返している（写真４、５）。１９８８年から広島県福山市沖の瀬戸内海で実施した坂本龍馬率いる海援隊の傭船「いろは丸」の調査ではクリアサイトによって透明度を上げる実験を行い、一定の成果を得た（写真６）。速やかにクリアサイトの透明度を上げるためには、まだなお改良の余地が残されているが、濁水中における写真撮影の技術的解決の可能性を示すものであることは間違いない。

撮影機材

水中で使用されているカメラは大きく分けて2種類ある。カメラ本体が本格的な耐水圧構造になっている水中カメラと陸上用のカメラをハウジングに入れて使用するハウジングタイプの水中カメラである。前者は「ニコノス」（日本工学社製）に代表されるもので、１９６３年にI型が開発され、その後5回の回収が加えられた。そのシリーズの最後に発売された「ニコノスＲＳ」は、初めて水中専用のＡＦ（オートフォーカス）機能を持っていた（いずれも現在は生産終了している）。その優れた操作性や信頼性から、近年まで水中カメラの一世を風靡していた。一方、後者に用いるハウジングは、レンズ付きフィルム（いわゆる使い捨てカメラ）から、プロ仕様の高級機種に対応したしたものまで各種開発されており、幅が広い。材質も加工しやすいアクリルからアルミ素材まで各種のものがある。高級機種では外部からカメラの操作ボタンやダイアルを操作でき、各種の交換レンズにも対応できるようになっている。このタイプのカメラはハウジングを伴うため、どうしても容積が大きくなり、水中での機動性が劣ることになる。

また、これまでのカメラは35㎜フィルムを利用したものが多く、水中での撮影枚数もフィルムによって制限されていた。フィルム交換ごとにカメラやハウジングを開閉せざるを得ず、水没の危険性を増加させていた（カメラの水没事故は、開閉時の取り扱い方に問題がある場合が大半である）。そうしたなか、２０００年ごろからは水中カメラにもデジタルカメラが登場した。大量の画像データを記録することのできる媒体を搭載したカメラによって、フィルム交換の手間や水没の危険性も軽減された。デジタルカメラにおいても、フィルム使用のカメラと同様にカメラ本体が防水機能を有しているものや専用のハウジングを装備したものがある。なかにはコンパクトサイズの機種があり、水中での機動性が向上している。近年はこうしたデジタルカメラが水中カメラの分野においても主流となっている。

写真 **4**　シルトフェンス内の水を浄化する実験

写真 **5**　簡易のクリアサイト

いくつかの注意点

デジタルカメラが登場して以来、カメラの性能も飛躍的に向上し、各種のセンサーのおかげ誰でも気軽に撮影が行えるようになってきた。ただ、こうした便利機能も水中撮影に関しては2、3の落とし穴がある。

（1）オートフォーカス

透明度の高い水域では問題なくこの機能はその有効性を発揮する。ところが濁りや浮遊物がある水域では、被写体の手前の濁りや浮遊物にセンサーが反応し、ピンボケの写真やピント動作を繰り返して

写真 **6**　クリアサイト

シャッターが切れない状況に陥ることがある。こうした水域ではマニュアル撮影が無難である。

（２）水中撮影モード

カメラによっては水中撮影モードを持つものがある。このモードを使えば水中写真が手軽にきれいに撮影できるとのうたい文句がある。ただしこのモードは透明度の高い水域を対象としたものらしく、２０１０年に淡路島沖の瀬戸内海で実施した水中調査で撮影した写真は全体に緑がかってしまった。

（３）耐圧

水中カメラや水中ハウジングにはどれだけの水圧に対応できるか深度や圧力で表示してある。たいていはある程度の安全率を見込んであるため、規定深度を少し超えた程度では水漏れはしない。ただし無理をすると破たんは突然、一気にやってくる。

（４）結露

主にハウジングを使用する場合にこの問題が起こる。通常水中と陸上ではかなりの温度差がある。温かい陸上で装着したハウジングを冷たい水中に持ち込むとカメラのレンズやハウジングの前面ガラスに結露する場合がある。常にハウジングの内部の湿気には注意を払う必要がある。

ダイビング機材が改良され、ダイビングが気軽に体験できるようになり、水中カメラも飛躍的な進歩を遂げ、より簡単に水中撮影が楽しめるようになってきた。ただ、上述したように水中は特殊な環境にあり、そうした環境を認識しつつ写真を撮影する必要がある。そうすればより良い画像を手に入れることができるだろう。一方で、濁水中の写真撮影など解決すべき問題も多い。

参考文献

・Ｙ・ベリー他（１９８２）『潜水学』（関邦博訳）マリン企画．
・小江慶雄（１９８２）『水中考古学入門（ＮＨＫブックス421』日本放送出版協会．
・小林安雄（１９８８）『水中写真マニュアル　フィールドフォトテクニック-1』東海大学出版会．
・滋賀県教育委員会・滋賀県文化財保護協会（１９８３）「瀬田川水底遺跡分布調査」（『瀬田川：瀬田川浚渫工事に伴う流域分布調査』）．
・田辺昭三（１９８３）『遺跡を掘る（角川選書36）』角川書店．
・水中考古学研究所（１９８９）『広島県　宇治島沖沈船（推定いろは丸）調査報告書』．
・アジア水中考古学研究所・水中考古学研究所（２０１２）『水中文化遺産ベータベースの作成と水中考古学の推進　海の文化遺産総合調査報告書――瀬戸内海編――』巻頭カラー図版．

9 空中から撮る

写真から仮説を生み出す空中写真とドローン（UAV）

澤田結基
SAWADA YUKI

地形のなりたちをイメージする

地形学を学ぶことは、野外を訪ね、自然のなかに滞在する楽しみを大きく広げてくれる。山頂や峠から見える風景から、自然がたどってきた歴史やしくみを読み解く楽しみが増えるからだ。

その変換点は、大学2年生のころ、地理学研究室の先輩に連れて行ってもらった残雪期の北アルプス調査にある。慣れない雪山歩きに疲れ果てて到着した双六《すごろく》岳のテントサイトから、夕日で赤く染まった白い槍ヶ岳の地形が手に取るように見えた。「やっぱり、残雪がある方が、氷河地形がよくわかるよなあ」。それを聞いて槍ヶ岳をよく見てみると、谷のなかに細長く伸びる残雪はまるで氷河のように見え、その周りの高まりがモレーン（氷河が運んだ土砂がつくる高まり）であることがイメージできた。地形学の講義のスライドショーで見たヒマラヤやアルプスの風景と重なって見えた。地形ができた時代の景観をイメージすることが、私の専門分野にとって大切な技術だと理解できた瞬間だった。

もちろん実際の地形調査では、歩いて地表の堆積物を丹念に調べる精緻な作業が行われる。その調査を支えている仮説を考えるうえで、地形がつくられるイメージを持つことはとても大事な過程である。

地形がつくられるイメージを持つのに必要な要素は二つある。一つは地形学そのものの知識、もう一つは対象である地形の地形図や写真だ。とくに地形の立体的なイメージを最も具体的に表現できる情報が、横に並べて立体的に見ることができる「空中写真」（航空写真）である。飛行機から撮影した空中写真は、普段目にすることができない視点から地形を俯瞰できるので、膨大な量の情報を与えてくれる。伝統的には国土地理院が撮影している空中写真が研究に使われてきたし、それに加えて現在ではラジコンヘリであるドローン（UAV）の空撮映像が新しい視点を生み出すツールになりつつある。

ドローンの操作法や写真撮影の方法については、すでに多くの論文や書籍に取り上げられており（注1）、これから爆発的に方法論が蓄積されていくに違いない。そこでここでは、空撮の視点の違い、つまり撮影高度を変えることで見え方がどのように違うのか、国土地理院の空中写真とドローンから撮影した写真を比較しながら紹介する。

空中写真の使い方

Google Earth や Yahoo! 地図などの衛星写真サービスは、フィールドの様子を出発前に確認するのにとても便利である。空中写真は、現地の状況を写真で確認できる点でこうしたサービスに類似するが、3次元的に見ることができ、高さや傾斜が視覚的にわかる点が最大の利点である。地形の知識があれば活断層でずれた段差などの地形情報を識別することができる。また、過去の写真の入手性が良く、昭和20年代まで揃っているので、時代の異なる写真の比較から土地利用や市街地の変化がわかるのも便利だ。

日本の空中写真は、地形図作成の目的で、主に国土地理院が撮影している（他の省庁や民間の空中写真もある）。国土地理院のホームページ（図1）から閲覧とダウンロードが可能で、より詳しく見たい場合には高画質データや印画紙に印刷されたものが購入できる（注2）。また、撮影地点がわかる地図（標定図）は、日本地図センターのホームページで閲覧できる（注3）。

空中写真は、撮影範囲の約2／3が隣の写真と重なるように撮影されている（図2）。そのため、隣り合う写真のペアは、右目と左目それぞれが見る映像に対応するので、立体的に見ることができる。例として、阿蘇山にある米塚という小さな火山を見てみよう。写真1の左右の写真にある黒い点が重なるように目の焦点をずらすと、ふっと立体的に見える瞬間があるはずだ。ただし、見え方は人によって異なる。もし見えないようなら、立体視を補助する「実体鏡」という道具がある。簡易型実体鏡（注4）なら約５０００円から入手できる。

（注1）たとえば、井上公・内山庄一郎・鈴木比奈子（2014）「自然災害調査研究のためのマルチコプター空撮技術」『防災科学技術研究所 研究報告』81, pp.61-98.

（注2）印画紙の空中写真や高解像度データは，日本地図センターのウェブサイト（http://www.jmc.or.jp/）から購入できる.

（注3）日本地図センターウェブサイト「空中写真標定図閲覧サービス」http://www.jmc.or.jp/photohtz/

（注4）本書の発行元である古今書院より,「ステレオミラービューワ」が発売されている.

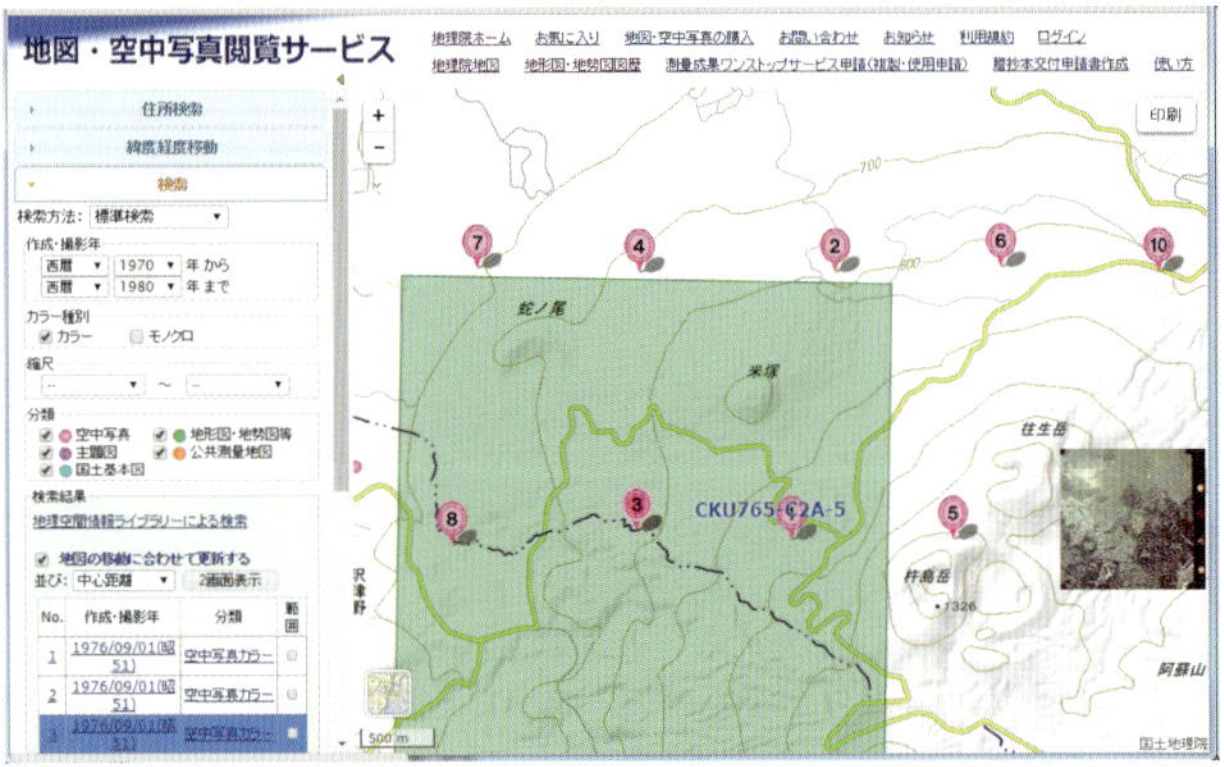

図 **1**　空中写真閲覧サイト（国土地理院）

http://mapps.gsi.go.jp/

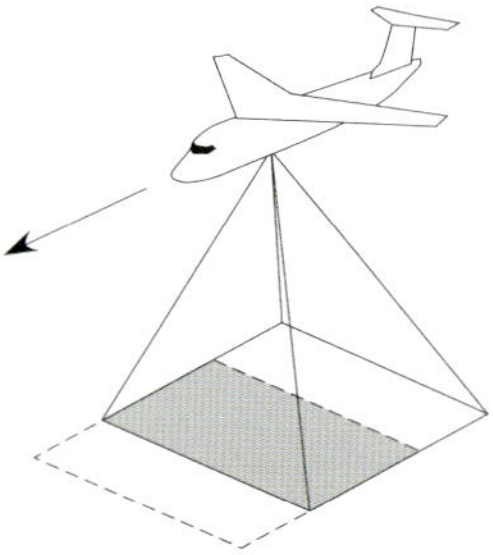

図 **2**　空中写真の撮影と写真の範囲

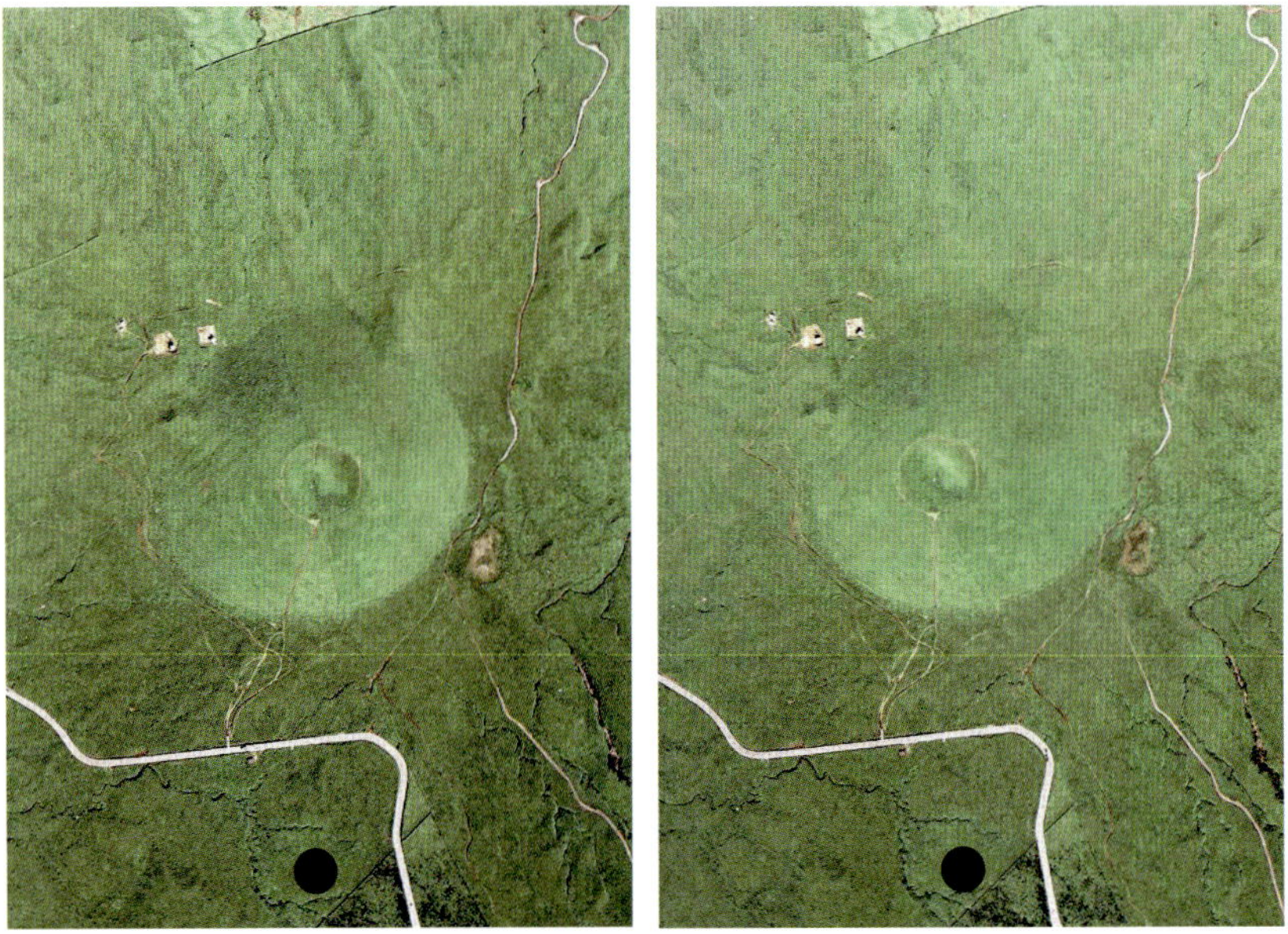

写真 **1**　空中写真を並べたステレオペア写真

地形を立体的に見ながら空中写真判読を行い，地形を分類する，

事例は阿蘇山の米塚．写真番号 C KU-76-5 C1-5, C KU-76-5 C1-6.

写真 **3**　ドローンで撮影した山火事跡

海上から撮影したもの．岡山県瀬戸内市・前島．

写真 **2**　気球による空撮

写真 **4**　ドローンで撮影した土石流の源頭部

2015 年広島豪雨災害の現場．広島県広島市安佐北区．

写真 **5**　地上から撮影した「久井の岩海」

広範囲の地形であるため，地上から見るだけでは状況をつかみにくかった．ドローンで撮影（写真 6）したことで，新たな発見があった．

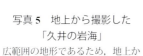

空中写真の判読結果は、まず空中写真上に色鉛筆で書き込み、それを地形図に転写して整理する。写真の外周に近いほどレンズの歪みが大きいので、地図とずれてくることに注意したい。空中写真の撮影年度によっては、国土地理院のネット地図である「地理院地図」(注5)上で、歪みを補正した画像（オルソ画像）を見ることができる。地理院地図では、空中写真と地形図などの情報を重ねて表示できるので、位置を確認するのに便利である。

ドローンによる空撮写真

ドローンが得意とする低高度（約100m程度）からの空撮にも、じつはとても長い歴史があり、これまでも模型飛行機や気球、風船、凧などさまざまな方法を使って行われてきた（写真2）。ただし、これらの手法は機材が高価で操作が難しいなどハードルが高かった。GPSを搭載して自動的に姿勢制御されるドローンは、このハードルを大きく下げた点で画期的と言える（もちろん練習は必要だが）。

ドローンには、おもちゃ屋で買える安いものから、一眼レフカメラを搭載可能なプロ用までさまざまな種類があるが、最も普及しているのは約10～20万円台の、デジタルビデオカメラを搭載できるドローンであろう。私は２０１４年にDJI社製のPhantom2を約12万円で入手し、空撮に使っている。Phantom2は、アウトドアスポーツの記録に人気があるアクションカメラを搭載できるように設計されており、最初からセットになった商品もある。ほとんどの用途では、このアクションカメラで十分に用が足りるだろう(注6)。

写真3と4は、学生の卒業論文調査に際して撮影した画像である。海の上から島を撮影して山火事跡を俯瞰したり、歩いて入ることができない土石流の発生地点を確認したりと、とても便利だ。ただし、十分に練習して操作に慣れておくことと、天候を見極めることが必要である。また、急にトンビが近づいてきても慌てずに操作する度胸が必要と痛感している。慌てて操作すると機体が不安定になり、墜落のリスクが高くなる。もし猛禽類が興味を示してきたら、フライトを諦めた方が良いかもしれない。

調査の実例：広島県三原市「久井の岩海」

具体的な事例として、「岩塊流《がんかいりゅう》」という地形の調査を紹介する。ドローンを使った調査で、従来とはやや異なる仮説を組み立てることができたからである。

岩塊流とは、直径数10㎝から数mの大きな岩（岩塊）があたかも川のように帯状に並ぶ地形のことを指し、北極圏など寒冷な地域に普通に見られる地形

（注5）地理院地図（http://maps.gsi.go.jp/）　画面左上の「情報」タブから「空中写真・衛星写真」を追加することで，空中写真のオルソ画像が閲覧できる．

（注6）GoProが最も普及しており，揺れを吸収するジンバルなどドローンに搭載するためのアクセサリも多い．

である。日本では北アルプスや奥秩父など、標高の高い山地斜面に分布する。

初期の研究では、国内で見つかる岩塊流のほとんどが、過去の寒冷な時代（氷期）の気候のもとで岩盤から剥がれた岩が集積し、地盤の凍結と融解が繰り返しによってゆっくりと流動する周氷河地形（土壌凍結に関連してつくられる地形）であると考えられていた。しかし近年ではそれ以外のでき方、たとえば土石流で運ばれた土砂の細かい砂などが流出し、岩塊だけが残ったとみなされる場所も増えている。

私の勤務校がある広島県にも、標高500mに満たない低いところに、岩塊流によく似た地形が知られている。三原市にある「久井《くい》の岩海《がんかい》（国天然記念物）がそれである（写真5）。久井の岩塊の石は、花崗岩という深成岩でできている。花崗岩は風化すると崩れやすい砂（マサ土と呼ばれる）に変化するという特徴があり、広島県で土石流災害が多発する要因のひとつになっている。

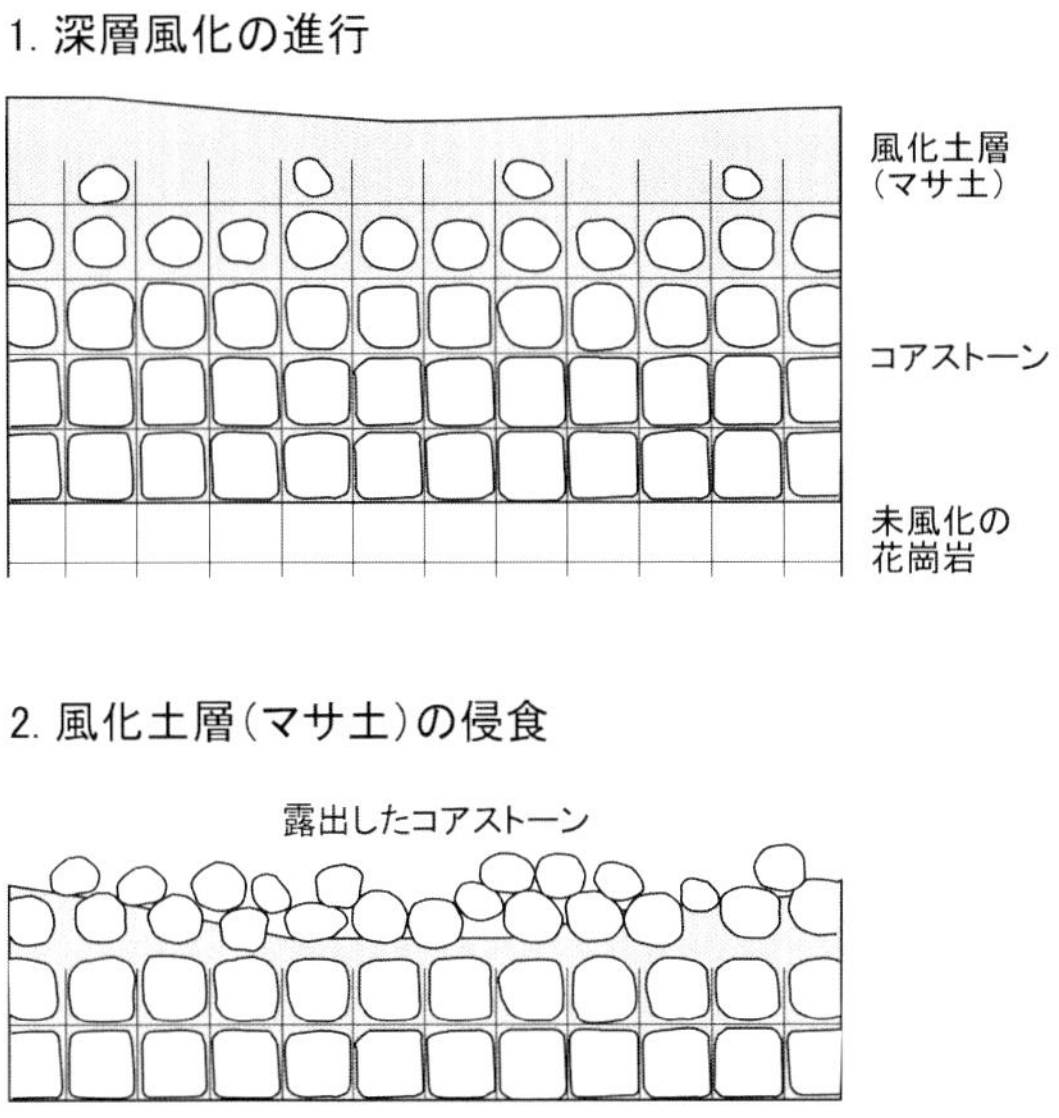

図 **3**　久井の岩海の形成過程

注 7 の池田（1998）を参考に著者作成.

久井の岩海は、花崗岩の風化と、水による侵食によってつくられたとする考えが一般的である（図3）。花崗岩には縦横に亀裂（専門的には節理と呼ぶ）が入っており、この亀裂に沿って風化が進む。風化によって花崗岩をつくっている石英などの鉱物がばらばらになってマサ土ができるが、硬い部分は丸みを帯びた石として残る。マサ土が雨によって流されると、そこに石だけが残され、谷に沿って集積する。こうして、あたかも石が集まって流れたような擬似岩塊流が形成されたと考えられてきた。[注7]

確かに、久井の岩海では巨礫が谷の形に沿って分布している。この形からすると、水の流れによって細かいものが流されたと考えるのは自然なことだろう。ところが、ドローンを使って撮影した結果を見ると、従来の考え方とは異なった仮説が浮上してきた。

（注 **7**）池田 碩（1998）『花崗岩地形の世界』古今書院.

写真 **6**　ドローンから撮影した久井の岩海

ドローンから撮影した写真を見てみよう（写真6）。ドローンの飛行高度は約50ｍで、久井の岩海の全体を俯瞰することは難しい。しかし、巨礫ひとつひとつの形や配列、石の隙間に生える植物までよく見える。ちょうど獲物を探す鳥の目で見ているのと同じだろうか。

ドローンの写真を見ると、石の配列が決してランダムではなく、規則性を持って並んでいる。石が同じ方向に並んでいるというよりは、まるで箱に詰められた饅頭のように、隙間なく詰まっているようである。石と石の境界線を結ぶと、碁盤の目のような形をしている。「もしかして、石は岩盤から剥がれてから動いていないのではないか？」これまで考えもしなかった発想が頭を横切った。

そこで、ドローンの写真によく組み合わされるソフトウェアを使い、地図をつくることにした。複数枚の写真を使って、３Ｄのデジタルモデルをつくる写真測量のソフトである。私は、近年地理学関係者の間で普及している PhotoScan Pro を使っている。ソフトで平面に補正した写真（オルソ画像）を下絵に石の形をトレースすると、石と石がぴったりとくっついていることがはっきりとわかった（図４）。「石は剥がれてからほとんど動いていない」という新しいアイデアと矛盾しない結果を得られた。

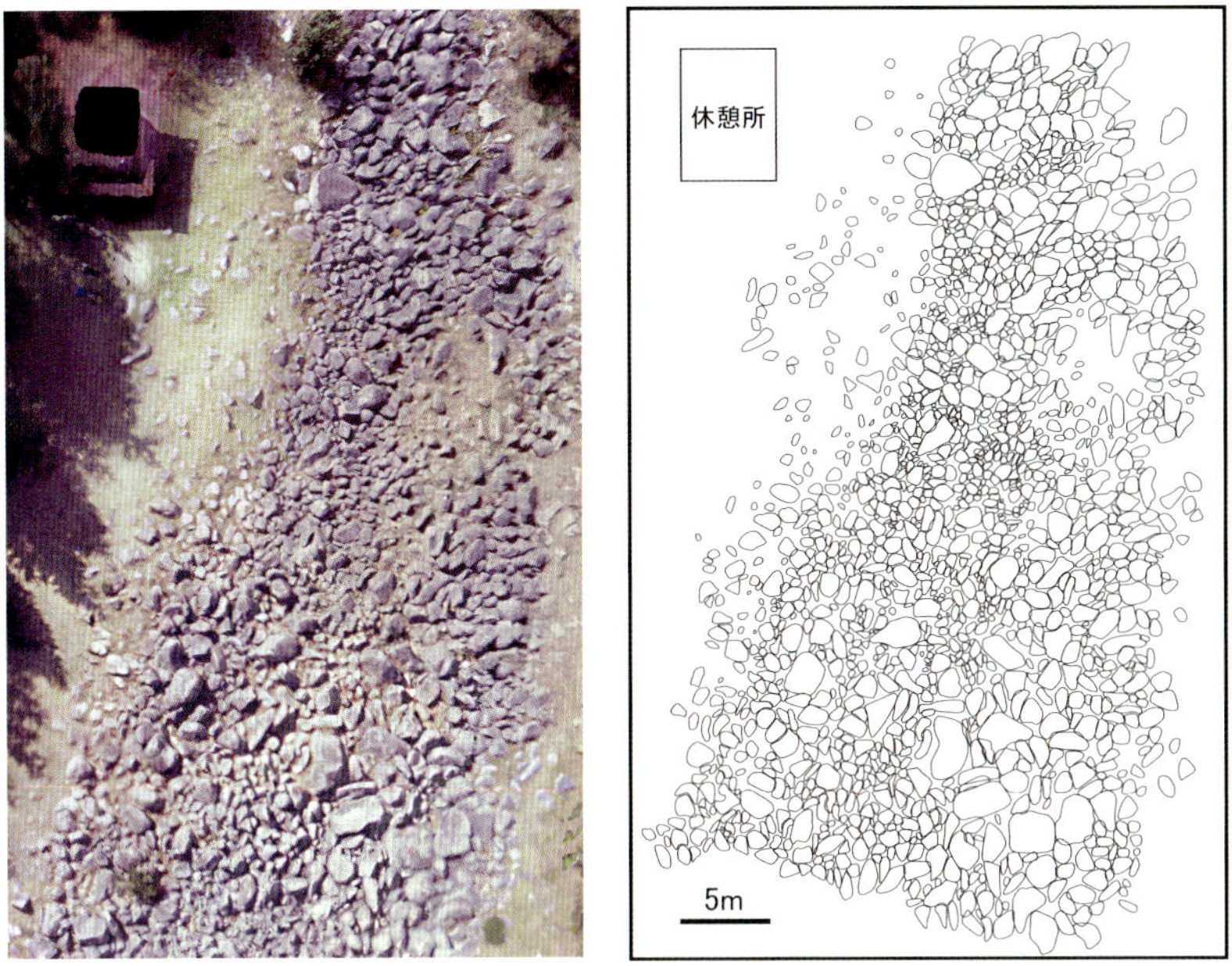

図 **4**　久井の岩海のオルソ画像（左）と石をトレースした地図（右）

空中写真とドローン空撮の視点

ここにあげた事例はまだ調査中の段階であるが、視点を変えることで、地形のイメージが大きく変化することは示すことができたと思う。高度数千mからの空中写真に加えて、高度数十～百数十mからのドローン視点から地形を見ることで、地形がつくられる過程（プロセス）のイメージは大きく広がり、新たな事実や仮説が見えてくる。こうした視点の拡大は、地形学に限らず生態学など、フィールドワークを行うさまざまな分野で有効ではないだろうか。

最後に、ドローンを使う際の注意について述べたい。操縦がしやすいドローンではあるが、捜査を少し間違うと簡単に暴走や墜落を起こす代物でもある。また、バッテリーの継続時間にも注意が必要だ。積載するカメラが重いと飛行時間は当然、短くなる。十分にテスト飛行を行い、想定される飛行時間に余裕を持たせて撮影計画を立てる必要がある。また、２０１５年には航空法が改正され、都市の人口集中地区や空港周辺では飛行が明確に禁止された。こうした場所でフライトさせるには国土交通省への許可申請が必要である（注8）。

（注 **8**）国土交通省ウェブサイト「無人航空機（ドローン・ラジコン機など）の飛行ルール」http://www.mlit.go.jp/koku/koku_tk10_000003.html

10 文献を撮る

複写の世界へ

内田 昂司
UCHIDA Koji

フィールドワーカーの多くは、研究の過程で文字や絵といった、人工的に生み出された多様な記号に接する。文字を持たない言語コミュニティの多くも、近代国家に包摂され知の対象とされる過程で、文字を媒介として記述対象あるいは発話主体となってきた。過去に生産された情報を扱おうとする限り、フィールドワーカーも文字や絵などの記号を避けることは難しい。

インターネットが普及した２０００年代以降、デジタル化された文字や絵などが広く共有されるようになったが、それ以前はそうした情報のほとんどが紙、布、木片、葉、石、金属板といった物理的な媒体に直接記録されてきた。こうした媒体に記された文字や絵を、カメラで二次元情報に落とし込むことを一般的に「複写」と呼ぶ。本章では、主として紙媒体に記録された情報を、デジタルカメラで複写する方法について解説する。

以下では、複写についての基本的な考え方、機材に関する知識、そして撮影のテクニックを紹介する。複写作業では、照明を完全に制御したうえで、できるだけ高機能な撮影機材を使うことが理想的ではある。しかし、長距離の移動が調査に伴うことの多いフィールドワーカーたちにとって、こうした条件を整えることは必ずしも現実的ではなく、ときには不可能ですらあるだろう。そのためここでは、理想的な環境における方法とともに、条件が整えられない場合を想定した次善の方法をも紹介したい。

基本事項

複写作業において技術的に目指すところをひとことで述べると、何かが書かれたり描かれたりしている対象物を、できるかぎり均等に光を当てて正面から歪みなく高精細に撮影するということになる。しかし、記録媒体である被写体が平らであることは多くの場合には望めないため、均等に光を当てることは、条件をある程度コントロールできる複写においても容易ではない。たとえば書籍の場合、各ページの紙を平面的なものと私たちは考えがちであるが、製本されている場合は見開き状態にすると立体的に湾曲してしまう。また、ノドと呼ばれる本が綴じられている部分には影が入りやすい。大判の図などで、折りたたんで保管されている資料の場合には、折り目部分にも影が入ってしまう可能性が高い。被写体が布や貝葉やパピルスなどの場合、記録面にウネリがあればやはり影の原因になる。ただし、影によって質感を表現したいような場合もありうる。布などの質感は影を完全になくしてしまうと記録しづらい。石や金属板などの媒体は撮影面に光が反射しやすいが、反射を完全に抑えると質感は表現できない。こうした、多様な被写体に対して、目的にあった方法を選択する必要がある。

被写体をできるかぎり平面的にとらえることは、影・反射をコントロールするだけでなく、標準化という意味でも好まれる。複数の画像を比較するためには、形式がそろえられている必要があるが、まちまちな方法で撮影された画像を一点ずつ加工することは現実的ではない。標準化は、データ作成時に行なうことが、費用対効果の観点からいっても望ましい。複写の伝統においては、正面から歪みなく見た視覚情報が標準的なものとされてきた。どの撮影者もがこの規範に従うことによって、他所で撮影された複写画像どうしを比較することが容易になる。

また、一定のフォーマットに画像を落とし込むにあたって、どこまで精細な情報を記録するのかも重要である。近年のデジタル撮影機器では、一般ユーザ向けのモデルでも１０００万画素を優に超える高画素での撮影が容易になり、高機能化は急速に進んでいる。そのため、現在作成している画像が、数年後の基準では解像度的に不十分だと見なされる可能性がある。研究にあたっては、解像度の異なるデータを同列に扱うことはできないことも多いため、こうした解像度情報についても記録しておく必要がある。対象物自体の大きさに関する情報も記録する必要がある。通常、複写においては画面いっぱいに対象物を撮影するが、このことにより実際の被写体の寸法についての情報は失われてしまう。対象の大きさが重要となる図像などの場合、比較するためには縮尺に関する情報が記録されていなければならない。さらに、撮影機器のレンズの性質や設定、あるいは個体差などによって、撮影の際の色味も変わってきてしまう。そのため、色に関する情報も記録する必要がある。これら、デジタル画像それ自体に関する情報（メタデータ）も、適切に記録しておかなければ、データとして不完全なものになってしまうのである。

以上のように、歪みが生じないように機器や対象物を設置し、陰影や光の反射をコントロールし、解像度・大きさ・色味などについてのメタデータを適切に記録することが、基本的な事項として留意すべきポイントとなる。以下では、そうした目的のために、有用な機材とテクニックの詳細を解説する。

機材

複写に使う機材の選び方としては、基本的には光を反射しない黒いものを選択する。カメラ、ストラップ、三脚などに反射する光は、被写体の紙面などに映りこむ可能性があるため、光を反射しやすい白色や銀色などの機材は避けるべきである。

（1）カメラの選び方

基本的には、センサが大きく解像度が高いカメラであればあるほど良いが、価格は高機能になるほど高くなる。また、デジタル撮影機器の技術革新は急速に進んでいるため、現時点で高価な機材が古びたものになるのも速い。その一方で、廉価版のカメラは、センサが小さく解像度も低いため、せっかく撮影した画像の用途が限られてしまうことになる。古く状態が悪い資料などの場合、触るだけでダメージを与えることが避けられないことも多く、原資料保存の観点からは撮影回数は少ないほど良い。そのため、費用対効果を考慮しつつも、十分な質を確保できる機器を選択するほかない。中判デジタル・カメラなど35㎜フィルムの二倍程度の大きさを持ち、５０００万画素を超える画像を撮影可能な大型センサを搭載した機器も存在するが、フィールドワーカーが個人で使うものとしては、大きめのセンサ（フルサイズやAPS-Cなど）を持つ高解像度の一眼レフカメラを選択することが現在では現実的であろう。

ミラーレス一眼と呼ばれるカメラのなかには、シャッター音を完全にオフにすることができる機種もあり、文書館など静粛を守らなければならない環境においては使い勝手が良い。その一方で、現状ではミラー付きの一眼レフカメラの方が、レンズなどの付属品の選択肢が多く、センサのサイズも大きい機種が多い。

カメラを選択する際の最低限の条件としては、ピントを手動で合わせられること（オートフォーカス機能しかないものは避ける）、レリーズケーブルまたはリモートコントローラーが使えること、RAW形式での保存ができることを目安とすると良いだろう。

複写の用途のためにレンズを選択する際は、歪みが生じにくいものを選択するべきである。理想的には、A4サイズほどの大きさの資料を複写するのであれば、50～100㎜ほどの単焦点レンズが良いだろう。一般的にシャープな画像が撮れるのは単焦点レンズであるが、フィールドワーカーにとっては、フィールドに出る際にレンズが一本増えることは好ましくない場合もある。ズーム機能のあるレンズの、比較的歪みの少ない望遠側で撮影することも選択肢の一つとなる。被写体との距離をとって、50㎜以上の望遠側で撮影すると歪みは出にくい。ただし、24～35㎜の広角側の焦点距離域で撮影すると歪みが出るため勧められない。広角側での撮影は、資料サイズが大きく被写体から距離も取れないといった、やむを得ない場合以外には避けるべきである。資料の大きさが多様な場合には、レンズは固定したままカメラと被写体の距離を調整する。標準ズームレンズ（24～70㎜ほどのもの）があれば複写は可能であろう。ただし、カメラを真下に向けると、ズームレンズは自重で伸びてしまうことがあるため、糊が残りにくいテープで固定するなど工夫したい。

（2）周辺機器

複写においては、カメラを固定するために、必ずスタンド、三脚などの固定機材を使用する。人の身体は完全に静止できないため、ブレを防止するには、複写の際に手で構えて撮影することは考えるべきではない。カメラを固定することで、カメラと資料の撮影面に平行を取り歪みをなくし、同じ条件で大量の画像を効率よく撮ることが可能となる。ただし、機材によって出せる高さに差があり、取り扱いの際に留意すべきことも異なる。

とくに三脚は、軽量のものが開発されており多用途に使えるため、フィールドワーカーにとっては便利な機材である。脚の間にカメラを取り付け、レンズを真下に向けることができるものもある。ただし、この利用法の場合は、高さを出すために脚を大きく広げなければならないため、広い作業空間が必要となる。また、脚の影が資料に入らないよう調整しなければならない。高さをさらに出さなければならないときには、転倒しないようバランスを取るためにウェイトを下げて、水平にカメラをくり出せるサイドアームと呼ばれる機材などを併用する。

固定機材にカメラを取り付ける際には、雲台を利用して向きの微調整をする。3ウェイ雲台と呼ばれるものより、角度を微調整できるギア雲台を使った方がより正確にカメラを固定できる。自由雲台は、各方向ごとの独立した微調整ができないため、複写には向かない。

ブレ防止のためには、レリーズケーブルやリモートコントローラーを使うべきである。これらを使うことで、カメラ本体に触れることなくシャッターを切ることができる。カメラによっては、コンピューターやスマートフォン、タブレットPCなどに接続することで、それらの機器上のソフトウェアからシャッターを切ることができる機種もあるので、カメラを選択する際に考慮する基準の一つにすると良いだろう。

撮影機器は、データをメモリカード等の媒体に記録するものが多いが、高解像度の画像を撮影する際には容量にも気を配る必要がある。予備の記録媒体、保存用のコンピュータや外付けハードディスク・ドライブなどを携帯した方が安全だろう。とくに、コンピュータを持って行けば、ケーブルなどでのデータ転送、データのバックアップの作成、大きな画面での画像確認などがその場でできる。コンピュータの画面で確認することで、カメラ付属の小さなモニタでは気づきにくい不具合を見つけやすくなり、正確なピントや露出の確認も容易になる。

（3）小物

資料の背景としては、一般的には黒い布や紙を置くことが多い。ただし、透けるような薄い材質の資料の場合には、可読性を高めるためにグレーや白色の背景を使うことも考慮する。素材としては、光を反射しにくく傷跡も残りにくいビロードの布やそれを貼り付けたボードなどをお勧めする。

資料や背景につく埃や小さなゴミを除去するためにはブロアー（58頁）を用意する。これはカメラ洋品店で購入することができる。資料を傷めないようにゴム製で風圧の高すぎないものを使う。背景のゴミ取りには、粘着カーペットクリーナーが便利である。

本など開いたときに平らになりにくい資料を撮影する際には、高さを調整するためにスペーサーを頻繁に使う。黒いボール紙や、布やテープなど柔らかく反射しにくい素材で包んだ木材などを使うと良い。資料ページの浮き上がりや反りを防ぐためには、卦算と呼ばれる透明度の高いガラスの文鎮を使うことが多い。

資料とカメラの平行を取るためには、鏡を利用することが有効である。資料の撮影したい面に、背面が平らな鏡を置き、カメラのファインダーからレンズの位置がどのように見えるかを確認するのである（図1）。カメラが鏡と平行になっていれば、レンズがファインダーの中心に見えるはずである。ずれて

（191頁に続く）

10　文献を撮る（178頁〜参照）

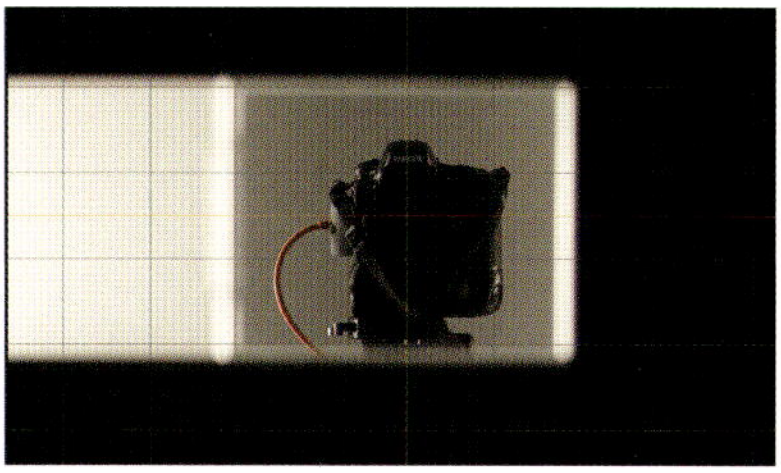

図 1　撮影台に置いた鏡
画像の中心に，鏡に映るレンズが来るように
カメラの角度を調整する．

図 2　機材の設置
カメラやライトの位置だけでなく，画像の確認
や資料の位置を動かしたりといった作業のため
の動線の確保も，あらかじめ念頭に置く．

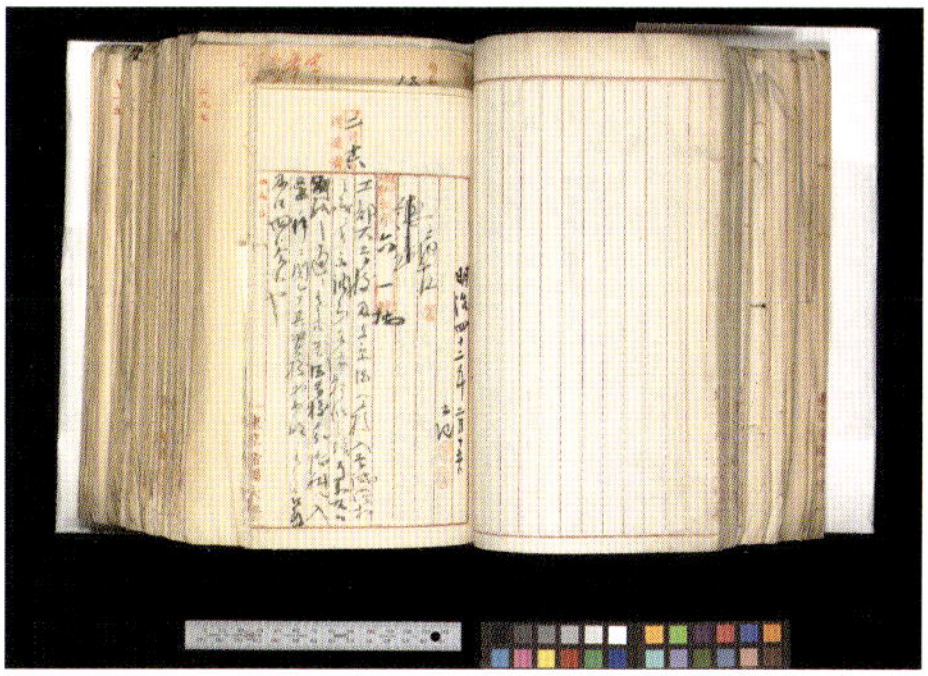

図 4　ノドに対して並行に（この画像では上下から）光を当てた例
写真 3 に見られたノドの影や湾曲部分の反射
がないのがわかる．

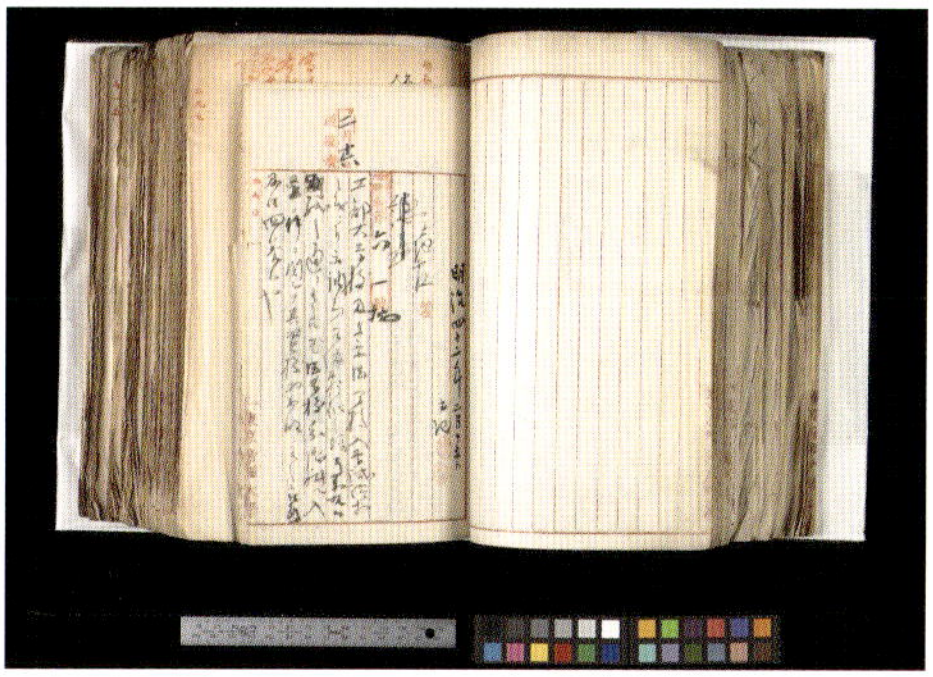

図 3　ノドに対して垂直に（この画像では左右から）ライトを当てた例
ノドの部分に影が出てしまっている．また，
右ページのノドに近い湾曲部分に左からの
ライトが反射してしまっている．

11　顕微鏡下を撮る　（194 頁～参照）

写真 1　ショウジョウバエ幼虫（中央）と解剖用の実験器具

左が頭側．シリコンプレート上で，ピンセット（写真右）とハサミ（写真左）を使用して解剖する．幼虫は体長 4mm ほど．大きさの比較のため，横に五円玉を置いた．

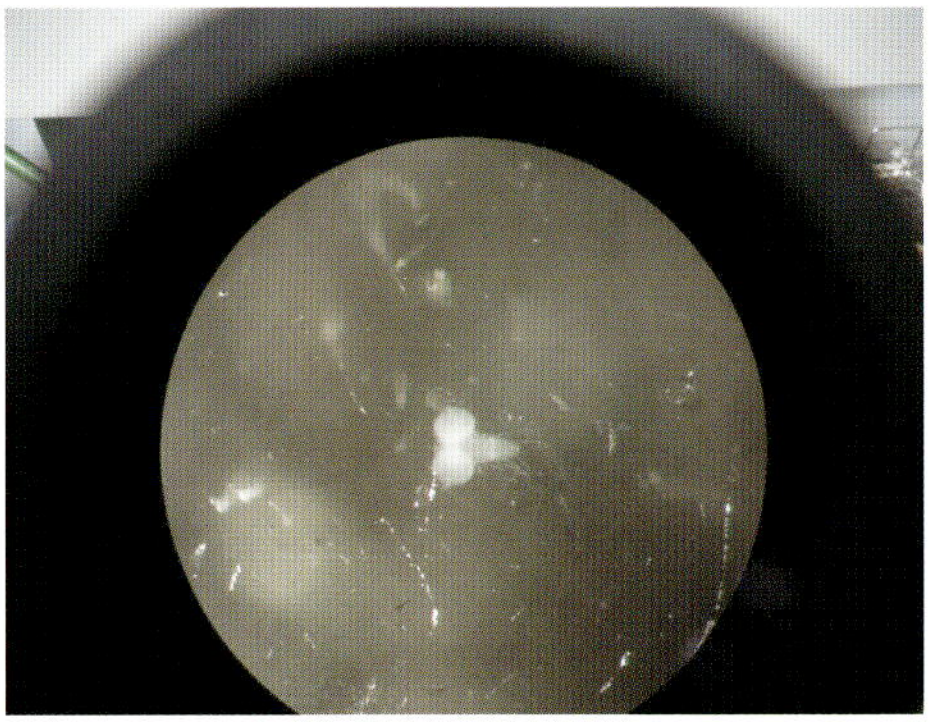

写真 3　ショウジョウバエ幼虫の単離した中枢神経系

生理食塩水中で両面テープを用いて固定している．中枢神経系の幅は髪の毛の細さほど．左が頭側．左側に二個見える丸いものが脳で，右側の楕円状のものが腹部神経節（人間の脊髄にあたるもの）．実体顕微鏡の接眼部から撮影．

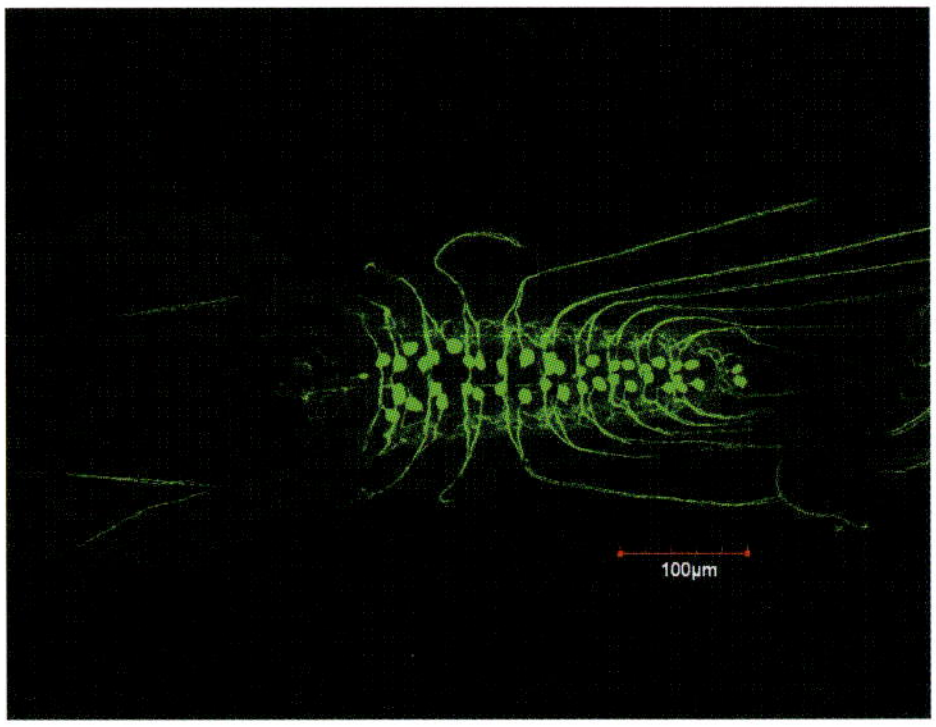

写真 4　ショウジョウバエ幼虫の腹部神経節の染色図

運動神経細胞群の一部に緑色蛍光タンパク質を発現させ，抗体染色を行い，レーザー光でスキャンして取得した画像を三次元方向に重ね合わせた．左が頭側．中枢神経系から脳を切除し，腹部神経節のみを撮影している．共焦点顕微鏡（FV1000, Olympus）で撮影を行い，画像のスキャンには FV1000 付属の画像スキャンソフトウェア（Olympus FLUOVIEW Ver.4.2）を用いた．なお，撮影に用いた GAL4 系統は，Fujioka et al.（2003）によって作られた eve-GAL4.RRa.

12　現像・RAW データ・プリント　（204 頁～参照）

写真 1　夜の公園
光量が足りなくて，全体的にアンダーな写真になってしまった．

写真 2　RAW データからの補正
露出を上げ，多少コントラストを強調した．

写真 3　補正後の写真の一部
左が JPEG 形式からの補正で，右が RAW 形式からの補正．ISO 感度が高い画像なので双方とも多少荒れているが，右の写真の方が比較的鮮明にジャングルジムの影や地面に生えた植物を映し出している．

写真 **1**　ボツワナ共和国中央カラハリ動物保護区にて撮影したスプリングボックの群れ
くすんだ写真になっている．

写真 **2**　写真 **1** に「自動コントラスト」を施した結果

写真 **3**　写真 **1** に「自動レベル補正」を施した結果

写真 **4**　写真 **1** に「自動トーン補正」を施した結果

写真 **5**　写真 **4** を右に **0.7** 度回転させ，トリミングを施した結果
赤丸で示した汚れが気になる.

写真 **6**　写真 **5** の赤丸部を周辺の空の色で埋めた結果

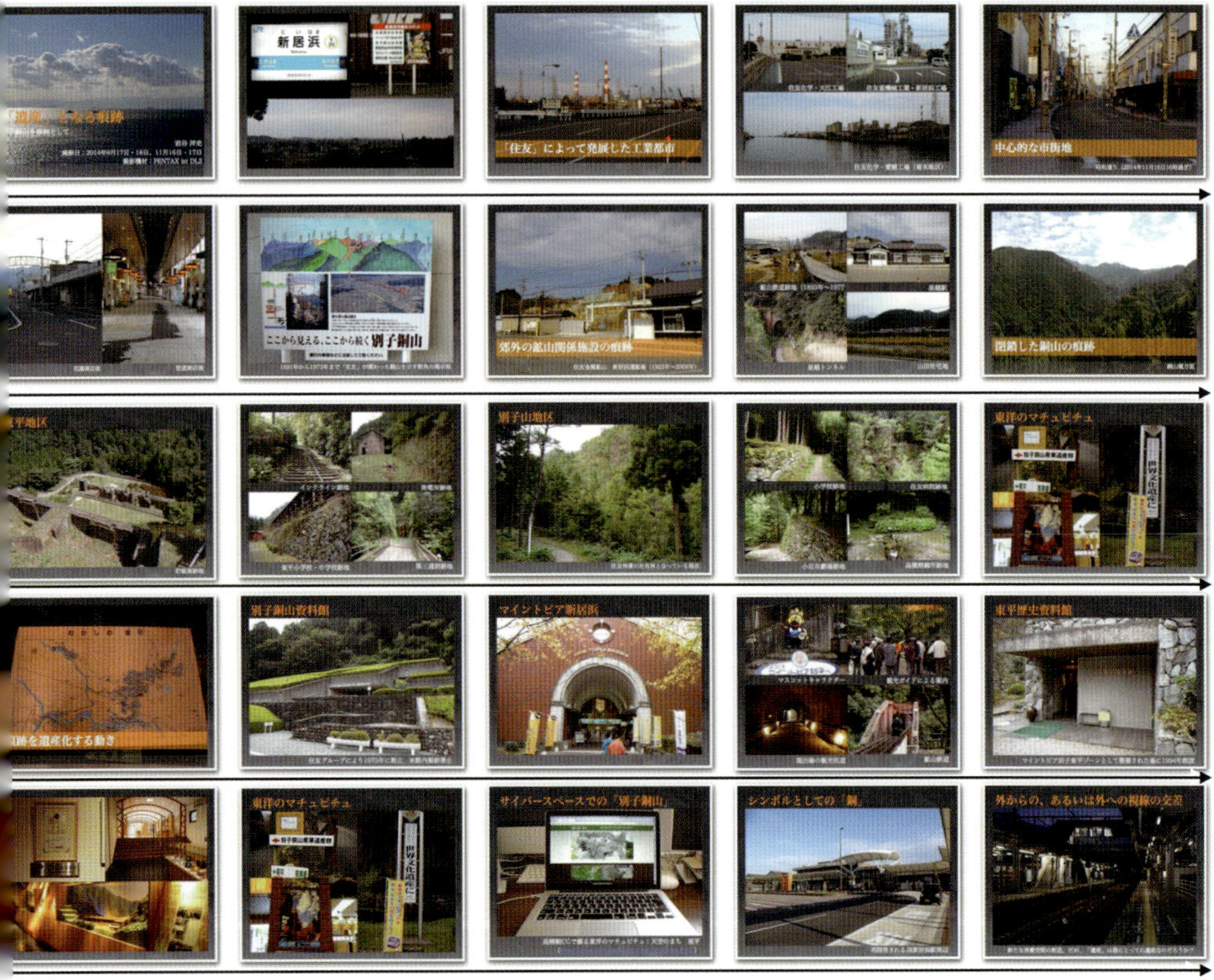

図 1　**PowerPoint** で作成したフォト・エスノグラフィーの例

下は部分拡大．事例は愛媛県別子銅山の近代化産業遺跡．

16　フォト・エスノグラフィー　（240頁〜参照）

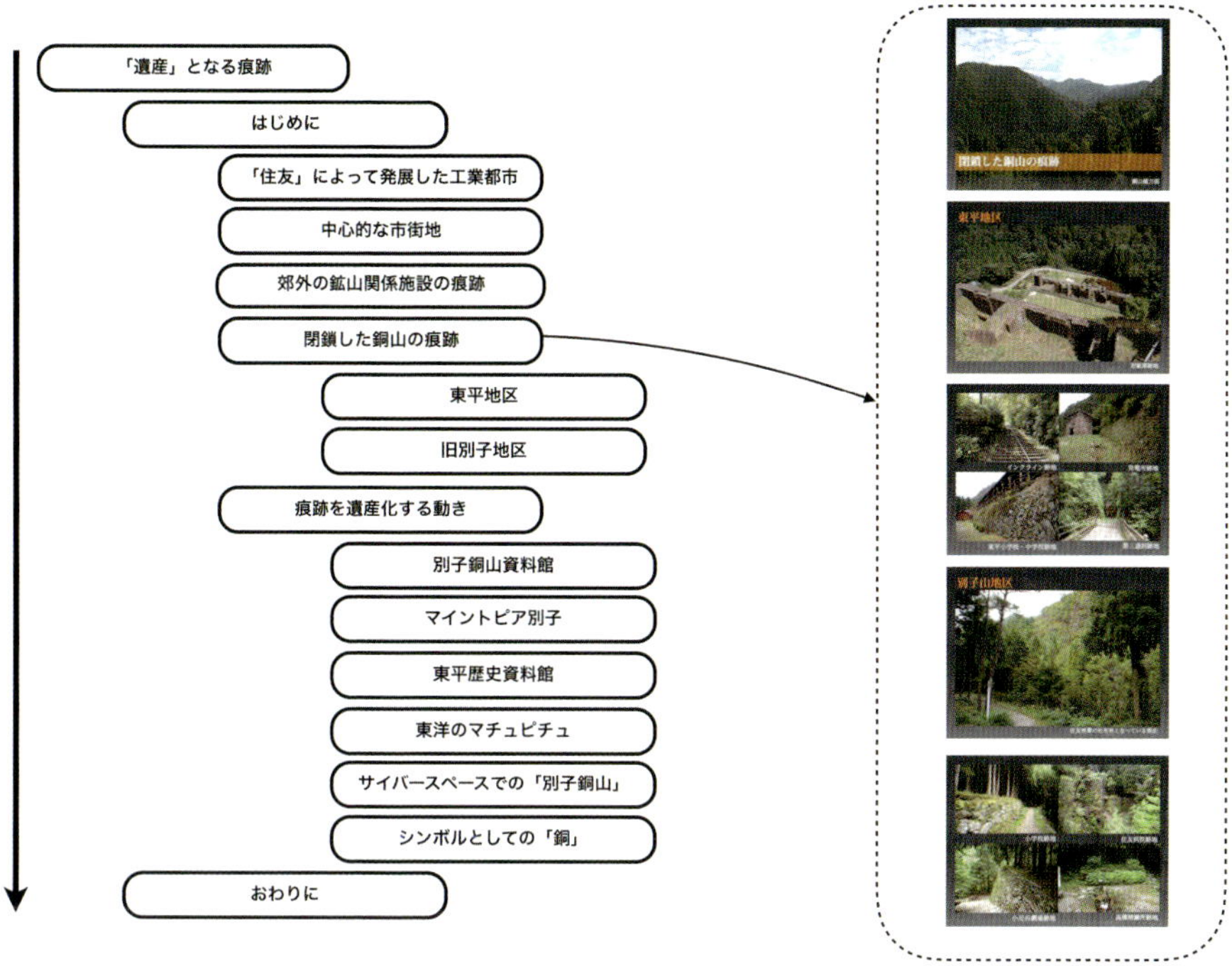

図2　作成したフォト・エスノグラフィーの構成

図3　下位分類の構成

コラム 15　風景をつくる，その風景をつくる（238 頁～参照）

写真　夜市八島幻燈夜会の 1 コマ
（アンコール上映の記録）

上写真：透過性の仮設スクリーンに映し出されるかつての風景と，それを眺める観賞者.
中写真：想起の場をつくりだすのは，ファシリテーターと観賞者の相互作用.

下写真：指をさしながら話す人，その声に耳を傾ける人，じっくりと見入る人．スクリーンを囲む振る舞いやしぐさもさまざま．スクリーンに映る風景は，スクリーンを眺める風景とともにある.
撮影：久保田美生.

（182頁から続く）

いる場合には、レンズがファインダーの中央に見えるようにカメラの向きを雲台で調整する。水準器を使う方法も考えられるが、カメラは水平に固定されていても、撮影台が水平でないことは往々にしてあるのであまり勧められない。

　対象物の大きさを記録するために短めのスケール（定規）を、そして色情報を記録するためにカラー・チャートを用意する。これらを資料の横に並べて画像に写し込むことで、カメラやレンズの性質にかかわらず、原資料の寸法と色情報を標準的な方法で記録することができる。厚みのある本などの資料の場合、紙面の寸法を記録するために、スケールはスペーサーに乗せて高さを調節する。資料が作る影を避けるために、カラーチャートも同様にスペーサーに載せるのが良いだろう。

撮影のテクニック

つぎに、以上で解説した機材や道具を使って、撮影を行う方法を解説する。とくに留意すべきことは、絞り、シャッタースピード、色味、照明である。

　絞りに関しては、一般的に開放から2～3段階絞った状態で、最も鮮明に撮影できる。絞りすぎると回折と呼ばれる現象が起こり、ピントが合う範囲は広くなるが解像力が失われる。絞りすぎには注意しなければならない。一方で、絞りを開きすぎても画像の周辺の解像力が低下する。適当な絞り値（F値）を選択する必要がある。全体にピントが合うように、f8-f16くらいの値に設定することが多い。

　シャッタースピードは、ブレを防ぐために125分の1は確保したい。ただし、蛍光灯以外の照明を選ぶことができない場合には、シャッタースピードが60分の1より速いと、フリッカー（蛍光灯の光のちらつき）の影響が出てしまう。そうした場合には、シャッタースピードを30分の1あるいは15分の1などに落とすほかない。その際はブレる可能性が大きくなるので、撮った写真をすぐ等倍に拡大表示するなどして、ブレの有無を確認しなくてはならない。カメラによっては、撮影機構の動作による振動の影響を抑えるための、ミラーアップ撮影機能、ディレイ撮影機能などがついたものもあるので活用すると良い。

　撮影開始時には必ずホワイトバランスをとる。撮影環境によって色温度が異なるので、適した設定をカメラ側で行う必要がある。たとえば、太陽光下での撮影に合ったホワイトバランスの設定のまま蛍光灯下で撮影してしまうと、緑がかった画像になってしまう。そのため、どのような場合でも必ずグレーカード（あるいはカラーチャートのグレー部分）を作業開始時に撮影しホワイトバランスをとる。RAW形式で保存できるカメラの場合には撮影後に調整することができるが、JPEG形式でしか保存できないカメラを使用する場合は撮影時にしか調整できない。取り扱い説明書を読んで、ホワイトバランスを手動で設定する方法を調べ、必ずホワイトバランスを決める。ホワイトバランス設定をオートにしておくと、資料の色味によって自動で補正されてしまうため、必ず手動で設定すべきである。

照明に関しては、光量を十分に確保することが原則である。ヒトの眼には十分と思える明るさであっても、複写には不十分であることも多い。光量が足りないとブレの危険性が高まるが、それを避けるために感度をあげると画質が低下してしまう。また、絞り値をあげることが難しくなるため、ピントの合う範囲が狭くなる。資料に書かれた文字などの可読性が低くなる危険性が出てくるのである。

理想的には、人工の光源としてストロボライトを二つ使用したい。資料にライトが映り込んで反射してしまうと質感が低下するため、ライトの位置と向きを調整する。一般的には、被写体に対して斜め45度の角度で、左右両側から照明を当てる（183頁の図2）。被写体に対する光の角度が大きくなると、ライトが映り込みテカリが出てしまう。逆に角度が小さすぎると光が当たりにくくなり、光量の確保が難しくなるだけでなく、望まないコントラストがつきやすくなる。二つのライトからの光量をそろえるためには、メジャーなどを使い被写体から等距離になるように設置する。また、本のように綴じられている資料の場合には、ノドに対して光を平行に当てなければ影ができてしまう（183頁の図3・図4）。ライトからの光は資料に直接当てず、傘に反射させたりトレーシングペーパーを通したりして、極端なコントラストがつくことを避けることが多い。傘やトレーシングペーパーを使う場合は、大きめの作業スペースが必要になる。これらを使わず、資料に直接光を当てると、質感は出やすくなる一方で、極端なコントラストがついたり光の当たり方が不均一になりやすいため注意する。

照明器具が使えない場合には、カメラや三脚などの影が資料に入らないように位置を決めることが非常に大切となる。天井に設置されたライトの下では、カメラの直上に光源があると反射してしまうためそれにも留意して位置を決める。こうした環境では、左右の光のバランスを調整することはあきらめるほかない。白い紙などを立てることで光を反射させ、光源がない側の光量を補ってやると良いが、テカりが出ないように被写体との距離に留意する。撮影スペースなどの問題で、許容できないほどの影や反射の影響がどうしても生じてしまう場合は、真俯瞰から撮影するのではなく、撮影台を斜めに立てるなどして斜俯瞰で撮影するなどの工夫をするのも良い。

自然光下では、時間が変わると太陽の動きとともに、光の量も向きも変化するため、可能であればこうした環境での撮影は避けたい。他に選択肢がない場合には、できるだけ短時間で撮影作業を終わらせるようにする。直射日光のような強い光を当てるのは避けつつ、均一で十分な光が入ってくる窓際などの位置を選ぶ。

以上のような作業をとおして、研究者が分析のためのモデルとして扱うことができる、デジタル複写画像が作成される。原本が稀少な資料であっても、その複写画像であればインターネット上で配布するなど広く共有することができる。また、コンピュータ上での加工が容易になり、肉眼では気づきにくい細部の解読、大量の資料の比較検討、パターン認識技術を使った分析の自動化なども可能となる。

文献複写は、左右両側からライトを当て資料を歪みなく撮ればほとんどの場合で目的に適う画像が得られる。だがそこにもう一手間工夫をすることで得られる画像はより良い物になる。また、撮影が困難な資料に出会ったときに、どう撮影するか頭を悩ませ、撮影を補助する道具を作ったりすることは大変楽しい。本章では一般的な複写の方法についてのみ説明したが、これを元に各自独創的な工夫をして、より良い画像を得て欲しい。

11 顕微鏡下を撮る

神経科学と写真術

宮本 道人
MIYAMOTO Dohjin

顕微鏡下のフィールドへ

さて、神経細胞の話をしよう。はじめに断っておかねばならないが、筆者はフィールドワーカーではない。実験室にこもってショウジョウバエ幼虫の中枢神経系をいじくり回している、神経生理学が専門の学生である。それゆえ、「顕微鏡のなかをフィールドに見立てまして、何卒」とぶっ飛んだ執筆依頼が来たときには、困惑を通り越して半日はニヤニヤが止まらなかった。しかし、「顕微鏡のなかをフィールドに」という喩えをよくよく考えてみると、これは現在の学問の流れとしてはごく正当なアナロジーなのではないか。

線虫の神経系のネットワークと映画俳優の共演関係ネットワークという一見かけ離れたものでも、点と線のグラフとして見れば共通の性質を持つように、フィールドワーカーのフィールドと顕微鏡の中も、レンズを通すことで共通する性質を発見できる可能性がある。とくに近年は画像処理の技術が分野横断的に発展してきており、「形態が写された画像」という括りで両者を比較することにより、双方の分野で方法論を参考にできる可能性も産まれるだろう。そこで本章では、筆者の研究をフィールドワークでの写真術と比較しながら紹介してみたい。いささか無茶な試みではあるが、フィールドワーカーの皆さまにはぜひ、研究の共通点・相違点を考えながら読んで頂けると幸いである。なお、以下で紹介する筆者の研究は、高木優氏、二木佐和子氏、松永光幸博士、高坂洋史博士、能瀬聡直博士との共同研究である。

「フィールド」に入るまで

考え、感じ、動く。動物がこれらの行動を起こせるのは、中枢神経（人間でいう脊髄と脳）・末梢神経から構成される神経系の働きに依る。筆者の研究を短くまとめると、この中枢神経系における「行動選択の回路メカニズム」に興味があるため、ショウジョウバエ幼虫をモデル動物にして、前進・後退をコマンドする神経細胞群の同定・機能解析を目指すものである。

幼虫の中枢神経系には神経細胞が十万個ほどひしめいており、これらを光学顕微鏡でそのまま観察しようとしても、ほぼ透明かつ密集している細胞の区別をすることは難しい。一部の細胞に何らかの印をつけ、それだけが目立って見えるようにする必要がある。神経科学の基礎もそのような考えから出発しており、シナプスで連結された非連続の神経細胞（ニューロン）群から神経系が構成されているという可能性は、神経細胞群をランダムに染色して観察することによって初めて示された。現代では、より選択的に、ある程度狙った神経細胞群の形態だけを知ることが可能になっている。

これをフィールドワークに喩えてみよう。ここであなたは、とある国の儀礼の特徴を調べている研究者だ。調査地の村に赴いたあなたは、まず、儀礼において全体に指示を出している仮面の司祭に着目する。人がごった返す儀礼のなかでその司祭を見分けるのは至難の業だが、あなたは司祭の髪に緑色の印を付けてもらうことで、司祭を人混みのなかでも見分けることに成功した。少々現実味の薄い喩えだが、イメージは掴めていただけたと思う。

では、この緑色の印に対応する神経科学のマーカーとは、いったいどのようなものか。筆者の研究では、蛍光タンパク質という、励起光を受けると蛍光を発するタンパク質をマーカーに用いている。「蛍光タンパク質」といってもピンと来ない方が多いかもしれないが、２００８年にノーベル賞をとった下村脩博士の話題を覚えている方は多いだろう。下村博士はオワンクラゲを大量に集めて、そこから緑色蛍光タンパク質を分離精製することに成功したのである。遺伝子操作技術を用いると、この遺伝子を他の生物のなかで働かせることができるため、緑色蛍光タンパク質は生物学で最も使われるマーカーの一つとなっている。

このマーカーを、いかにして神経細胞に適用するのか。筆者が研究に用いているショウジョウバエでは、特定の神経細胞を狙って任意の遺伝子を発現させる(任意のタンパク質を作らせる)ことができる「遺伝子発現システム」が発達している。「どの神経細胞に」「何のタンパク質を作らせるか」というそれぞれに対応する遺伝情報を持たせたハエ(それぞれ「GAL4系統」「UAS系統」と呼ぶ)を遺伝子操作により作製し、

GAL4系統とUAS系統を交配させることで、その子供のハエの神経系において「どの神経細胞に何のタンパク質を作らせるか」をある程度任意に決定できるのである。ショウジョウバエでは、これらの系統がたくさんの種類、作製・公開されているため、筆者の研究の場合では、「前進に関係する神経細胞を含むと思われる神経細胞群」に「蛍光タンパク質」を作らせる、ということが可能である。

ここまでで、「フィールド」に入る準備が整った。いよいよ、筆者の「フィールド」と「写真術」を紹介していきたい。

「フィールド」における「写真術」

まず、ショウジョウバエ幼虫（184頁の写真1）をシリコンプレート上に虫ピンで留め、生理食塩水中で背側正中線に沿って切れ目を入れ、体壁を両側に展開し虫ピンで固定し、内臓を取り去る（写真2）。剥き出しになった中枢神経系から体壁に伸びている神経束を注意深く切断し、単離した中枢神経系を近傍に配置した無色透明の両面テープの上に貼り付けて固定する（184頁の写真3）。ここが、筆者のフィールドだ。驚くべきことに、中枢神経系は単離された状態でも神経活動を持続しており、共焦点顕微鏡下で水浸レンズを用い拡大し、ピント面をレーザー光でスキャンすることで、蛍光タンパク質を持った神経細胞群の形態を画像として取得することができる。これを三次元方向に重ねることで、神経細胞群の立体構造が再現される。

この「神経細胞を画像として撮影する」ということは、研究において何の意味を持つのか。本稿では一つの視点として、「静」と「動」、すなわち静止画と動画という二項対立を導入し、先ほど喩えに用いた儀礼の構造を調べるフィールドワークと比較しながら、意味を考えてみる。

あなたは儀礼を映像で撮影して解析することで、仮面の司祭が誰にどのような指示を出して儀礼が動いているか、儀礼における人間の関係性を読み取ることができるだろう。しかし映像だけでは、司祭の仮面の細かい模様の全体像を把握することは難しい。その点写真を用いれば、儀礼が終わった後、司祭や参加者の仮面を撮影させてもらい、模様を比較することが可能である。ここから意外な人物が司祭と似た模様の仮面を被っていて、その人物がじつは違う儀礼では司祭と同様の役割を担っていた、などということがわかるかもしれない。また、仮面の正確な形状を三次元的に解析できれば、製作に使われた道具の特性や作者の癖も推測でき、来歴を他の仮面と比較することもできるかもしれない。同様に、

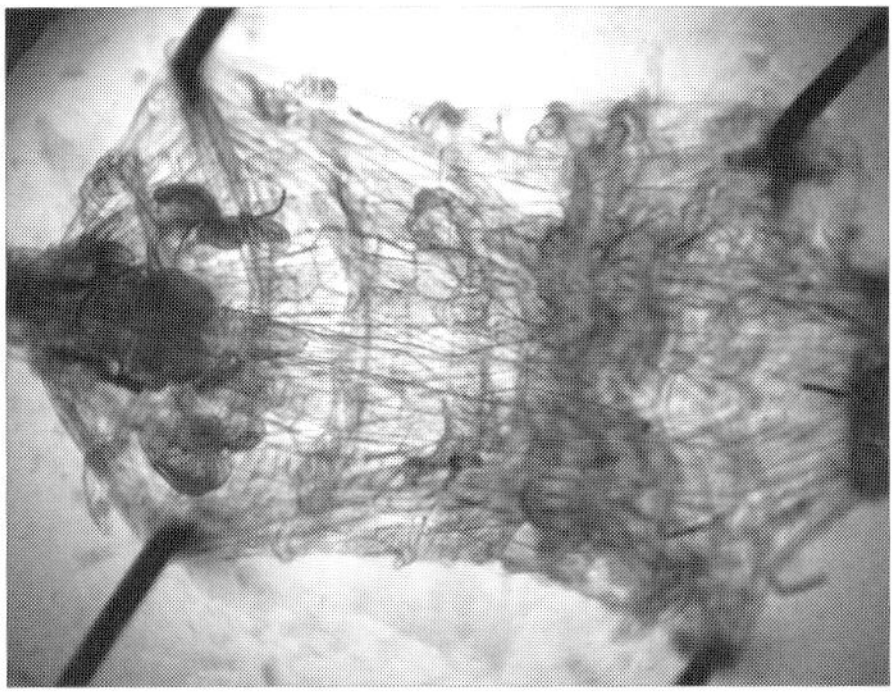

写真2　解剖したショウジョウバエ幼虫
左が頭側．この状態でも，前進・後退に対応した筋収縮の波が生成する．

神経科学でも「静」と「動」の研究が互いに補完的な役割を果たしている。以下、具体的に説明する。

筆者の研究では、中枢神経系の神経活動を顕微鏡下で動画として録画している。そこでとくに「前進に関係する神経細胞を含むと思われる神経細胞群」のなかから、「運動神経細胞群の前進パターンと同期して活動する神経細胞」を発見できれば、それが「前進に関係する役割を持つ神経細胞である」ということが示唆される。しかし、神経細胞の正確な形態は蛍光タンパク質を用いて画像として取得しないとわからないし、より細かい形態や神経伝達物質の種類まで知るためには、ホルマリン処理をした後に抗体を用いて染色する（184頁の写真4）必要がある。つまり、「静」の状態を把握するには、「動」を知る際とは別のプロセスが求められる。

このような神経細胞の「写真」から得られた情報は、神経細胞間の機能的な相関図を描いてゆく上で重要な役割を果たす。アメリカのJanelia Research Campusにおいては、共焦点顕微鏡よりも細かい形態の観察に適する電子顕微鏡によって中枢神経系の画像が連続切片として取得されており、共同研究事業に参入して仮想三次元空間内でこれを再構築することで、神経細胞の投射やシナプス構造が解析できる。一般的に無脊椎動物では、神経細胞の位置や形態、生理的特性を手がかりに、同じ神経細胞を他の個体内でも同定することが可能なため、自身の撮影した神経細胞の形態をシステムの画像と対応づけることで、該当する神経細胞はどのような神経幹細胞からできたのか、どのように他の神経細胞と繋がっているか、などの情報が得られる。どうだろう、個々の要素の来歴や要素間の関係性がわかるという点では、儀礼の喩えそっくりではないか。さらにこのシステムの凄いところは、インターネット環境さえあれば、世界中どこからでも作業が行えることだ。顕微鏡下のフィールドに入るには、現地にいる必要はない。こうして「静」から得られた情報と、神経細胞の活動パターン「動」から得られた情報。両者の合わさった先に、神経回路メカニズムの包括的な解明が期待されるのだ。

次に、神経細胞の画像を、研究においてどう利用してゆくか、見ていこう。

「フィールド写真」の活用法

ここで一旦、筆者の研究の全体像を俯瞰しておきたい。前述の通り、ショウジョウバエでは、特定の神経細胞群に任意の遺伝子を発現させることのできる多くの「GAL4系統」が作製されている。筆者の研究では、このGAL4系統を専門機関のストックセンターから大量に取り寄せ、大まかに以下のような流れで研究を進めている。

GAL4神経細胞群を非侵襲で活動操作した際に前進／後退に影響が出る系統を探す。
→その系統のGAL4神経細胞群の形態を知る。
→神経活動を動画で観察し、運動神経細胞群の前進／後退パターンと同期して活動する神経細胞を探す&一部の神経細胞を活動亢進し、運動神経細胞群に前進／後退パターンを誘発させる神経細胞を探す。
→電子顕微鏡画像と対応を付け、その神経細胞の来歴や繋がりを調べる&形態が似ている神経細胞をウェブ上のデータベースから探す。
→似た形態のGAL4神経細胞を含む系統や、それと繋がっているGAL4神経細胞を含む系統を取り寄せる。
→取り寄せたGAL4系統に対し、ここまでのプロセスを適用する（以下繰り返し）。

一連のプロセスにおいて、神経細胞の「写真」はあらゆる場面で参照される。たとえば、「一部の神経細胞を活動亢進し、運動神経細胞群に前進／後退パターンを誘発させる神経細胞を探す」ときには、GAL4神経細胞群の画像を撮影し、リアルタイムで画像を参照しながら、このうちの一部の神経細胞群だけをレーザー光で狙って局所的に活動亢進する（写真5）。儀礼の比喩に再び立ち戻って、ある儀礼で仮面の司祭が三人いるが、誰が重要な役割を担っているかわからないという状態を想像して欲しい。三人の仮面は似ていて、現地の住人には見分けがついているようだが、あなたの肉眼では見分けがつかない。しかし、三人を写真に写せば、その場で細部を観察することができ、仮面を見分けることができる。こうすればあなたは、アイデンティファイした司祭それぞれに声をかけ、儀礼に果たす役割を調べることができるだろう。

ここで重要なポイントは、「写真に写っている形態」と「フィールドにおける機能」が対応づけられたということである。筆者の研究は、以上のように形態を起点にして、着目する神経細胞をさまざまな要素――機能、来歴、他の神経細胞との繋がり、遺伝子、GAL4系統など――と対応づけることによって成り立っている。ショウジョウバエにおけるこのような情報は、論文が出版されると随時、GAL4系統のストックセンターが運営するウェブ上のデータベースにまとめられる。

では、最終的にはっきりと「この神経細胞が前進にこんな役割を果たしている」と言えると、何に役立つのか。ショウジョウバエは多くの遺伝子が人間と似た機能に対応しており、また定型的な運動パターンを生み出す神経回路の基本構造は生物種の間で大部分が共通していると考えられている。筆者の研究が完成すれば、種を越えて運動機能の解明に寄与することができるかもしれない。ショウジョウバエ幼虫の神経細胞の「写真」は、フィールドの枠を飛び出して大きく広がる可能性を秘めているのである。

実験室化する世界と、安楽椅子《アームチェア》のフィールドワーカー

以上、神経科学における「写真」の意味を論じてきたが、これをフィールド写真の在り方と重ねあわせたときに生まれる近未来の研究の可能性について、最後に少々妄想じみた私見を記しておこう。

かつて顕微鏡下での科学は、顕微鏡写真撮影法の開発で「見えたもの」の客観的シェアが可能になったことにより、信頼度や進展スピードが大きく上がった。フィールド写真も、今後研究過程で得られたデータをすべてウェブ上のデータベースに公開し、誰もがそれを解析できる時代が来たとき、飛躍的に重要度が上がるだろう。いまの考古学の現場ではまだ実測図を手書きしているのが一般的であると聞くし、他の人文系分野でも写真より肉眼メインの観察が尊重されているとは思うが、いずれはどの分野でも、写真解析や3Dスキャンを用いた研究が増えてゆくはずだ。たとえば、パキスタンのハザラ大学と日本の南アジア文化遺産センターの合同調査団は、ガンダーラ遺跡の仏塔や仏像の3D画像化を始めている。このデータを日本の株式会社ラングが処理することで、表面の劣化で判読が難しくなっていた碑文や岩刻画の読み取りができるようになったという。

さらに、人工知能の画像解析技術が発展すれば、考古学における型式学的研究法や、写真分野における類型学は、ある程度自動化されるだろう。また、3Dプリンタやヴァーチャルリアリティが一般化すれば、取得した形態を現実や仮想現実空間内に複製し、触れることさえできるようになる。そんな時代において、フィールド写真の在り方は根本から変わらざるを得ない。

被写体の芸術性・技術レベル・作製過程などが画像から定量できると、他の被写体との類似度を比較することで、ミーム変異を遺伝子変異と同様に、数値解析的に扱うことが可能になる。司祭の仮面の喩えで言うと、未来の研究者は、儀礼で撮った写真やスキャンした仮面の形態をウェブ上のデータベースにアップロードするだけで、他の人が他の地域で他

の時代に撮ったデータ（それは一般人の「自撮り」かもしれない）との類似度を比較できるということだ。そこからは仮面デザインの空間的・時間的な伝搬が拡散方程式的に理解できるかもしれないし、ある地域の儀礼という「環境」からその仮面の「発生」と他地域に広がる際の「進化」を捉え直す生態進化発生学的な考察もできるかもしれない。あなたが生み出した論文はデータベースにフィードバックされ、仮面の機能、来歴、他の仮面との繋がり、博物館にある現物のウェブカメラ閲覧などの項目がますます充実することになる。そのような枠組みを整えるときにこそ、ここまで書いてきた神経細胞の「写真」の扱いが参考になるはずだ。

写真5　局所神経活動操作・多神経活動測定の実験系

左下は，単離した中枢神経系を静置したプレートと水浸レンズ．そのうえに共焦点顕微鏡があり，神経活動測定用と神経活動操作用の二つの光路が設置されている．神経細胞ＡＢＣのなかからＡと運動神経細胞群の前進・後退パターンの関係が知りたい場合，まずＡＢＣの形態をスキャンする（中央モニター）．次にその形態からＡだけに，神経活動亢進用のレーザー光照射領域を設定する．そして，運動神経細胞群の活動イメージングを右モニターに表示して録画しながら，Ａを亢進すれば，Ａが前進・後退にどのように影響するか推論できる．

次の段階にはおそらく、神経科学と人文科学が直接結びつく時代が訪れる。たとえばフィールドで撮影したモノの形態情報を人工知能に与え、同じモノを作らせるシミュレーションを実行することで、アートやデザインの認識・製作に対応する神経回路のタイプがわかるかもしれない。比較芸術学であれば人種によるモノの見方の違いが、認知考古学であれば進化過程における知能レベルが明らかになる。また、ＤＮＡシーケンサーや脳機能イメージング装置が小型化されれば、生物学的データを写真と紐付けることも可能になる。

いつか神経科学のフィールドは、屋内から屋外へ出られるように変わってゆくだろう。逆にフィールドワーカーのフィールドは、屋外から屋内へと比重を移してゆく。

実験室化する世界と、安楽椅子のフィールドワーカー。写真はその狭間において、フィールドの事物をフィールドから引き剥がし、一種のデータ生態系に取り込むためのツールとして機能するのではないだろうか。ルイ・ダゲールはカメラの前身であるダゲレオタイプの発明に際し、こんなことを書いている。「ダゲレオタイプは、自然の描写に役立つだけの道具ではない。それは自然に自己複製する力を与える、化学的で物理的なプロセスなのである」。

4章「人物を撮る」つづき（**98**頁参照）

写真**32**　竹富島の子ども

子どもや小動物を撮影する際には，できるだけ低い位置で構える．秋山裕之撮影．

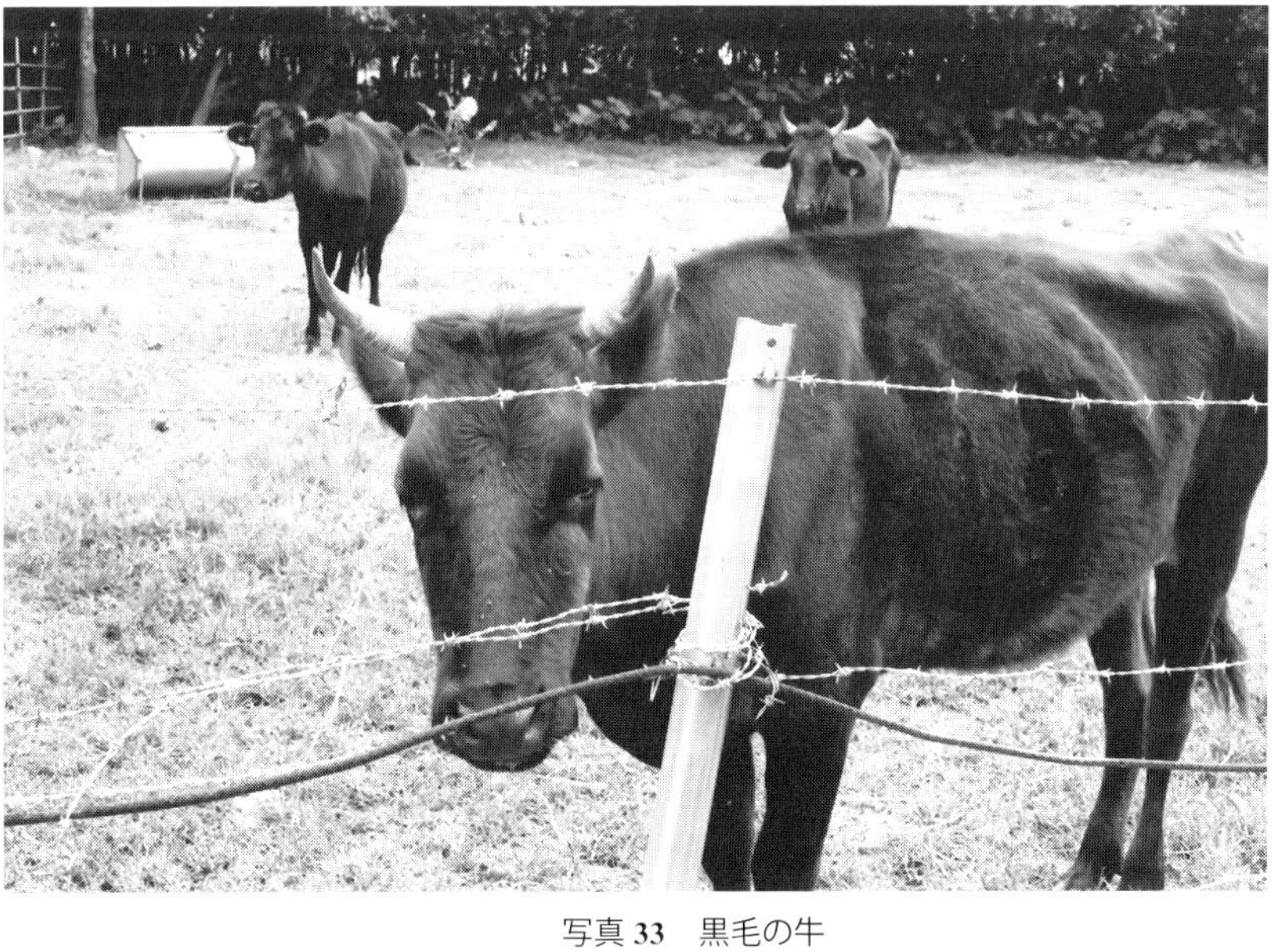

写真**33**　黒毛の牛

もう少し低い位置で撮りたかったが，右後ろの牛の顔が写るようにした．秋山裕之撮影．

Part III

写真を使う

本書最後のパートでは、フィールドワーク後の写真の活用に関する具体的なノウハウに焦点を当てた。撮ってきた写真を、より効果的で目を惹くものに仕上げることができるとするならば？ デジタル写真の現像やレタッチは最後の仕上げの意味でとても大切だ。こうして出来上がった写真の活用には、論文で使用することのほか、ウェブなどでの配信や、新たな資料（民族誌など）として提示したりなど、他者への多様な開示のあり方が含まれるだろう。現場での臨場感を伝える写真の数々の可能性を引き出す技術や方法論を詰め込んだ。写真でつながる世界へ一歩を踏み出そう。

12 現像・RAWデータ・プリント

正確かつ魅力的なアウトプットに向けて

小西公大
KONISHI Kodai

デジタル時代の現像

本章では、実際に撮影した写真を活用するための方法をみていこう。まずは撮影した写真を現像するところから始めたい。

フィルムカメラの時代だったらば、現像という言葉はすんなりと理解できただろう。撮影が終わり、巻き上げられたフィルムロールが手元に残る。このなかに入っているフィルムは、光にさらされて真っ黒に「感光」している状態だ。これをプリントすることのできるネガへと変えること、これが現像である。

より詳しく述べると、現像前には隠れている感光乳剤のなかにある潜像を、現像液に浸すことで可視化すること、となる。ただし、現像しただけではネガ画像の状態なので、映し出された明暗が逆になっている状態だ。これを印画紙に焼き付ける（プリントする）ことで、初めて明暗が正しく映し出された写真が完成される。しかし、カラーフィルムにはネガ画像になるネガフィルムとポジ画像になるリバーサルフィルムの双方があるので注意が必要だ。リバーサルフィルムは、現像過程で反転現象が起きるため、撮影された色調がそのまま映し出された陽画（ポジ画像）がそのまま得られるものだ。フィルムをマウントなどに入れて、そのまま映写機で映し出すことができるので、スライドフィルム、などという場合もある。

さて、これらは銀塩カメラで撮影されたフィルムの話であるが、デジタル時代の今、現像なんて必要あるのだろうか？　そもそも現像という言葉で正しいのだろうか？　という疑問が生まれるだろう。じつは

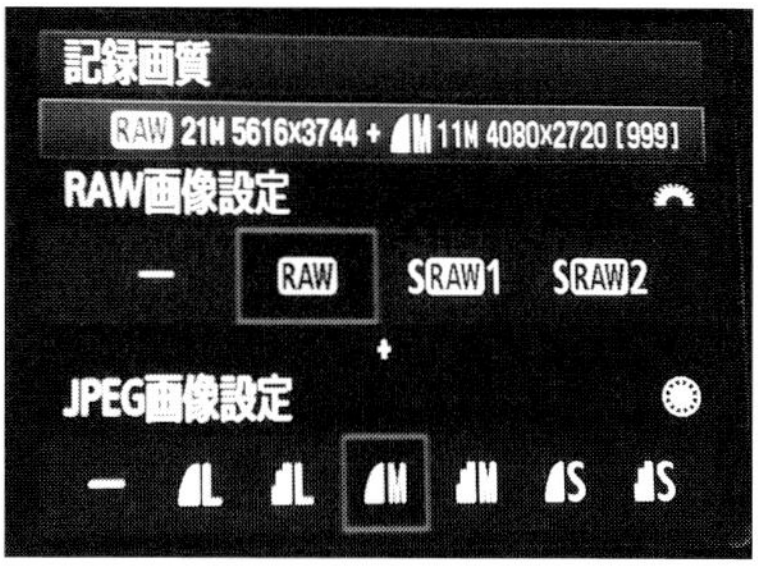

図1　ファイル形式の選択画面
RAW形式とJPEG形式の両方で保存する設定にしている.

デジタルカメラ時代における現像とは、旧来の意味での現像ではなく、生データを加工処理したり調整したり変換したりすることを指すのだ。

RAWデータ保存のすゝめ

加工前の生データのことを「RAWデータ」という。RAWとは英語の「生」の意味からきている。つまり撮像センサーから得られた情報をカメラ内部で加工せず、そのままに近い（生の）状態で保存されたデータ、という意味だ。現在では中級機以上のカメラではほとんど、このRAWデータで保存できる機能が搭載されている（図1）。

ここで、JPEGデータの説明もしておかなければならない。デジタルカメラを使用している人の多くは（携帯で撮影している人のすべては）、JPEGデータで画像を保存しているだろう。このデータ形式は、カメラの内部にある処理装置によって、色合いやコントラストなどの調整や、ノイズの軽減などの処置がなされ、かつデータ容量を軽くするために圧縮された状態で保存されるものだ。つまり、すでに「現像」が済まされた完成版として、われわれはJPEG画像を手にしている。そのため、露出の計算に失敗してアンダーやオーバーに振れてしまった画像（黒つぶれや白トビなどの目立つ画像）は、JPEG形式の場合は修正がとても難しくなってしまう（それでもあきらめたくない方は次の13章を参照のこと）。黒つぶれや白トビの部分の情報が圧縮の際に消去されてしまった状態で「現像」が完了しているからだ。これを「非可逆圧縮」と呼んだりする。

それに比べてRAWデータの場合は、露出の振れ幅が大きい場合でも、センサーで得られた限りの情報をすべて保持しているため、レタッチソフトなどで調整が可能となる。つまり、RAWデータは、未加工のまますべての情報を保持したままの「生の」状態なので、ホワイトバランスから露出補正、色合いや雰囲気の調整などを事後的に自由に変更することができるほどに多くの情報を保持しているのだ。具体的には、RAWデータはセンサーが感知した各色12ビットの情報を保持しているが、JPEGデータは各色8ビットの色情報に削減されており、かつサイズ圧縮のためにデータを多く間引いてしまっている。失敗の許されないシーンや、後に多様なレタッチ処理をすることを前提とした写真を撮影するなどの場合、RAWデータでの撮影が推奨されるのは以上のような理由からである。もちろん、プロカメラマンはRAWデータでの撮影が基本となっている（と聞いている）。カメラによってはRAWとJPEGの両方の形式で記録することもできるので、ぜひ試してほしい（図1）。

具体的に見てみよう（185頁の口絵）。写真1は、夜の公園を写した一枚だ。光量が足りないため、シャッタースピードを稼ぐために多少アンダーで撮影したところ、暗い写真になってしまった。このような時に、RAWとJPEGの両方で保存しておいたことが功を奏す。写真2がRAWデータから光量を補正した写真である。写真1よりも全体像がはっきりし、ジャングルジムの存在感や空の質感も向上した。

写真3は、JPEGデータ（左）とRAWデータ（右）の補正後の写真を比べたものだ。わかりやすいように、光量が最も足りなかった右下のジャングルジムの足元部分を切り取った。RAW画像から補正した場合に、地面に映し出されたジャングルジムの鉄骨の影や、地面にうっすらと生える草や苔の質感まで再現できている状況がおわかりになるだろうか。

このように、RAWデータでの撮影はいいこと尽くしなのだが、いくつかデメリットもあるので、簡単に触れておこう。まず、RAWデータはその情報量の多さから、必然的にデータサイズが大きくなってしまう。したがってJPEG撮影に比べて記録（書き込み）に時間がかかってしまうため、連写などにはあまり向いていない。また、当然記録媒体の容量も大きなサイズにしておく必要がある。パソコンでの処理も通常よりは時間がかかってしまうだろう。さらにRAWファイルはカメラメーカーが独自に作成した規格で成り立っているため、ＰＣに初期インストールされているような一般的なビューワーや画像ソフトでは開けないことが多い。つまり、各社の規格に沿ったRAWファイルに対応しているソフトウェアを入手する必要があるのだ。通常中級機以上のデジタルカメラを購入した場合には、すべての規格のRAWデータに対応したビューワーやレタッチソフトが同封されているので、安心してほしい。もし本格的に現像作業をしたいのであれば、Adobe社のPhotoshopやLightroomを使用するといい。ワンランク上の作品作りができるだろう。

各社の規格によってバラバラの仕様となってしまったRAWデータであるが、それらに互換性を持たせるべく、Adobe社がDNGという規格を提唱している。これはDigital Negativeの略で、拡張子も「.dng」となっている。そのままDNG形式で保存してくれるカメラもあるようだが、大抵はRAWのさまざまな形式からDNG形式へと変換し、使用することになる。レタッチソフトの定番であるphotoshopなどもこの形式を扱うことができる。

RAW現像の世界へ

では、具体的に現像とは何をするのだろうか。狭義にRAW現像とは、生データを他の画像データ形式（たとえばJPEGやTIFFなど）に変換することを指す。ただし、この変換作業の際に明るさや色味、画質などを調整することができる。したがって、RAWの現像には、いわゆる「レタッチ（写真加工）」の側面も入っている。

レタッチには、画像の形状やサイズを変えたり、トリミングしたり、色調やコントラストの調整、画像の合成、不用物の除去など、さまざまな加工技術が含みこまれる。この中で現像と深くかかわっているのは色調補正に関する部分だろう。

色調補正には、「ホワイトバランスの補正」「露光量の補正」「コントラストの補正」「彩度の補正」などが主としてあげられよう。

（1）色味の補正（ホワイトバランス補正と色調補正）

2章でも簡単に説明したが、ホワイトバランスは実際に目に映る世界の色を偏りなく再現するために必要な「色温度」のことだ。補正の段階では、カメラの機能にも搭載されている「プリセット」によって簡単に行う方法と、正確に「色温度」の数値で設定する場合の2種類がある。プリセットには、「昼光」「曇天」「日陰」「蛍光灯」「白熱灯」などが設定されているため、撮影のシチュエーションに沿って設定してみて、効果的なホワイトバランスを選択しよう。色温度は、低い場合には赤っぽく暖かな色調に、高くなればなるほど冷たい青みのある色調になる。ここで注意しなければならないのは、ホワイトバランスでは「寒色（青系）」と「暖色（赤系）」のバランスを調整することしかできないことだ。全体の色味の調整には「色調補正」で行うことになる。そこでは、色相や彩度（鮮やかさ）などが自由に変更できる。

（2）露光量の補正

露出に失敗してしまった写真でも、RAW画像なら事後的に露出補正をしても情報量が多いのでしっかりと復元できる。各社のレタッチソフトでは、「明るさ」や「露光量」などの機能が付いているので、補正をカメラでの設定と同様に「+1」や「-1」などのように設定すればいい。バーをスライドさせていくだけで、プレビュー画像が変化していくので、感覚的に調整しよう。

もう一つ、露光量の補正や色調補正を行うことのできる「トーンカーブ」機能についても触れておこう。機能を立ち上げると、初期状態では右上り45度の直線が表示されるだろう（図2）。この直線の中央にポインタを持って行き、上下にドラッグするこ

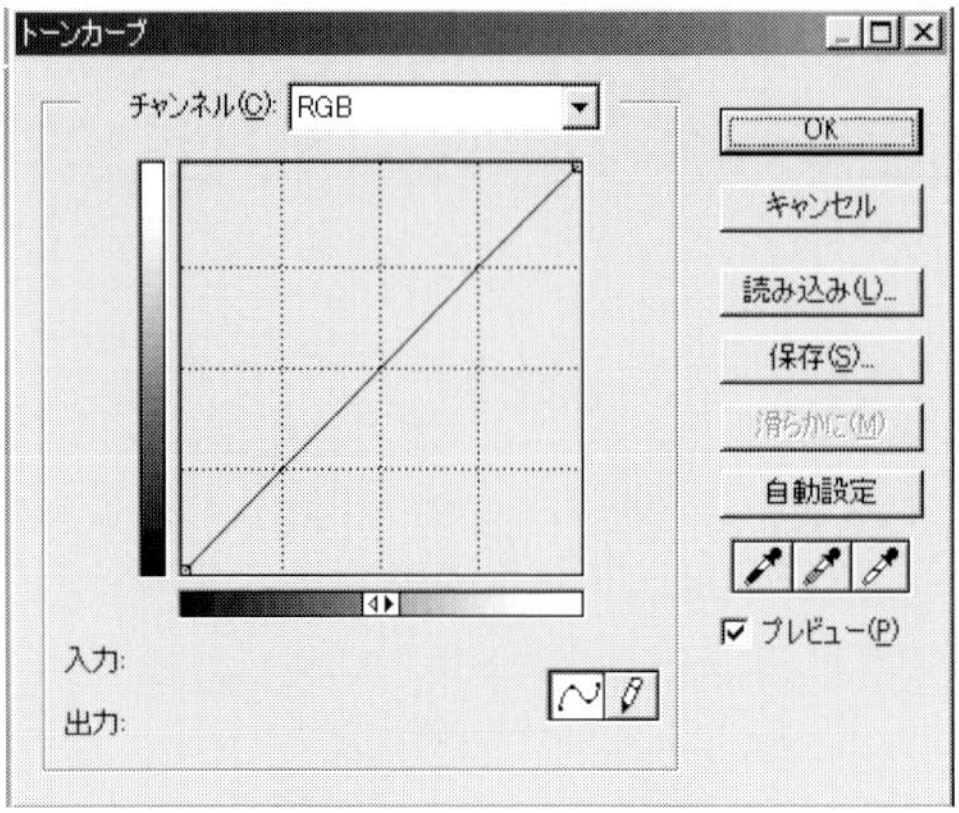

図**2**　トーンカーブのウィンドウ

とで全体の露光量を調整できるのだ。明るく補正する場合は上に、暗く補正する際には下にドラッグするだけでいい。ハイライト部分の明暗を調整する場合には右上あたりのポイントを上下させ、逆にシャドウ部分の調整は左下を動かそう。

その他「レベル補正」や「コントラストの補正」などの方法もある。とても簡単な補正作業なので、次章（13章）を参照しながらやってみよう。

（**3**）保存：現像の最終段階

最後にRAW画像の保存を行う。これで「現像」は終了だ。元データは残しておきたいので、プルダウンメニューから「別名で保存」もしくは「名前を付けて保存」を選ぼう。表示された保存ウィンドウで、保存したい画像ファイル形式を選択し、保存先を選択して保存すれば完了だ。ファイル形式は圧縮がかかるJPEG形式か、非圧縮のTIFF形式かで分かれるところだ。TIFFの方が再現性が高く、画質も滑らかになる傾向にあるが、情報量が多いためRAW画像よりデータ容量が大きくなってしまうこともある。バックアップが大変なので、ファイル形式は適宜用途に応じて選択しよう。

正確なプリントに向けて

フィルムカメラで撮影された写真（ネガフィルム）のプリントは、まさに作品の仕上げの最終段階であり、ここで色調の調整、硬調や軟調などのコントラストの調整、色の濃度の上げ下げなど、デジタル画像のレタッチ作業と同様のことを行うことになる。印画紙がどのようなものか、露光や定着にどのくらい時間をかけるかなどによって、出来上がる作品がまったく別のものになるため、フォトグラファーにとってはきわめて重要な作業である。しかし、デジタル時代にあっては、これらの作品の出来は、プリント前の「現像」、つまりレタッチ作業の際にほぼ完成しているので、プリント作業は純粋に作品のアウトプットが正確にできるかどうか、という問題が重要となる。

作品のアウトプットの正確さというのは、さまざまな要因によって左右されるので、一概にいうことはできない。モニターに映し出された写真と、プリントアウトされた写真が、感覚的に近いと感じるのであれば、それが最も正確ということになるだろうが、ことはそう簡単ではない。レタッチを行ったソフトウェア、画像を映し出す液晶モニター、写真の解像度、アプリケーションもしくはプリンタードライバーに搭載されているカラーマネージメント機能、印刷する紙の質（光沢紙かマット紙か）など、写真のプリントアウトにはさまざまな要因が重なって最終的な作品が完成する。

もしあなたがフィールドワーカーもしくは研究者ならば、作品をプリントアウトして提示する機会がそれほど多くないかもしれない。アウトプットの部分は、写真が掲載されている論文やエッセイなどを印刷する出版社や印刷会社が担当するし、学会や研究会での発表の際はPCやそれを映し出すプロジェクターがアウトプットの役割を果たす。したがってプリントに最大限の精密さを求める必要はないのかもしれないが、ここでは以下の2点に注意してもらいたい。

まずは、ピクセル数（pixel）と解像度（dpi）の関係である。ピクセルというのは画素の最小単位のことだ。これが、画像素子の特定の範囲のなか（たとえば35㎜フィルムで映し込まれる部分）で何個存在するかによって、画質の質が変わってくる。もちろんピクセル数が高ければ高いほど情報量が多く、なめらかで繊細な画像となる。このピクセル数の多さを表す用語として、画素数というものがある。200万画素で例えると、その画像素子の範囲内に1600×1200個のピクセルがあることになる。一方、解像度とは、1インチ（約2.5センチ）のなかに何個の点（ドット）が並んでいるかを示す単位だ。ドットは、ディスプレイやプリンタなどが表現するハードウエアの「点」であり、ピクセルは、画像情報が持つ、ソフトウェアの「点」ということになる。この二つの単位によって、印刷に適した紙の大きさや出来上がりがだいたい想像できる。解像度dpiを（たとえば72dpiから200dpiへ）上げても、本来画像に含まれるピクセル数が同じなので、粗いプリントになってしまう。写真印刷は300dpiが基本となることが多いようだが、そこに含まれるピクセルの数こそが、出来上がりを左右していると言っていい。印刷サイズによって適度な解像度と画素数が存在するのだ（表1）。

カラー処理（色補正）

最後に、色補正について触れておきたい。前述の通り画像の表示、レタッチ・編集、変換、出力などの過程を経る段階で、作品の色調や質などが変化していく。ソフトや機材によっても正確に色調やコン

表1　画素数に適したプリントサイズ（例）

画素数	ピクセル	プリントサイズ
200 万画素	1600*1200	L サイズ
300 万画素	2048*1536	KG サイズ
400 万画素	2304*1728	2L サイズ
500 万画素	2560*1920	2L サイズ
600 万画素	2816*2112	8 切〜 6 切
700 万画素	3072*2304	8 切〜 W6 切
800 万画素	3456*2304	W6 切〜 4 切
1010 万画素	3648*2736	W4 切〜 半切
1280 万画素	4368*2912	半切
1470 万画素	4672*3104	半切〜全紙
1660 万画素	4992*3328	全紙
2100 万画素	5616*3744	全紙〜

トラストを調整していくことはなかなかに難しい。これを調整し、すべての色調を正確に再現するために、カラー・キャリブレーション（もしくはCMS、カラー・マネージメント・システム）というものがある。これは、カメラやモニター、プリンタなどのデバイスなどの別によって異なってしまう色調を統一的に管理するものだ。この色調管理の基準を設定しているのが、インターナショナル・カラー・コンソーシアム（ICC）と呼ばれる団体である。ICCの標準規格は現在「バージョン4」となっており、制作から印刷まで、色の再現性が保てるように、ソフトウェアやOS、デバイスを超えて管理できるように設定されている。この基準に合わせた形で出力（プリント）するためには、画像を制作したアプリケーションから、もしくはプリンタのドライバーから設定する必要がある。多くの場合は「カラー処理」というプルダウンメニューからカラー管理をすることになる（プリント設定画面の詳細オプションなどに入っていることが多い）。たとえば、AdobeのPhotoshopで制作し、Epsonのプリンタで出力する場合は、プロパティ画面の色補正のプルダウンメニューから「Epson 基準色（sRGB）」もしくは「Adobe RGB」を選べば良い。この二つがICC標準規格に基づいた色調であり、かなり正確にモニターに映る画像を出力してくれる。

以上の2点を踏まえれば、プリントの問題はほぼ解決されるのではないだろうか。次章ではプリント前の制作の段階、つまり現像の要であるレタッチの世界へと進んでいこう。

13 補正・レタッチ・リサイズ

JPEG画像を諦めない

秋山裕之
AKIYAMA Hiroyuki

JPEG画像の見栄えを良くする

RAWで撮影した場合は前章で述べたように撮影後の補正の自由度が高く、画質を変えずに明るさやコントラストやホワイトバランスや色調を変更できる。しかしRAW撮影は1ファイルごとの容量が大きくなるほか、記録時間もかかるため連写のためには高速書き込みが可能な記録メディアを用意する必要があるなどの制約もあり、JPEG形式での撮影だけにとどめたい人も多いだろう。

フィールド撮影は撮り直しの効かない一度きりのものであるケースが多々あるため、重要なシーンの撮影はできるだけRAWで撮影することをお勧めする。しかし、通常JPEGのみの撮影を設定している場合に、必要に応じてRAWも残すようにその都度設定を変更する手間をかけるのは現実的でなく、結果的に重要な写真も含めてJPEG形式でしか撮影されていないことが常態であろうと思われる。

JPEG形式の画像はRAWとは違って完成画像の色調データを捨てて圧縮したものであるため、明るすぎたり暗すぎたりする写真を、画質を変えずに適切な明るさに変更することはほぼ不可能である。とはいえ、ある程度の補正であればJPEG形式の画像に対しても有効である。本章ではJPEG形式の画像であっても、少し手を加えるだけで資料的価値が高まることを示したい。われわれフィールドワーカーはあくまでも写真については素人であり、画像補正ソフトにもあまり精通していない。できるだけ簡便で初心者でも容易にできる方法を紹介する。

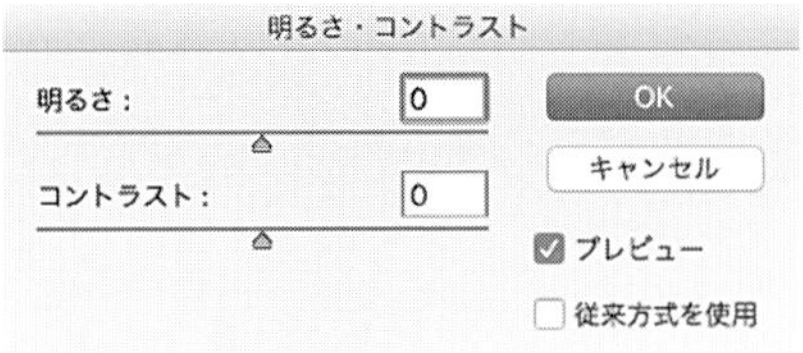

図1 「明るさ・コントラスト」のダイアログボックス

明るさとコントラスト

デジタルカメラを用いて強い日差しの屋外で撮影した写真は、実際よりもくすんだ状態になりやすい。そのような画像を鮮やかなものにする方法として、コントラスト調整がある。これは画面全体のコントラストすなわち明暗差をおおざっぱに変更する機能である。

「コントラストが高い」とは明暗差が強く出ていることを意味し、明るい部分は白く飛び、暗い部分は黒く塗りつぶされがちになる。逆に「コントラストが低い」とは明暗差が小さい状態を意味し、画面全体が中間調でめりはりのないものとなる。くすんだように見える写真（186頁の写真1）はコントラストが低く、ホワイトバランスが取れていない（白いものが白く写っていない）のである。ホワイトバランスを変更できないJPEG形式だからといって諦めるのはまだ早い。見た目に自然なように補正する手段があるのだ。

Adobe Photoshop（以下、本章では本ソフトウェアを用いることを前提とする）には「明るさとコントラスト」という機能があり（図1）、明るさとコントラストを別々に変更できる。ただし暗すぎる画像を明るくしたり、明るすぎる画像を暗くしたりしても望む画像は得られない。簡便な方法としては「自動コントラスト」を用いることである。これは元画像の色調はそのままに画面全体のコントラストを調整してくれる機能であり、くすんだ写真を簡単に鮮やかにしてくれる（186頁の写真2）。

トーンカーブとレベル補正

自動コントラストはたいへん便利であるが、色調には影響しない。色調も修正したい場合にはトーンカーブを用いるとよい。また、レベル補正は画像全体の色調やカラーバランスおよび、シャドウ・ハイライトなどの調整を行うもので、これも明るさや色調の調整に有効である。

トーンカーブは明るさをRGBのセットでも、チャンネルごとでも変更でき、これさえ使いこなせば露出にまつわることはすべて補正できる便利なものであるが、使いこなすのは簡単でなく、かなりの経験を要する。われわれとしては、とりあえず「イメージ」メニューにある自動トーン補正を用いるとよいだろう。しかし、実際以上に鮮やかな色彩になることがあるので、現場の記録写真として扱う際には注意が必要である。レベル補正もトーンカーブと同様に、RGBのセットでも、チャンネルごとでも変更できるので、青みがかった写真の補正など、特定の色味を増減

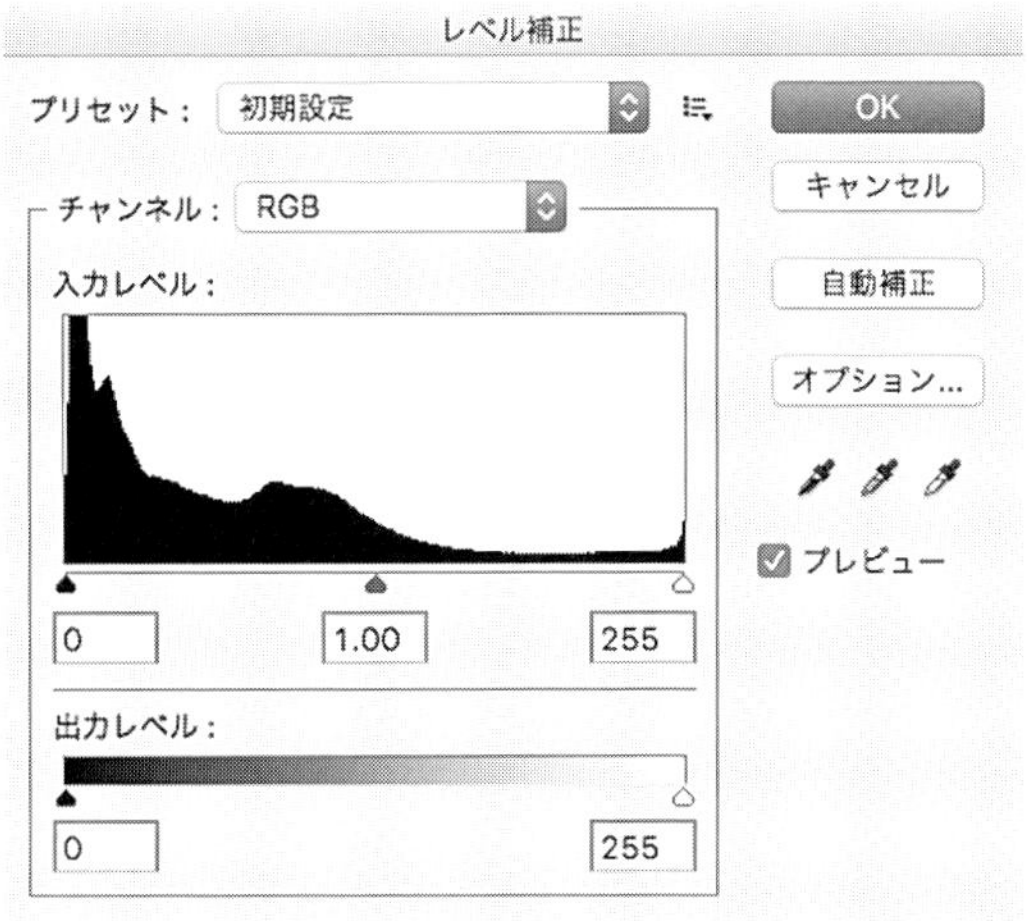

図2　「レベル補正」のダイアログボックス

したい場合にも役立つ。レベル補正は3つのスライダを動かすことによって行うが、レベル補正のダイアログボックス（図2）には「自動補正」のボタンもあるのでそれを使うと簡単に補正してくれる。こちらもとりあえずは自動補正を試してみて、その結果が気に入らなければ手動で行うと良いだろう。

フィールド写真の記録性を重視するなら、撮影後に行う補正の目的は撮影時に肉眼で見た色調やコントラストをできるだけ再現することであり、実際以上の美しさを求める必要はない。しかし、より美しい写真にしたいと思うのも人の性である。美しさを追求するならばトーンカーブの手動調整に挑戦するとよいだろう。

写真1を自動レベル補正したものが写真3、自動トーン補正したものが写真4である（187頁）。この写真の場合、自動コントラストではくすみが取れただけだが、自動レベル補正と自動トーン補正ではホワイトバランスも調整されてより鮮やかになった。また、自動レベル補正と自動トーン補正の違いはほとんどないと言ってよいだろう。

レタッチ（回転・トリミング・ゴミ取り）

写真などの画像データを加工する作業をレタッチと言うが、ここでは露出にまつわることは補正、その他をレタッチと呼んで区別する。フィールド写真に対して行うレタッチのうち、代表的なものはトリミングとゴミ取りであり、水平を取るための回転もよく用いられると思われる。

写真4は緩やかな斜面地で撮影したために少し右上がりになっているが、これを時計回りに0.7度回転させて水平に近づけ、さらにトリミングを施したものが写真5（187頁）である。トリミングとは画像の一部を切り出すことであるが、Photoshopでは長方形選択ツールで切り出したい範囲を選択してから「イメージ」メニューの「切り抜き」を選択する。同メニューにある「トリミング」は余白などを自動でカットする際に便利な機能である。また、当然のことではあるが、トリミングする際は構図について十分に検討しよう。

ゴミ取りは、写真に写り込んでいる本来は存在しない汚れ（ゴミ）を、その近接する正しい色に置き換えることによって取り除く作業である。かつての銀塩写真をスキャンしたデジタル画像データには必須のものであった。写真5には赤い○印で示した汚れがある。これは写真1からずっと残っているものであるが、元々の空にそのような染みは存在しない。近接する色を重ねてゴミ取りを施した結果が写真6（187頁）である。この写真の場合は対象が空であるのでゴミ取りは比較的容易で、自由選択ツールで近接する空を適当に選んでコピーして貼り付けたものをゴミの上に重ねただけである。デジタルカメラになってからゴミ取りの作業は大きく軽減されたが、万一細かいゴミ取り作業が必要となった場合には、画像を300～400％ほどに拡大してスポイトツールで選択した色をペンツールでゴミの上に塗っていくという途方もない作業が必要になることがある。

補正とレタッチを施すことによって、写真1が写真6になった。これにかかった時間はおよそ5分である。比較的短時間で済む簡単な作業でこれだけ変わるのである。JPEG形式で撮影したデータだからと諦めずに、補正とレタッチに取り組んでもらいたい。

リサイズ

以上に述べたことの他に、撮影後の画像データに対して施す処理として、サイズの変更がある。撮影時には原則的に最高画質で撮影するのであるが、そのままでは用途によっては画像データが大きすぎて使いにくい。そのため、用途に応じて適切なサイズに縮小したものを別途保存しておく必要がある。この作業は必要に迫られてから行うものであるが、ウェブ用あるいはプレゼンテーション用に画像を用意するうえでは必須のものであるので習得してほしい。

たとえば、私が使用しているカメラの場合、最高画質で撮影すると画像データのサイズは3872×2592（ピクセル）となる。これを印刷に使う場合は300～400dpi（dpi=dot per inch、1インチあたりのピクセル数）の解像度が必要となるので、たとえば400dpiで印刷すると24.59×16.46(cm)となる。もし、400dpiの解像度で、長辺10cmの大きさで印刷したいのであれば1575×1054（ピクセル）に縮小すると必要十分なサイズとなる。この作業は画像解像度を変更するダイアログボックス（図3）で容易にできる。

ウェブ用に画像を用意するのであれば、写真はずっと小さくする必要がある。ウェブ用の場合、解像度を変更する必要はなく、画像のサイズだけ小さくすれば良い。画像が表示される見た目の大きさはモニタの解像度に依存するからである。たとえば、横幅1920ピクセルのモニタに横幅1600ピクセルの画像

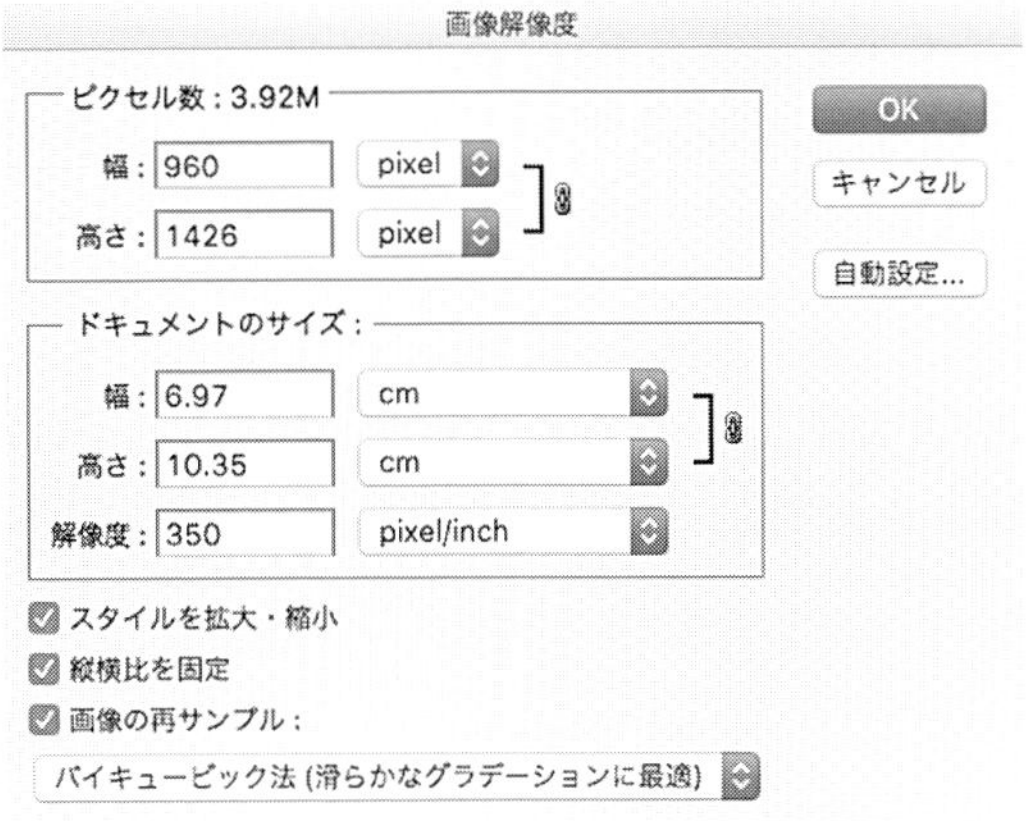

図3「画像解像度」のダイアログボックス

を表示すると画面の横幅の8割以上を画像が占めることになるが、800ピクセルの画像であれば4割程度となる。つまり、モニタ上にブラウザなどで表示する際にどれぐらいの大きさになるのが望ましいのかを検討して画像のサイズを決定するのである。

　プレゼンテーションで画像を使う場合も同様に、スライドのサイズに合わせて縮小することになる。撮影したままの大きなデータをそのままプレゼンテーション用ソフトのスライドに貼り付けて、ソフト上で画像の角をドラッグして見た目のサイズを小さくしたものを使う人もいるが、あまり好ましくない。その場合はMicrosoft PowerPointであれば「圧縮」で適切なサイズに縮小すれば問題ないが、それを怠ると不必要にファイルが大きくなった結果、うまくソフトが動作しないことがあるからである。学会発表などで写真を使いたい場合は十分に気をつけよう。発表会場に用意されたPCが巨大なプレゼンテーションファイルを動かすのに十分なスペックを備えているとは限らないのである。

　文書ファイルに写真を載せる場合もサイズに注意しなければならない。ただし、もっとも一般的な文書作成ソフトであるMicrosoft Wordの場合、文書内に挿入した写真は自動で220dpiになる。したがって、あらかじめ220dpiで印刷したい大きさになるようにリサイズしてから挿入するとよい。一般的な家庭用プリンタであれば、画質上220dpiは必要十分な解像度ともいえる。「Wordに貼る写真は解像度220dpi」と覚えておこう。

　しかし、Wordに貼る写真はレイアウトのためのサンプルで、実際に使う写真データは400dpiのものをテキストデータとは別に入稿する場合もある。その場合、220dpiもの解像度は必要ないので、貼り付けた写真を「圧縮」しよう。そうすると写真は96dpiに縮小され、文書ファイル全体の容量が小さくなるのでメールでのやり取りもしやすくなる。

　それとは逆に、220dpiよりも大きな解像度でWordに貼りたい場合もあるだろう。Wordのバージョンによって微妙に異なるが、オプションの詳細設定あたりに「ファイル内のイメージを圧縮しない」というチェックボックスがあるので、これにチェックを入れてから写真を挿入すると元の解像度が保たれる。

また、Adobe Illustratorなどの文書全体の解像度を設定するソフトの場合は、あらかじめ文書全体の解像度を写真の解像度に合わせておけばよい。この場合、印刷用のクオリティのまま文書内でテキストと写真をレイアウトできる。

最後に基本的なことであるが、JPEGやPNGなどの形式にかかわらず、画像ファイルのサイズを変更するときは、縮小はできるが拡大はできないと思っておいた方がいい。無理に拡大した場合、非常に粗くて見栄えの悪い画像になる。そのため、オリジナルの大きなサイズの画像を残しておく必要がある。縮小した後にうっかり上書き保存をしないよう、予め別名で保存してから作業する癖をつけておくと良いだろう。

4章「人物を撮る」つづき（**98**頁参照）

写真**31**　真横から撮影したブッシュマンの少女

三分割法の右側の線に人物を配置．人物の正面の空間が広くなり，被写体の視線の先を想像させる．上下をどこで切るかが構図のポイント．これより近いと窮屈になり，離れると散漫になる．

14 写真の整理術

画像データの保存と管理

内田 昂司
UCHIDA Koji

データの整理と保存

本章では、どのようにすれば写真を効率的に整理できるかを解説する。増え続ける大量の画像データは、うまく整理しなければ、必要な画像をすぐに見つけられなくなる。また、適切に保存しておかないと、小さなトラブルでも膨大な画像データを一瞬で失う恐れがある。

以下では、撮影前、撮影中、撮影後のそれぞれの段階で、写真の整理に役立つテクニックを紹介したうえで、データの保存のためにすべきことを示す。撮影前の準備としては、記憶媒体のフォーマットとカメラ本体の設定について説明する。つぎに、撮影中にデータが消失しないようバックアップをとり、作業後の整理の際に参照できるよう作業記録を取る方法を紹介する。撮影後には、画像閲覧ソフトウェアの機能を駆使して効率的にファイルを管理・保存する。そして、長期保存のために、適切な記憶媒体の選びかた、データ障害の種類と対策、バックアップの方法について解説する。

撮影前の準備

写真の整理は、撮影の前から始まる。撮影前の事前準備として重要なのは、記憶媒体とカメラ本体の設定である。記憶媒体をフォーマットすることは、画像を正しく記録するために重要である。また、カメラ本体の基本設定をすることで、画像データに埋め込まれるメタデータ（撮影日時の情報など画像データに関するデータ）を正確に記録できる。メタデータは、撮影後に整理を行う際に非常に有用となるため、正確に記録しておく必要がある。

（１）記憶媒体のフォーマット

近年のデジタル・カメラは、ほとんどの機種が「SDカード」や「CFカード」などのメモリ・カードと呼ばれる媒体にデータを記録する。メモリ・カードに記録する際には、事前にフォーマット（初期化）の作業を行う必要がある。これは、記憶媒体内の既存データを消去し、データの管理方式（ファイル・システム）を使用するカメラに合わせる作業のことである。フォーマットを行わないと、カメラがメモリ・カードの空き容量を正確に認識せず、画像を適切に保存しないことがある。また、いちど適切にフォーマットしても、画像の記録・削除を繰り返しているうちに、ファイル・システムが破損することがある。

　フォーマットの作業は、撮影に使用するカメラで行う。カメラにメモリ・カードを差し込み、メニューからフォーマット機能を見つけて初期化する。別のカメラやコンピュータでフォーマットすると、メモリ・カードが使用するカメラに適した状態にならず、不具合が生じることがある。

（２）カメラ本体の基本設定とメタデータ

　デジタル・カメラは、撮影日時、露出に関する情報、カメラの機種名など、さまざまなメタデータを画像データに付与する。メタデータの記録には、Exif（Exchangeable image file format）と呼ばれる規格が広く使われている。コンピュータ上でソフトウェアを使えば、Exif情報を確認できるだけでなく、それを用いてデータの並び替えや検索を行うこともできる。たとえば、「２０１５年10月1日から10月31日の間にNikon D800を使って撮影された画像」という条件で検索をかけることが可能である。撮影日時に関する情報は、とくに利用することが多い。撮影日時を、メールやスケジュール帳など、さまざまな記録から割り出せることもあり、画像を探し出す際の大きな手がかりになる。

　こうしたソフトウェアの機能を十分に活用するためには、メタデータが正確に記録されていなければならない。デジタル・カメラ内の時計はずれることが多いため、撮影を始めるときに毎回合わせるようにする。

撮影中に行うこと

　撮影中には、バックアップの作成と作業記録を取ることが重要である。カメラを落としてデータが壊れたり、盗難や紛失によってカメラ自体を失ったりする可能性があるため、バックアップは欠かせない。また、撮影時に作業記録を取っておけば、整理の作業をする際に画像を判別しやすくなる。

（1）バックアップ

撮影中は、トラブルに備えて必ず二カ所以上の場所に画像データを保存する。メモリ・カード内のデータが、小さな衝撃で消えてしまうことは少ない。しかし、カード・リーダーがデータを読み書きしている最中に抜き差しするといった不正な取り出しを行うと、ファイル・システムが破損し得る。このようなファイル・システムの障害は、比較的よく生じるトラブルである。また、盗難や紛失など不測の事態も起こり得る。トラブルは生じ得るものと考えて、あらかじめバックアップを取っておくべきである。

近年の中級以上のデジタル一眼レフカメラには、メモリ・カードを二枚入れられる機種がある。二枚のカードに同時に記録する設定にし、常時バックアップをとりながら撮影するのが望ましい。コンパクト・デジタル・カメラなど、一枚しかメモリ・カードが入らない機種を使用する場合は、撮影の合間にラップトップPCなどに画像データのバックアップをとる。どうしても撮影中にバックアップを取れないときには、次善の策として記憶媒体を複数使ってリスク分散し、全データを失ってしまわないようにする。複数のメモリ・カードを交換しながら撮影すると良いが、後で整理しやすいようメモリ・カードを区別できるようにしておく。

（2）撮影作業の記録

撮影後に時間がたってから画像データを整理すると、何を撮ったのか忘れてしまうことがよくある。写っているものから明らかに判断できる場合は良いが、そうでなければたちまち正体不明な画像ができあがってしまう。これを防ぐために、撮影作業に関する情報を記録する。

最も確実なのは、文字記録を残すことである。いつ何をどのように撮ったのかメモを残すのは良い方法だ。また、工事現場の建築確認の写真のように、被写体に関する情報を画像に一緒に写し込むやり方もある。あまり手間をかけられない時には、地名が書いてある看板や特徴のある物などを撮影しておく。たとえば、要所で道路標識を撮影しておけば、その直後に撮られた写真の撮影場所について直観的にあたりをつけることができる。

具体的な情報を文字から読み取れなくても、場面の区切りを示すような画像を撮影しておくと役に立つ。たとえば、撮影場面が変わるごとに、画面一杯に手のひらを写しておくだけでも良い。コンピュータの画面上にサムネイル画像で一覧表示をするとき、手のひらの画像を手がかりにして、場面の区切りをひと目で見分けることができる。このようにすれば、画像を一枚ずつ拡大表示しなくても、場面ごとに仕分けることができるので、画像を大量に整理する際に時間を節約できる。

撮影後の整理作業

撮影後は、画像データを適切に整理してコンピュータに保存しなければ、後で見つけ出せなくなる。保存した場所がすぐに分かるように、分かりやすく整理する。お勧めするのは、単一のフォルダ内に関連するデータをまとめて保存する方法である。細かい仕分けは画像閲覧ソフトを駆使して行う。

（1）単一フォルダにまとめて保存

画像の編集作業を行うと関連するデータが増え、手順を確定しておかねば整理が困難になる。効率的に管理するためには、できるだけ単純な方法で整理することが望ましい。データは複数フォルダに分散して保存するのではなく、単一のフォルダの下に入れてしまうのが良い。一つのフォルダの下に、編集前のデータ（以下「元データ」）、編集済みのデータ、その他の関連するデータをすべて保存するのである。このようにしておけば、必要なデータを効率よく探すことができる。画像データだけではなく、撮影の際に参考にした資料を同じフォルダの下に格納するのも良い。

ここで、わたしたちが実際に採用している保存方法（図1）を紹介しよう。なお、このフォルダ構造は、PhaseOne 社の写真現像ソフトウェア CaptureOne が生成したもの（セッション）をもとにした。データは撮影日とプロジェクトごとにフォルダ分けしている。フォルダ名「150101_projectA」は、「撮影日時_プロジェクト名」というかたちで命名している。もちろん、プロジェクトによっては他のまとめ方が適している場合もある。たとえば、書籍の複写をする場合には、日時より冊単位でフォルダ分けした方が扱いやすい。いずれにせよ、関連するデータを単一のフォルダにまとめて保存することが重要である。

```
150101_projectA（親フォルダ）
↓
Capture（元データ用フォルダ）
Output（編集済みデータ用フォルダ）
Trash（ゴミ箱フォルダ）
Other（その他）
```

図1　フォルダ構造の例

150101_project_A：親フォルダ．このなかに，関連するすべてのデータを入れる．

Capture：撮影した未編集の RAW データや JPEG データなど元データは，カメラからここに転送．

Output：元データを加工した画像データ．RAW データを現像した TIFF データや，画像編集ソフトウェアで色調整などを施したデータなど．

Trash：ピンぼけや手ブレなどで使いものにならないデータ．誤って必要なデータを失わないよう，不要なデータも完全に削除してしまうのではなく，このフォルダにまとめている．

Other：撮影の際に参考にした資料．地図，撮影の進行表，関連文献など．

（２）ファイル名の変更

カメラが自動的にファイルにつける名前は、意図するかたちになっていないことが多い。たとえば、ニコン製デジタル・カメラは、初期設定では「DSC_xxxx.jpg」（xxxx は自動でつけられる四桁の連番）といった名前をつける。このファイル名を見ただけでは、いつ撮影された画像なのか直観的にわかりづらい。また、ニコンのカメラの場合、自動でつける番号は四桁までしか対応していないため、9999 までつけると再び 0001 に戻って連番をふりなおす（メーカーや機種によって対応する桁数は異なる）。つまり、一万枚前に撮影した画像と同じ名前が、新しい画像ファイルに付けられてしまうのである。このようにファイル名が重複すると、古い画像に新しい画像を上書きしてしまう恐れがある。

　そこで、個々のファイルには、日付・プロジェクト名・連番を組み合わせた名前を与えると良い。たとえば、２０１５年12月24日に「projectC」というプロジェクトで撮影した一枚目の写真は、「151224_projectC_0001.jpg」と名づける。日付とプロジェクト名をファイル名に組み込むことで、いつ何を撮影した写真なのかが直観的にわかりやすくなる。また、一意的な名前になるので、上書きして消去してしまう危険性も小さくなる。連番は画像閲覧ソフトウェアのリネーム機能を使えば一括でつけることができる。

（３）画像の仕分け

一カ所に保存した元データは、画像閲覧ソフトウェアの仕分け機能を使うと簡単に整理できる。一つのプロジェクトで撮影する大量の写真も、すべてを出版やウェブ公開などのために使うわけではない。大抵は評価と選別を行うことになる。しかし、元データを他のフォルダにコピーしたり移動したりしてしまうと、目あての画像の所在がわからなくなってしまいかねない。元データを移動することなく、必要な画像を必要なときに取り出せるようにしたいわけである。

　そのためには、Adobe 社の Adobe Bridge や Adobe Lightroom、あるいは PhaseOne 社の CaptureOne などに代表される画像閲覧ソフトウェアを使うと良い。なかでも、個々の画像データに星印や色付きラベルで目印をつける機能が役立つ。たとえば、公開用の候補になり得る写真には星印をつけ、そのうち実際に使ったものに緑ラベルをつけるといった運用ルールを決める。こうしておけば、星印付きの画像のみ表示すれば候補の写真すべてを確認でき、緑ラベルがついた画像のみ表示すれば公開用データを確認できる。このように、ソフトウェアのラベリング機能を活用することで、フォルダ構造や画像データそのものに手を加えることなくデータが整理できる。

ただし、こうした画像閲覧ソフトウェアのラベルなどのメタデータは、Exifのように規格化されたものではない。異なるソフトウェア間では互換性がなく、他の人とデータを共有するときには必ずしも有効ではない。より詳細なメタデータを他人と共有するためには、標準化されたメタデータを使うことになるが、これは個人単位で行う整理術の範囲を超え、アーカイビングの問題となる。

データの保存

画像をどれほど効率的に整理しても、データ自体が消えてしまうと使いようがなくなる。データが万一失われても困らないよう、バックアップをとっておく必要がある。バックアップは、コンピュータに内蔵された記憶装置ではなく、外付けの記憶装置に保存する。また、できるだけ長く安全に保存するためには、記憶媒体の特性に注意する必要がある。ただし、バックアップ作業に時間がかかるようでは、他の作業に支障がでてしまう。簡単に保存できるような方法があるので紹介する。また、近年広く使われるようになってきた、オンライン・ストレージもバックアップに役立つので合わせて紹介する。以下では、記憶媒体の特性、データ障害、バックアップの種類について解説する。そして最後に、わたしたちの仕事場から、データ保存環境の実例を紹介する。

（1）記憶媒体の特性

デジタル・カメラのメモリ・カードは大容量化しており、一回の撮影作業でも大きなデータが作り出されるようになってきた。そのため、保存のために大容量の記憶装置が必要である。現在、個人が手に入れやすい大容量の記憶媒体には、ハード・ディスク・ドライブ（HDD）とソリッド・ステート・ドライブ（SDD）がある。それぞれ特徴が異なるため目的に合った利用をする。

HDDは、記録媒体である磁気ディスクを内部に持つ記憶装置である。同じ容量で比べるとSSDより単価が安く大容量化しやすい。また、強い磁気、衝撃、静電気などの影響が外部から加えられなければ、比較的安定してデータを保存できる。しかし、記憶媒体のディスクは内部で高速に回転しており衝撃にはとくに弱く、落とすと壊れやすい。また、SSDと比べるとデータの読み書きは遅い。

SSD（ソリッド・ステート・ドライブ）は、内部の半導体にデータを記録する方式の記憶装置である。データの読み書きが非常に高速である。また、内部にディスクのような可動部分がなく衝撃に強い。ただし、HDDにくらべると、現時点では容量あたりの価格が高く、体積あたりの記憶容量も小さい。また、長期に保存する性能は低い。SSDに使われるフラッシュ・メモリは、長い間通電しなかったり、内部の絶縁層が経年劣化すると、正しく情報が読み取れなくなってしまう。SSDは、高速なデータ処理能力と耐衝撃性が求められる、ラップトップPCに内臓するのに向いている。

普及している記憶媒体としては、上記のほかに光学ディスクがある。代表的なものに、CD（コンパクト・ディスク）、DVD（デジタル・ヴァーサタイル・ディスク）、ブルーレイ・ディスクがある。データを保存できる期間は、製品の品質、使用頻度、保管環境によって大きく変わる。とくに、紫外線、熱、湿度で劣化が早まる。ブルーレイ・ディスクはとくに傷に弱いとされる。さほど慎重に取り扱わなくても、10年程度はデータを保存できるとされており、30年以上の寿命を謳うものもある。衝撃に強く静電気の影響もあまり受けないため、他の記憶媒体よりもデータを失うリスクは低い。そのため、現在のところ、長期の保存に有利な記憶媒体と言える。ただし、ディスク一枚あたりの容量が小さく（CDは700MB、DVDは4.7GB、ブルーレイ・ディスクは25～50GB）、ディスクを頻繁に出し入れしなくてはならず、読み書き速度も遅い。そのため、日常的なバックアップの用途には使いづらい。

バックアップ用途には、大きな記憶容量と安定的な保存の能力が求められる。現時点で総合的に評価すると、HDDで複数のバックアップを取っておく方法が費用対効果にすぐれている。ただし長期的には、数年ほどの期間ごとに、新しいHDDに移行し続けなければならない。予算や人員に余裕がある場合や特別に重要なデータを保存する際は、光学ディスクに記録しておくと安全である。

（2）データ障害

記憶装置に障害が生じると、データの読み書きができなくなる。これをデータ障害といい、物理障害と論理障害に分類される。

物理障害とは、記憶装置の内部機構が物理的に破損することである。落下して衝撃を受けたり落雷の影響を受けたりすると生じる。記憶媒体そのものが破損すると復旧は非常に難しく、業者に依頼するほかない。物理障害のリスクを下げるには、外付けの記憶装置を平らで安定した場所に設置したり、運搬の際にクッション材で包んだりするだけでも効果がある。

論理障害は、ファイル・システムが破損することで生じる。ファイル・システムは、コンピュータがデータの読み書きをしている最中に外部記憶装置を外してしまったときや、プログラムにエラーが生じたりしたときに破損することが多い。物理障害とは異なり、内部機構の物理的な破損はない。市販の復旧ソフトウェアを用いて自分で復旧できることもあるが、その復旧作業が障害を悪化させることもある。時間と予算が許せば無理をせず業者に修理を依頼する方が良い。論理障害を避けるためには、コンピュータがデータを読み書きしている最中の記憶装置の取扱いに注意し、コンピュータでファイル・システムのエラーを定期的にチェックする（MacOSならディスク・ユーティリティを用いる）だけでも効果がある。

（3）バックアップ

障害を回避できたとしても、データを失ってしまうことはある。たとえば、盗難や紛失など予想もしないトラブルに見舞われることもあり得る。データが一つの場所で失われても回復できるように、複数の場所にバックアップをとるべきである。

バックアップをとるには、単純にコピー&ペーストの操作をしても良いが、時間と手間がかかる。また、手動では差分コピーが取れない。バックアップを自動化する方法があるので、うまく活用して少しでも作業負担を減らすのが良い。さらに、リスク分散のために、ネットワーク上の記憶領域に保存するのも有効である。ここでは、ミラーリング（RAID 1）、OSのバックアップ機能、オンライン・ストレージを紹介する。

（4）ミラーリング（RAID 1）

ミラーリングとは、データを保存する際に、複数の記録ドライブにまったく同じデータを自動的に記録する技術である。これを使うことで、常にバックアップがとられた状態になる。そのため、記録ドライブの一つに障害が起きても、別の記録ドライブからデータを回復できる。使用できる容量の上限は、ミラーリングを構成する記録ドライブのうち、最も小さいものの容量と同じになる。たとえば、250GBと500GBの2台の記録ドライブを使ってミラーリングすると、使用できる容量は250GBまでとなる。3台の500GBの記録ドライブでミラーリングした場合は、500GBまで使用できる。ミラーリングすると、同じ情報が複数の記録ドライブに同時に書き込み・削除され、あたかも単一のドライブを操作しているような感覚で使える。

なお、ミラーリングは、RAID（Redundant Arrays of Inexpensive Disks、またはRedundant Arrays of Independent Disks）の方式の一つとしてはRAID 1と呼ばれる。RAIDとは、信頼性の高い大容量記憶装置を構築するための技術で7種類ある。RAIDの方式によって長所と短所があるが、バックアップの目的のためには、ミラーリング（RAID 1）を推奨する。

（5）オンライン・ストレージ

オンライン・ストレージ・サービスは、遠隔地に置かれたサーバー上の領域を、インターネット経由で利用者に提供するものである。ローカルな端末にインストールするアプリケーションを使って、指定したフォルダとサーバ上の領域を同期できるものが便利である。インターネットに接続しアプリケーションを起動しておけば、指定フォルダに保存したデータは、自動的にサーバにアップロードされる。インターネットに接続できる環境さえあれば、外出先からもデータにアクセスできる。また、ファイルやフォルダに、個別にアクセス権限を付与すれば、他の人とファイルを共有できる。大災害などで自宅にあるすべてのデータが消えてしまっても、遠隔のサーバ・コンピュータに保存したデータが無事であれば回復できる。オンライン・ストレージを利用する際の制約は、保存領域と回線の使用料だが、利用者が増え業者どうしが競争するに伴って価格も下がるだろう。代表的なオンライン・ストレージ・サービスは、Google、Apple、Microsoft、Yahoo、Amazon、Dropbox などが提供しているものが有名である。

コンピュータ
SSD A（256GB：OS をインストール）
HDD B（1TB：OS のバックアップ）
HDD C（2TB：データ保存用．HDD D とミラーリング）
HDD D（2TB：データ保存用．HDD C とミラーリング）

外付け HDD 1a（2TB）
外付け HDD 1b（2TB）
外付け HDD 2a（3TB）
外付け HDD 2b（3TB）
…

図2　バックアップシステムの例

データ保存環境の実例

ここまで、データの保存方法について気をつけるべきことを解説してきた。最後に、わたしたちが実際に採用している実例を示したい。どのような場合においてもこの方法が最適というわけではないが、自分の環境と目的にあったシステムを構築する際の参考にしてほしい。図2に示される例では、記憶装置を4つ内蔵したコンピュータと、外付けHDDを3台使っている。

SSD Aには、オペレーティング・システム（わたしたちの場合はMacOS）をインストールしている。SSDは読み書きが速いため、さまざまな処理を行うのに適している。撮影したデータは、まずここに取り込んで整理・編集する。

HDD Bは、OSのバックアップのために用意している。SSD Aの中身はOSごと定期的にバックアップをとる。わたしたちが使っているMacOSの場合、アプリケーションや環境設定を含むシステム全体をバックアップするためのTime Machineというソフトウェアが用意されている。こうしたソフトウェアを使えば、トラブルが生じたときにOSを復旧できるだけでなく、誤って削除してしまったファイルを個別に復旧することもできる。自動で定期的にシステムのバックアップとるように設定すると手間がはぶける。他のOSにも、同様のソフトウェアやコマンドがあるためそれを使うと良い。

HDD CとHDD Dは、データの保存とバックアップのために使う。これら二つのHDDは、ミラーリングしているため、自動的にバックアップが取られる構成になっている。整理・編集が終わりデータを確定したら、これらのHDDに保存する。

USBで接続する外付けHDDは、データをアーカイブするために使う。これらのHDDには、古いファイルから順番に保存している。HDD 1aとHDD 1bは同じ容量のHDDで、同じデータを保存している。HDD 1a・HDD 1bの空き容量がなくなったら、HDD 2a・HDD 2bを使い、さらにHDD 3a・HDD 3bを追加していく。これら外付けHDDは、普段は電源やケーブルに接続せずに保管し、落雷・衝撃・静電気などによって故障する危険に備えている。

図3は、バックアップをとるポイントを示している。データの流れのなかでどのようにバックアップが作成されるのか、キャプションを参照いただきたい。

メモリ・カード（2枚同時に記録してバックアップを作成）
↓
SSD A（TimeMachineでHDD Bにバックアップ）
↓
HDD C・HDD D（ミラーリングでバックアップ）
↓
外付けHDD 1a・1b（差分コピーでバックアップ）
外付けHDD 2a・2b（差分コピーでバックアップ）

図3　バックアップの工程の例

1. メモリ・カードで2カ所.
2. コンピュータに取り込む時点で2カ所（SSD A・HDD B）. 落雷のリスクが高い夏場には，さらに別の外付けHDDにも保存することもある.
3. 整理作業が終わってHDDにデータを移す時点で2カ所（HDD C・HDD D）.
4. 外付けHDDにデータを移した時点で2カ所. この時に他の媒体からはデータを消してしまうことが多い.

すべての工程で2カ所以上にバックアップが取られている。また、時間順に保存しているので、今後どれだけデータが増えても、どの場所に求めるデータがあるのか直観的にわかりやすくなっている。

それぞれの工程からつぎに進む際には、異なる記録装置にファイルをコピーすることになる。このとき、単純にコピーすると同じデータを何度も上書き保存することになるため、コマンドやソフトウェアを使って差分コピーすると良い。また、データを転送する際にエラーが生じてしまうこともあるため、理想的にはハッシュ値をとって毎回確認するのが望ましい。

本章では、データの整理と保存に関して、撮影前の段階から順を追って、各工程で注意する点や役立つ手法を紹介した。どの工程においても、データがどのような状態にあるのかを把握し整理することで、データを失うリスクを小さくすることが重要である。

最後に、整理術の先の課題を示しておこう。本章は、データをより効率よく活用するために有効な、詳細なメタデータを付与する方法までは解説していない。適切にメタデータを付与すると、日付やExif情報だけでなく、より詳細な情報をもとにデータ検索できるようになる。このためには、メタデータの標準について学ぶ必要がある。また最近では、パターン認識と機械学習が急速に高度化し普及してきているので、今後はこうした最新技術がメタデータ作成に大きく活用されることになるのは間違いない。最新の動向に目を光らせておくと良い。これらは、整理術の射程を超えた、アーカイブの問題となる。

また、本章では共有の方法についても示していない。オンライン・ストレージ・サービスが普及することで明らかになってきたのは、データの保存と共有が同じプラットフォーム上で実現できるようになってきたということである。いまでは、何回かクリックするだけでオンライン・ストレージにアップロードしたデータへのアクセス権限を変更できるため、誰でも簡単にインターネット上でデータの共有・公開ができるようになった。ネットワークを介した共有の方法は、整理術の延長線上に考えることができる。

これらの隣接した課題に取り組むにあたって、基礎的な技法である整理術を身につけておくことは必要条件である。本章で紹介した基本的な考え方と実例を参考に、それぞれの環境にあった整理法を構築し実践してほしい。

15 ウェブ上での発信

インターネットのフィールドにおける行動戦略

宮本 隆史
MIYAMOTO Takashi

情報発信における諸制約

フィールドで撮ってきた写真は、なんらかのかたちで広く共有することで、研究のための証拠として社会的に認知されるものになる。かつてであれば、紙媒体での出版がそのための最も一般的な方法であった。しかし、デジタル技術によって複製にかかる費用が下がり、ネットワークの普及によって共有にかかる費用が低下したため、現在では容易かつ安価に画像データを公開することが可能になった。ほんの20年ほど前までは、大衆への情報発信のチャネルは出版社や放送業者によって独占されていたが、現在では誰でも発信できるようになったのである。

私たちは、ウェブ上で発信する一プレイヤーとして、さまざまな制約の下で活動することになる。そうした諸制約を、ローレンス・レッシグにならって、アーキテクチャ（物理的・技術的条件）、法律、規範、市場に整理して理解することができる。本稿では、レッシグの問題意識を厳密に踏襲するわけではないが、説明の際の便利な枠組みとしてこれら4つの制約条件に注目する。現在のウェブの諸制約の下で、私たちはどのようにして効果的に情報を発信することができるのだろうか。

インターネットの物理的・技術的条件

アーキテクチャとは、私たちの行動を誘導する、物理的・技術的な条件である。インターネットのアーキテクチャは、プログラムのコードによって構築され改編されるため、情報発信をする私たちの行動もその影響を受ける。しかも、インターネットの技術環境の変化は驚異的なスピードで進行している。私たちは、常に技術環境の変化を意識しながら発信するほかない。その一方で、長期的な費用を小さくするために、環境の変化に大きな影響を受けないであろう方法を見極めることも重要である。

一つの指針となるのが、標準的な技術がどれなのかを知っておくことである。ウェブ上での活動においてまず参照すべきなのは、ワールド・ワイド・ウェブ・コンソーシアム（W3C）の動向である。これは、企業や団体からなる、ウェブ関連技術の標準化団体であり、さまざまな標準の策定を行っている。ウェブ上のデータが標準的な形式でつくられ、データ同士の関係が標準的な形式で記述されていれば、コンピュータが理解可能な巨大なデータのウェブを形成することができる。この発想はリンクト・データと呼ばれ、２０１０年代に入って関連技術がさかんに開発されている。リンクト・データ関連の標準と技術を使えば、別々のサイトで公開されているデータを第三のサイトで組み合わせて表示するといった、データの再利用がますます盛んに行われると期待されている。

これが、現在の私たちが置かれている技術環境である。私たちにとっての問題は、こうした環境において、長期的な費用を低く保ちつつ、情報発信をつづける方法を選択するということになる。長期的な視野で画像データの情報発信をするときには、標準的なデータ形式を採用し、データに長期的に変わることのない識別子（URI: Uniform Resource Identifier）を与え、ウェブの標準に準拠した方法（適切なウェブサービスなどを使っても良い）で公開することを心がければ良い。しかし、ここで安定性とその他の価値のトレードオフに直面することになる。現在標準的で安定的なデータ形式が、品質面や使い勝手に関して必ずしも優れているとは限らないという問題である。このために、現在の私たちが長期的な視野で情報発信をするときには、冗長性を抱え込まなければならなくなることが多い。

画像データ交換のために、現在最も広範に使われていて安定的な形式の一つはJPEGである。JPEG形式を使えば、画像を効率よく圧縮することで、ネットワーク上でやりとりしやすい軽いデータにできる。しかし、圧縮すると必ず画像が劣化し、もとに戻すことはできない。一方で非圧縮のデータ形式としてはTIFFがよく使われるが、これは大きな記憶領域を必要とし、現在の一般的なネットワーク上では、データ転送にも時間がかかる。ここで、公開用には軽いJPEGデータしか使わないという選択をしてもよさそうなものだが、そう単純な問題でもない。

将来的に物理的なインフラストラクチャーが改善され、JPEG よりも TIFF など非圧縮画像データが一般的な交換のためのファイル形式になる日もくるかもしれないのである。

また、複写した文献の画像データなど、別々の画像ファイルとしてではなくひとかたまりのファイルとして使えた方が利用者にとって便利なものもある。とくに PDF 形式を好む利用者は多いため無視できない。しかし、文献の複写画像データだけを PDF 形式で公開することにしてしまうと、他の画像データとは異なる基準で取り扱うことになってしまい、個々のページの画像に識別子を与えることも難しくなる。このような異なる基準を抱え込んだシステムは、長期的に見ると安定的ではなくなってしまう。

また、RAW データを共有したい場合もあるだろう。RAW データは、たしかに撮影した画像の情報をもっとも多く格納するため、二次的な加工などに向いている。しかし、一般に RAW と総称されるデータ形式は、カメラの製造業者が独自に開発しているものが多く、誰もが使う標準的形式ではなない。そのため、長期的な安定性を考えると、この形式だけで保存しておくことには不安が残る。

現在考えられる当面の解決方法は、基本的には識別子を与えた非圧縮データ（TIFF 形式など）を公開用データとしつつ、その他の形式（JPEG や PDF など）のデータを利用者へのサービスのために同時に公開しておくというかたちをとることだろう。

このように、データ形式一つをとりあげてみても、将来の技術環境の変化を視野に入れると、現在の標準が長期的に最良の選択であるかどうかはわかりにくい。そのため、なるべく標準に準拠しつつも、使い勝手や将来の展開を意識しつつ、多様性を確保しながらデータを保存しておいた方が安全である。

法的枠組み

私たちが、インターネット上で画像データを発信する際には、主として二つの方面から法律を意識せざるをえない。一つは自分の作品の権利関係、もう一つは被写体の権利についてである。どちらも、紙媒体のマスメディアの時代からあった問題ではあるが、デジタル化が進むにつれて新たな可能性と課題が明らかになってきた。

（1）画像作品のライセンス

いわゆるオープンなライセンスの普及によって、インターネット上の発信者にとって作品の権利関係をとりまく環境が大きく変わった。インターネット上で情報の二次利用を防ぐことは容易でないという技術的条件を前にして、むしろ二次利用をうながしてやる方が発信者にとってメリットが大きいという考えが広まったのである。情報に溢れかえっている現在のインターネット上では、情報そのものに課金することが個人レベルではますます困難になっており、二次利用を防ぐことに大きな利点はない。それよりも、閲覧者が勝手に情報を複製して拡散してくれる方が、知名度の向上に利する（そしてそれがデジタルでない商品やサービスへのアクセス向上や広告収入の向上にもつながる）という感覚はすでに月並みといって良いものになっている。すでに述べた、リンクト・データの技術を使って他のサイト上のデータを再利用する際にも、元のサイト上のデータのライセンスがオープンであれば、できることの範囲が大きく広がるのである。ライセンスがオープンなものであれば、自分の画像データに関する使用許可の問い合わせに対応するための手間をはぶくことも可能であり、この手間にかかる費用を回避できることもまた大きなメリットである。

自分の作品の権利を放棄してしまいパブリック・ドメインに入れてしまうことも可能であるが、ライセンスを明示的にオープンにするための制度的枠組みも整備されてきた。本稿の冒頭で言及したレッシグらが創立した国際的非営利団体クリエイティブ・コモンズは、作品の二次利用を許可するという意思表示を作者が簡単にできるように、いくつかのレベルのライセンスを定義している（クリエイティブ・コモンズ・ジャパン http://creativecommons.jp/ ）。これらは総称としてクリエイティブ・コモンズ・ライセンス（以下「CCライセンス」）と呼ばれる。CCライセンスは、「いくつかの権利の主張」をするもので（Some Rights Reserved）、これによって作者は一定のコントロール（「改変禁止」「非営利での利用に限定」など）を保持しながら、作品の二次利用を第三者に許可できる。

ウィキメディア・コモンズのサーバに画像をアップロードする際には、そのデータがパブリック・ドメインにないときはクリエイティブ・コモンズの「表示／継承ライセンス」などのフリー・ライセンスにしなければならないとしている。また、Flickrなどのサービスでも、オープンなライセンスで公開することができるようになっているので、自分の目的に適したライセンスを選択すると良い。

当然、すべての権利を保持する（All Rights Reserved）という選択が妥当な場合もある。また、文献の複写画像のように原本に知的所有権が失効していない場合には、そもそも公開できないことが多い。適切なライセンスを選択し、非公開にするということも含めて、発信方法を考えるべきである。ウェブ上に発信してしまったら、第三者による二次利用をふせぐことは容易ではなく、それへの対処にも費用がかかることは念頭において良いだろう。

(2)被写体の権利

フィールドワーカーにとって、細心の注意を要する事項の一つは、調査地の人びとの権利を侵害しないことである。とくに、個人情報には十分に注意する必要がある。現地で撮影を済ませたら、その場でデジタルカメラのモニタに表示し、その写真をインターネット上で不特定多数の人と共有しても良いかどうか確認をとるのが安全である。なかには、同意書を携行するフィールドワーカーもいる。また、インターネットについての十分な知識を持たない人びとに対しては、ウェブ上に公開することで、デメリットをふくめ何が起きうるのかを、丁寧に説明することが撮影者の務めである。

また、誤解されがちなことであるが、たとえ自分の画像作品を公開するときにCCライセンスを付与したとしても、そこに写っているひとの肖像権はその人物に帰する。ウェブ上に画像を無償配布する動機が、学問の発展のような公共的な利益のためといった利他精神によるものであっても、被写体の人物の不利益になるようなことがあってはならない。本人への説明と同意をとり、必要であればぼかしを入れるなどの処理が必要である。

自分がウェブ上で発信する画像について、現時点でさほど多くの閲覧者数を見込んでいなかったとしても、長期間発信しつづけるうちに不測の事態が起こりうることについては、十分に意識的でなければならない。ネットワーク上のデジタル情報の複製はあまりに容易で、あまりに高速で伝達されてしまうことを忘れてはならない。

規範としてのメタデータ・スキーマ

フィールドで撮影したそれぞれの写真には、画像自体には写すことのできなかった、有形無形の文脈がある。これらの文脈情報としては、撮影者・場所・日時といった比較的わかりやすいものから、写っている樹木の学名や樹齢などの追加的情報、さらに文脈に深くかかわる民族誌的情報などを考えることができる。こうしたデータは、一般的にメタデータと呼ばれる。ある対象を記述するデータ(本稿の場合は画像データ)について記述するデータであることから「メタ」データと呼ぶのである。わかりやすい例として、本についての文脈情報を記述する書誌データもメタデータの一種である。画像データにメタデータを与えることで、その活用の幅が大きく広がる。

メタデータの付与によって達成される効果の一つ

は、検索可能性の向上である。ウェブの利用者が画像を探すときには、大量の画像を一点ずつ目で確認することはたいへんなので、タイトルを含むメタデータに含まれる情報を検索することが多い。さらに、提供されているメタデータが構造化されている場合には、詳細な項目にわたって検索することができる。フィールドワーカーにとっては、現地の人物を画像内で識別するための情報を与えたい場合を考えると利点がわかりやすいだろう。たとえば、自分の書く民族誌に登場する人物Aについて、メタデータを各画像に与えておけば、人物Aだけが写っている写真を検索することができる。さらに、同じようなやりかたで別のフィールドワーカーがメタデータを作成していれば、その画像コレクションのなかに人物Aが写っていたときに見つけられる可能性が広がる。このように、皆が同じやり方でメタデータを記述していれば、情報交換の費用を下げることができるのである。

こうしたメタデータは、情報を発信する側が提供する必要がある。現在では、パターン認識と機械学習の技術の開発が進められ、画像の特徴をコンピュータで読み取ることが可能になってきている。たとえば、google Photos は画像の内容を認識して自動的にタグ付けを行う。しかし、写真に写されていないような文脈情報については、やはりヒトの手で入力するほかない。

メタデータを提供するにあたってまず頭を抱えることになるのは、用いるメタデータ一式にどのような構造を与え、どのような語彙をつかって記述するのかということである。先ほどの人物データの例でいえば、どのような項目（語彙）の下に人物Aを表すデータを納めるかという問題である。フィールドワーカーの一人が「人物」という項目をつくって人物名を納めているときに、別のフィールドワーカーが「関係者」という項目に人物名を記述していると、二つの画像コレクションを横断的に検索することが難しくなる。もちろん、異なる構造を持つメタデータどうしを同時に扱うための技術はあるが、そのときには「人物」と「関係者」の項目が同じであることを確認する翻訳の作業が必要になる。また、そもそもメタデータをゼロから自分で設計するには、相当の知識と労力が必要になってしまう。

メタデータの語彙と構造（メタデータ・スキーマ）については、すでにさまざまな分野において標準の策定が進められている。それぞれの分野の標準となっているメタデータ・スキーマを選択するのが良い。標準に準拠することの利点は、自分でメタデータの語彙や構造をあらためて定義する必要がないことと、よく知られた標準どうしの横断的利用のための技術の開発が進められているため統合的な検索にひっかかりやすくなることがあげられる。また、メタデータの公開に向けたガイドラインも用意されている。デメリットは、少なくとも現時点では標準的スキーマについてある程度学習する必要があることだが、将来的には支援のためのサービスが充実していくことが期待される。人文系のフィールドワーカーで、どの標準に従えば良いか迷う場合には、ゲティ財団が策定しているCDWA（Categories for the Description of Works of Art）が、カバーする対象の範囲が広いだけでなくわかりやすくお勧めである。標準的なスキーマではカバーしきれないような、特定の文脈に深くかかわる情報をメタデータとして記述したい場合には、独自に語彙を定義するほかない。このときにも、標準的なスキーマと組み合わせて独自スキーマを利用するのが良い。

ひととおりメタデータを記述することができたら、公開できるかたちにしなければならない。よく見られるのは、メタデータをリレーショナル・データベース・システムに格納し、インターネットのユーザからの問い合わせ（検索クエリなど）に応じて動的にデータを生成するという方法である。このやりかたは、パフォーマンスの面では優れているが、長期的な情報提供という観点からは、システムのメンテナンスを含めどうしても費用がかかってしまう。

個人による発信の場合は、メタデータを動的に生成することは行わず、シンプルで標準に準拠した静的なファイルとして公開することをお勧めしたい。XML（Extensible Markup Language http://www.w3.org/TR/xml11/）やJSON（JavaScript Object Notation https://tools.ietf.org/html/rfc7159）といった、構造化されたテキストファイルとして情報提供することが一般的である。そのうえで、画像データをURI（ウェブページのURLとして示すことが一般的）を付与して公開し、メタデータに関連づけておけば、利用の幅が広いものになる。さらに理想的には、メタデータや画像データを、クリエイティブ・コモンズのCC0やPD（パブリック・ドメイン）マーク（http://creativecommons.org/publicdomain/）を使って明示的にパブリック・ドメインに属するものとして公開すれば、誰でもさまざまなかたちで利用できるようになる。こうしたやりかたであれば、データベースのシステムのアップデートといった、技術環境の変化の影響を受けにくいため、長期的な発信という意味でもかなり安定的なものになる。

以上のように、標準的なメタデータ・スキーマにしたがってメタデータを作成し、画像データにURI

を付与して動かさずいつでもそれを参照できるようにすることで、長期的な情報発信を低い費用で実現することができるのである。

市場としてのインターネット

誰もが使うデータ形式（JPEGやTIFFなど）で、利用しやすいライセンス（CCライセンスなど）を付与し、いつでも参照できるかたちで（URIの付与）、標準的なメタデータをつけて公開すれば、その画像はウェブの利用者にとって使い勝手がよく、長期的にも費用をかけずに発信しつづけやすいものとなる。このようになっていれば、誰でも公開されたデータを活用しやすくなる。うまくいけば、自分で用意しなくても誰かが検索等の活用のためのシステムを用意してくれるかもしれない。

ただし、これだけで利用が促進されるわけではない。インターネットの利用者たちは、知的に興味深い情報が無料で手に入るというだけでは、容易にそれに飛びついてはこないからである。現在のインターネットと呼ばれる市場には、そのような情報はむしろ溢れかえっており、ここでの稀少な財は利用者の注意（アテンション）の方になった。

かつて、ウェブ上で情報を発信することができたのは、高い技術を持つ人びととか、その人びとの技術を買うことのできる大きな組織であった。この時代には、情報が稀少なもので、それは「公開」されるものだった。２０００年代半ばに一つの転機が訪れ、ブログなどのサービスを使って誰でもが情報発信できるようになるという、希望に満ち溢れた時代がやってきた。「Web 2.0」の標語で記憶されるこの時期には、情報の「共有」が価値を生むものと考えられた。同時期に、インターネット利用者の注意をいかに惹くかというゲームを、意識的にプレイする人びとが出てきたが、それでもまだ濃い内容の情報に価値を認める気分は残っており、数多くの人びとが長いブログ記事を書いていたものである。現在私たちが生きる２０１０年代は、140文字以内の断片的な情報「さえずり（tweet）」に象徴される時代である。情報共有のためにブログを書く人びとはまだ生き残っているが、いまや多くの人口がさえずることに注意を集中させている。この時代に、フィールド写真をインターネット上に公開する／共有する／さえずることの効果について、私たちは意識的にならざるをえない。文脈なしに突発的にさえずられる「超うれしい（^o^）」とか「やべっ orz」とかいった140文字言葉、あるいはInstagramに投稿されるネコとかラテ・アートとかの写真と、私たちのフィールド写真の画像データは、インターネット上では同等の資格で利用者の注意を獲得する競争にさらされているのである。

私たちの作り出すデータにとって、ここは注意（アテンション）の市場であり、どれだけの注意を惹くことができるかによって、インターネット上でのデータの生存率が決まってしまう。多くの注意を惹くことに成功すれば、そのデータは複製され子孫を多く残す。逆に、注意を惹けなければ複製されないばかりか、公開するために予算をかけつづけることの正当性も失ないかねない。たとえば、ほとんど利用されない研究デジタル・アーカイブのメンテナンスが止まってしまうという事例は枚挙にいとまがない。

長期的に公開／共有するにあたって、自分でサーバやシステムを用意できない場合には、無料で使える公共的な性格をもった領域を利用することも選択肢に入る。とくに、画像データをオープンなライセンスで共有しても良い場合には、ウィキメディア財団の運営するウィキメディア・コモンズ（https://commons.wikimedia.org/）にアップロードすることは良い考えである。この場合、クリエイティブ・コモンズの「表示／継承ライセンス」などのフリー・ライセンスにする必要があるため、アップロードした画像ファイルは、ライセンスの規定の範囲内で誰もがどのようにも使えるようになる。

個人のフィールドワーカーが、広く発信するためには、たとえば、Flickr（https://www.flickr.com/）やGoogle Photos（https://photos.google.com/）などのサービスを使うことを考慮にいれても良いだろう。こうしたプラットフォーム上に置くことで、他の利用者の画像と横断検索されるようになり、他の人の目にとまりやすくなるという利点は大きい。海外では公共の図書館など大きな組織も、その利点を享受するためにサービスを使う事例が増えてきた。たとえば、Flickr の The Commons（https://www.flickr.com/commons）には、多くの研究教育機関が参加している．しかし、これらのサービスが将来停止してしまう危険性はある。たとえば、２００４年以来 Google が提供していた Picasa は、２０１６年5月1日にサービス停止となった。長期的な情報発信の方法としてこうしたサービスを使うことは、リスクを抱えることでもあることを意識すべきだ。また、これらのサービスだけでは、現時点では構造化された詳細なメタデータを提供することは難しいことにも注意が必要である。

一方で、シンポジウムやイベントなどに使うため、一時的な注目を集めることに意味がある状況もあるだろう。そのようなときには、長期的な情報発信よりも、「さえずり方式」の方が注意を集めやすい。Facebook（https://www.facebook.com/）や Instagram （https://www.instagram.com/）などの写真投稿機能を使うのも良いだろう。ただし、これらのサービスは、現状ではウェブ上での画像のアーカイブに適した設計にはなってはいない。

長期的に画像データを公開しつづけるには、予算のかからない方法を選択するのが現実的であるが、それに適したサービスが見つかるとは限らない。長期的な公開／共有と、短期的な注意の獲得という目的を、同時に解決してくれるようなサービスは、いまのところ存在しないと考えるべきだろう。また、インターネットの技術環境は、驚くべきスピードで変化しており、先のことを見通すのは非常に困難である。情報発信を継続するためには、最新の動向を意識しつつ、長期的・短期的な問題のそれぞれを解決するため、折衷的にいくつかの方法を組み合わせてしのぐほかない。

フィールドとインターネット

かつては、フィールドワーカーが写真を公開するとすれば、フィールドから遠く離れて編集・出版までの時間を経たうえで世に出されることが一般的であった。しかし、現在ではネットワークにつながってさえいれば、その場で携帯電話をつかってインターネット上に写真を出してしまうことができる。このことは、私たちが非常に短時間のうちに、フィールドに住む人びとにとって不利な情報発信をできてしまうことをも意味する。いちどインターネット上にのせられたデータは消去が困難であること、私たちの電子機器はほぼ常にネットワークに接続してしまっていることに十分意識的でありたい。

一方で、携帯電話の普及により、フィールドに住む人びとも、自身が記録と発信の主体となりはじめた。画像データをアップロードするだけではなく、SNSなどに自分の考えなどを書き込むこともできる。こうした意味でフィールドワーカーたちとの関係は一方的なものではなくなった。技術環境の変化により、これまで観察される対象であった人びとが、観察し発信する主体になったのである。クリフォードとマーカスらが指摘した「文化を書く」ことにともなう政治的力関係の非対称性は、現在でも解消されたわけではないにしても、新たな局面を迎えたことは確かだろう。フィールドワークの方法それ自体を組み替えるような可能性がここにはあると考えられる。

危険性と可能性をはらみつつ、生身のフィールドはインターネットのフィールドとすでに直結している。

Column 15

風景をつくる、その風景をつくる

夜市八島幻燈夜会の試み

松本 篤
MATSUMOTO Atsushi

その夜、いつもとは違う商店街がそこにあった。２０１２年７月12日、京都府舞鶴市。50年以上続く八島商店街の夏祭りにおいて夜市《よるいち》八《や》島《しま》幻燈《げんとう》夜会《やかい》という催しが行われた。商店街のかつての姿が撮影された写真を、家のアルバムからそれぞれに持ち寄り、デジタル化したうえでスライド上映するというものだ。商店街に拠点を置くアート・スペースからの依頼を受け、筆者が中心となって企画した（主催：一般社団法人torindo、企画：ＮＰＯ法人recip＋ＮＰＯ法人remo）。その場に居合わせた人どうしが、その場の過去と現在を、その場で重ね合わせていく。すると、見えなかった風景が見えてくる。そんな〝ともに観る〟ひととき、ひとところの創出をめざした（190頁参照）。

アーケードの照明が落ちると、行き交う人びとは歩みをとめ、頭上に目を遣る。天井から吊るされた透過性のスクリーンに映し出されたのは、戦前から昭和50年代までの商店街や舞鶴のまち並み、人びとの暮らしぶり。戦時中の保育園の場面では「万国旗にナチスがある」。戦後の商店街のパレードからは「引き揚げが多かった頃やな」。30年代の花嫁行列を観て「私もこんな格好したかった」。40年代のプールが映ると「今と変わってないな」。ゆっくりとスライドする150枚のあとを追ううちに、観賞者の視点はいつしかフレームの外へと誘われていった。

誰かが残した写真を、誰かの声を聴きながら、眺める。それは、〝私〟のものではないものを介して〝私〟のまなざしがつくられる、不確かさに満ちた即興の協働と言える。目に入ってくる記録、聞こえてくる記憶、観賞者の思索が思いもよらない形で結びつくことで、写真のなかの風景からもこぼれ落ち、目の前に広がる風景にも残っていない、これまでみえていなかった風景が一時的に立ち上がるからだ。ともに観るとは、喚起された無数の風景をスクリーンに向かって交錯させることで、現場にずれを引き起こし、現実にひびを入れていく営みなのだ。

モノと人とに分け隔てられていた記録と記憶は、観賞者のなかで出会うことによって一つの風景を再生させる。そしてしばらくすると、その風景はまた記録と記憶とに分散し、モノと人のなかに別々に保存される。写真はアルバムに、観賞者は家に、各々還っていくからだ。両者が再び出会うとき、モノと人は記録媒体（recorder）となり、再生媒体（player）となって、時間や空間の隔たりを活性化させるメディアの役割を果たす。そこに新たな風景を立ち上げるために。ともに観るとは、アーカイブという行いが生まれてくる原初の風景を、スクリーンに映し出す営みでもあるのだ。

次の朝、昨日までとは違う、いつもの商店街がそこにあった。

写真　夜市八島幻燈夜会の１コマ
散会後もスクリーンを眺めながら余韻をたのしむ参加者．松本撮影．

16 フォト・エスノグラフィー

写真の組み合わせによる現実の再構成

岩谷 洋史
IWATANI Hiroshi

デジタル時代における写真

調査者がデジタル技術を応用した記録機器を携えて、フィールドワークを行うことは珍しいことではなくなっている。デジタルカメラもその一つである。技術的な進展により、さまざまなタイプのデジタルカメラが現れ、価格も低下するとともに、使い勝手もよくなった。写真の専門家でなくても、誰でも気軽にそれらを使って、対象を記録することができるようになった。それは、フィールドワークを遂行するにあたり、重要な道具となっている。

とりわけ、デジタルカメラで撮影した静止画像は、同じような視覚的な資料となるデジタルビデオカメラの撮影によってもたらされる動画像のものよりも、収集しやすく、収集後のコンピュータ上での加工や編集、管理が容易である。そして、それは何よりも情報伝達力の点で動画像よりも優れているように思える。視覚的な資料は、対象を具体的に表現し、他者（研究者だけでなく、フィールドの人びとなど）にも容易に対象の理解を促し、情報共有の円滑化を進める媒体であるという特徴をもっている。フィールドワークから得られた情報は、最終的に調査者以外の他者に理解してもらうものとして提示しなくてはならないが、静止画像は、動画像よりもこれを実現させることができる利便性を備えた媒体である。

現在、写真の主流は、印画紙上に発色させたものから、デジタル情報として記録した光のデータをディスプレイといった装置を使って映し出す静止画像へと変わっている。その静止画像を生成させるデジタルカメラは、調査者に従来の銀塩フィルムのカメラとは、異なった経験をもたらしている。それはあたかもノートにとるかのように、写真をとるということを可能にさせた。このことは写真一枚の重みがなくなってしまったとも言えるが、単純には大量の静止画像データが取得できることを意味する。撮影対象を選択し、シャッターを押すという行為から、写真を選択し、どのように管理していくのかということに重心が移っていったと言っても過言ではない。とりわけ、大型の一眼レフタイプのカメラではなく、コンパクトカメラ、さらには、スマートフォンに搭載されたカメラの存在はそのことを加速させたと言える。

一方で、写真をとるということは同時に写真をつくるという作業をともなうことになる。たとえば、撮影した写真の画像がぶれている場合は、ぶれを最小限にする。画像が傾いているときは、水平になるようにする。画像が暗い場合は、明るさやコントラストを調整する。画像全体のなかの部分だけを切り取る。このようなことが容易にできるし、場合によっては必要になってくる。撮影者は、自分自身がもっている、あるいは場合によっては、他者がもっている見やすい理想的な像に迫ることを余儀なくされるのである。

この編集という作業は、デジタル情報の写真だけでなく、銀塩フィルムが主流の時代にももちろんあった。写真は根本的に編集を経て作り出されるものである。だが、現在、主流となっているデジタル情報の写真の場合は、撮影者は、編集が容易にできる環境にいるため（デジタルカメラを購入するということは、否応もなく、そのデータを管理するためのコンピュータを購入することになるし、デジタルカメラやカメラが搭載されたスマートフォンには既に編集できる環境が装備されている）、以前よりも撮影者自身が意識せざるを得ないのである。

このような技術革新的な状況において、デジタルカメラを利用することで、フィールドワークの成果を他者と共有することを促すために、従来のテキストベースと異なる別種の知識表現が可能かどうかということについて検討してみることは必要だろう。ここで検討したい一つの課題は、デジタルカメラを用いて収集した写真という調査データで、新たなエスノグラフィーであるフォト・エスノグラフィーが可能であるかどうかということである。

フォト・エスノグラフィーとは？

伝統的なエスノグラフィーにおいては、調査データは整理されて、最終的に文字媒体主体の表象物の形へと作り上げられていくが、フォト・エスノグラフィーといった際、そこにはフィールドで撮影された写真が、エスノグラフィーの中心的な構成要素となることが想定される。それは、画面上に現れる視覚的な像を主体としたエスノグラフィーである。

写真はデジタル技術が進展し、静止画像としてディスプレイで像として提示できるようになった現在でも、かつてのメディアである写真がもつ表現形式を土台として提示する仕組みは変わっていない。写真とは一つの完成体であり、それは一つの作品（芸術的であろうがなかろうが）として、つまり単体として提示される可能性がある仕組みと言える。したがって、写真で何かを表現する際には、ギャラリー的な見せ方が優先されてしまうが、本章でいうところのフォト・エスノグラフィーは、それを想定していない。一つの写真を提示し、それについて説明するといったようなものでも、あるいは、いくつかの写真を集めて、一点一点陳列させるようなものでもない。ましてや芸術的な領域にあるものでもない。

フォト・エスノグラフィーとは、エスノグラフィックな研究手法を用いて、フィールドに関する複数の静止画像を収集し、それら複数の静止画像を分類、整理し、論理的に配列させた、いわば組み写真の類のものである。ここでいうところの論理とは、筋道のことであるが、それは主張を他者に説明し、理解させ、共有可能なものへと導くものであるといえる。そして、フォト・エスノグラフィーは、その集合によって全体として意味をもち、それがまた一つの像をなすものである。全体を構成する写真は、個々の写真がどのような写真だとしても、調査者のフィールドワークにおける体験で得られた、ある一定の量の写真に対して、さまざまな文脈を考慮しつつ、何らかの論理によって秩序が与えられたものなのである。そこには、科学的に分析や洞察を施すという態度とそれによる論理的な再構成が重要であり、通常のエスノグラフィーを作成するのとなんら変わりはない。

エスノグラフィーの定義

ここで、エスノグラフィーとは何かということを確認しておきたい。エスノグラフィーは、文化人類学分野において、発展してきたものであるが、現在、文化人類学におけるエスノグラフィーの現状は多様性を呈している。まずその方法論についてみてみると、現地調査を経て、どのようにテキスト化するのか、そのプロセスは多様である。集約的なインタビュー、サーベイ、日常生活への参加、人びとの行動のサンプル収集などが含まれており、それらの方法を一つの枠組み内に集約することはできない。ではエスノグラフィーを調査対象の特性で定義できるかと言えば、職場、病院、研究室といった場所を対象とする研究が出現しているように、人類学者は遠い異文化をフィールドとするのではなく、ホームに近い場所を探究するようにもなっている。

ことに、ジェームズ・クリフォードとジョージ・マーカスの『文化を書く』はエスノグラフィーを考えるうえで、一つの転回点となった。この書物以降、エスノグラフィーのあり方やその表象の方法と正当性に対して批判的に問われるようになり、人類学という学問分野におけるエスノグラフィーの位置づけは必ずしも確定されたものとはいえない。このような状況で、従来の客観主義的な態度で記述を試みるエスノグラフィーではなく、自己反省的な態度で、フィールドの人びととの対話的な、あるいは多声的な記述を試みるさまざまなタイプのエスノグラフィーが誕生することになる。

こうした状況ではあるが、エスノグラフィーの最大公約数としての意義は、『エスノグラフィーハンドブック』のなかで述べられているように、参与観察を基本とした特定の社会的・文化的な場の直接的な経験や探究に根ざしているといえる。

ジョン・ヴァン＝マーネンによるならば、エスノグラフィーには二重の意味があるということである。一つはプロセスとしての研究方法で、もう一つはプロダクトとしての研究成果物である。研究方法として用いられる際は、エスノグラフィーは参与観察という意味でのフィールドワークを指す。それは通常、長期に渡って研究対象の人びととともに生活していくという態度がとられる。一方、研究成果物であるならば、文字媒体でテキスト化された表象物を意味する。彼は、「現代の文化研究家は後者を強調し、エスノグラフィーをそのトピック、形式、レトリックの特徴から定義するように見える」と述べている。

日本国内においては、エスノグラフィーを「民族誌」と訳す場合が多く、小田博志によると日本においては、プロセスとして理解する傾向がある英語圏とは異なり、エスノグラフィーとは、フィールドワークの成果をまとめた報告書や論文と理解される傾向があったという。小田は、このことを踏まえ、エスノグラフィーは、「社会的場（フィールド）における事象を、そこに固有の関係性の中で理解し、その理解を踏まえながら理論化を展開していく質的方法論の一つ」であることを強調し、「具体的な描写と抽象的な理論的考察とが一体となったアプローチ」と捉えている。

エスノグラフィーをこのように理解するならば、フォト・エスノグラフィーがどのようなものとして考えられるのかということが明確になってくる。それは、研究成果物としての表象物であると同時に、参与観察に基づくフィールドワークにより、データを収集し、そのデータをどう分析していくかという質的方法論の一つなのである。

フォト・エスノグラフィーの過程

エスノグラフィーの定義に沿うならば、フォト・エスノグラフィーの基本的な過程は、大きく二段階に分けることができる。一つは、調査資料を収集するフィールドワークであり、もう一つは、調査資料を整理し、分析する作業であり、こちらはおもにデスクワークとなる。

調査者は、ある程度、テーマを設定して、フィールドに赴く。そこで調査対象である現象や事柄、出来事に遭遇する。現実は、確定した実体としては把握できるものではなく、たとえていうならば、その対象の輪郭は常にゆらいでいるものである。したがって、調査者が、フィールドに赴いたとしても、その対象の一部分しか着目しないかもしれない。フィールドにおいて、調査者は対象とのかかわりのなかで、徐々に現実を浮き彫りにしていくしかない。とくにエスノグラフィーは、調査者と対象の間に起こる相互作用の場において実現されるのであるが、この対象とのかかわりについては、二つのことを考える必要がある。

一つは、あくまで観察者としての立場を保持しつつも、その対象への参加を深めれば深めるほど達成される参与観察の基本的な立場にたつものである。フォト・エスノグラフィーの文脈で言えば、それは撮影の機会が拡大することを意味する。たとえば、ある特定の集団に参加している場合は、その集団の活動のうち、外部者や一時的な見物人では見られない活動も写真に収めることが可能となる。これが可能となるのは、当然のことながら、ある程度、長期にわたって該当する集団とかかわり続ける必要がある。

もう一つは、調査者が対象と向き合い、どのように捉えるのかという問題である。具体的には、それは描写や表現のやり方に現れるだろう。これは必ずしも長期にわたるフィールドワークや参与観察によって達成される保証はない。調査者の対象に対する意識の問題であり、カメラを扱う技能にもかかわってくるだろう。対象をどのような条件（物理的な環境や時間など）のもと、どの角度から撮影するのか、あるいは、ズームインして、拡大して撮影するのか、それともズームアウトして、引いて撮影するのかを錯誤することによって、調査者が提示したい画像を取得する。

調査者は、フィールドで大量の静止画像のデータ群を取得し、大学や自宅にもどって、机の上でコンピュータを使ってデータ整理することになるが、通常、データ整理では、専用の静止画像専用のアプリケーションを使いながら、取得した静止画像の加工・編集をしていくことになる。また、この段階で撮影した写真がぶれていたり、しっかり捉えられていなかった場合は、可能であるならばもう一度、フィールドへ赴いたりする。また、写真を整理していくうちに、始めに想定していたテーマとは異なる発見もされ、その発見に基づいて、もう一度、フィールドへ赴く場合もあるだろう。

こうした作業を通じて、使える写真と使えない写真を区別し、使える写真のうち、複数の写真を分類したり、比較したり、時間的空間的に秩序づけたりしていき、取捨選択していく。フォト・エスノグラフィーの実践の成果物を、私は、PowerPoint などの紙芝居のように線形に表示していくプレゼンテーション用アプリケーションを用いて制作するということを一つの選択とした。

ここで、フォト・エスノグラフィーの枠組みを考察するために、私が試しに作成した一例を紹介したい。それは、かつて愛媛県新居浜市の山麓部にあった別子銅山を対象にしたものである。テーマの表題を『「遺産」となる痕跡』としている。

日本の近代産業の遺構を文化的な遺産にしようとする動きは、１９９０年代頃から始まっており、その動きのなかで、経済産業省は、２００７年に「近代化産業遺産」という制度を設置した。「近代化産業遺産」には、今回のフォト・エスノグラフィーの対象とした別子銅山の遺構群も含まれることになる。こうした国レベルの政策で産業遺構を「遺産」として認定とする動きと連動する形で、地方の自治体、市民団体、研究者、マスコミも、産業遺構を「遺産」として認識するようになっており、このような遺産化の動きは、現在、珍しいものではない。

このような動きに私は関心をもち、産業遺構を遺産化し、文化的なものとして編成、もしくは再編成する過程を調べてみようと思い立ち、別子銅山跡に赴いた。とくに、遺構が過去の痕跡として、現在、誰によって、どのような位置づけがなされようとしているのか、という問いかけを持ち、短期間で見てきた、あるいは、発見した現状を、いかに他者へ効果的に伝えていくのかを念頭に置きつつ、収集した写真による対象の記述を試みてみた。

フィールドワークでは、計217枚の写真を得ることができたが、まず、これらの写真すべてをざっと見渡したのち、分類し、取捨選択した上で、組み合わせながら、PowerPointを利用して、計25枚のスライド上に挿入していった（188頁の図1）。

一枚のスライドに、一枚の写真を挿入ではなく、場合によっては、共通要素をもった複数の写真を一枚のスライドに挿入したりもしている。そして、一つのスライドと別のスライドとの関係を考えて、複数のスライドが一つの意味をもつようにしている。そのために、写真やスライドには、それらを補助的に説明するために、表題や短い説明文などのテキストを付け加えた。全体の構成は、最終的に71枚の写真を用いて、189頁の図2のようになった。

たとえば、このなかの「閉山した銅山の痕跡」は、5枚のスライドで構成されているが、下位として「東平地区」「別子銅山地区」といった具合に分け、それぞれに対応する、場所全体がわかる写真と個々の遺構の写真を入れている（188頁の図1、189頁の図3）。

このような線形的に見せて行くアプリケーションを利用するのが良いのかどうかはわからない。近年、サービスが開始された、紙芝居的なプレゼンテーションではない、Preziのように動的に見せていく方法もあるかもしれない。あるいは場合によっては、ポスターのように、紙一枚のものでも良いかもしれない。ただ、そのような見せ方だとしても、何らかの論理というものは必要となってくるであろう。

フォト・エスノグラフィーの課題

荒金直人が『写真の存在論』のなかで展開する写真の特性をまとめると、次のようになる。

写真は、何らかのメディア（紙やコンピュータの各種記録メディアなど）に撮影者が現在、経験している出来事や事柄を安定化、固定化させたものである。その最大の特徴は、時間が度外視されるということである。それは静止した像としてわれわれの前に現れ、過去の記憶の補助になるとともに新たな記憶を形成させる記録である。それは撮影者が経験した現実の情報量を選択的に減らしているという意味で単純化、あるいは抽象化させたものであり、情報内容を型にはめる操作を行っているという意味で形式化させたものであると言えよう。それは、撮影者によって経験された現実をありのままに映し出しているのではなく、撮影すること自体が現実のある一面を再構成することであると言ってよい。

そのような写真をフィールドワークにおいて大量に撮影し、さらに、フィールドワーク後においては、それらを組み合わせ、並べ、ある一定の論理にしたがって、秩序を与えていく。フォト・エスノグラフィーとは、それらの実践を視覚的に表現したものである。そこには、写真をいかに配置するのかということが問題となってくる。ストーリー的なものにするのか、それともいくつかの写真を集めたコレクション的なものにするのか、それとも、そうでないものにするのかは、調査者が設定するテーマによる。どちらにしても、この再構成という作業こそが、エスノグラフィーの実践を遂行する際の重要なものとなる。

その一方で、フォト・エスノグラフィーの実践を通じて、いくつかの課題も明らかになってきたことを記して終えたい。

一つは、視覚化に関しては、画像の配置をどうするかというレイアウト的な側面もかかわってくる。たとえば、広告チラシの例としよう。チラシの作成はレイアウトが重視される。ある対象物が写った写真を配置する際には、その対象物を最も際立たせるために中心に配置するように全体のレイアウトを考慮したり、複数の写真を配置する際には、メインとサブを明確に分け、メインをより目立たせるといったように、写真の配置でそれを見る人への印象を変えたりすることができる。こうすることで、広告チラシは消費者への消費活動を促させるのである。このように考えるならば、画像そのものの持つ情報と画像のレイアウトとが統合されて、意味が生じるのであり、レイアウトが変われば、別の意味にもなる可能性があるということである。

もう一つは、写真が現実を記述するのに最適なものであるのかという根本的な問題である。たとえば、ゲルノート・ベーメは、『雰囲気の美学』のなかで現象学的な立場から夕焼けの写真を事例として取り上げ、時間を度外視する写真は、現実を表象するには、あるいは、生きられる主体の体験を記述するには、十分とはいえないということを議論している。その点では、動画像の方が良いのかもしれないし、ベーメの立場に立つならば、詩的言語が優位となる。

さらに言語との絡みでいうならば、テキストで対象を十分に記述できるものをあえて静止画像で描写するに際しては、それなりの積極的な意味がなければならない。代替品としての位置づけだけであれば、テキストを最重要とする学術的な世界において、写真の意義は大きくはないだろう。

写真の配置という表現方法にかかわる問題、写真というメディアの根本的なものにかかわる問題といったように、さまざまな問題が考えられる。こうした問題に対しては、今後、少しずつ答えていくしかない。だが、エスノグラフィーの実践は、最終的には他者（それは学術世界にいる人びとかもしれないし、フィールドの人びとかもしれない、あるいは一般の読者や視聴者かもしれない）に伝えるということを前提としている。そういう意味で、エスノグラフィーとは、開かれていくものであり、少なくとも写真などの視覚的な像を中心に構成されたものであれば、その開かれる範囲は広くなる。なぜならば、視覚的な画像の方が、文字で書かれたものよりも概してより多様な人びとのアクセス可能性を保証できるということは、容易に想像できるからである。そして、冒頭で述べたことを繰り返すが、デジタル時代に生きる私たちは、今や容易に視覚的な像を日常生活において取り扱うことができる環境のなかにいる。このような時代に暮らしている私たちは、視覚的な像に対して否定的な態度をとるよりは、積極的な位置づけを与えた方がより多くの良い機会を見出すことができるのではないだろうか。

参考文献

- 荒金直人（２００９）『写真の存在論――ロラン・バルト『明るい部屋』の思想』慶応義塾大学出版会.
- 小田博志（２００９）「「現場」のエスノグラフィー――人類学的方法論の社会的活用のための考察」『国立民族学博物館調査報告』85.
- 田原範子・岩谷洋史（２０１５）「フォト・エスノグラフィーの理論と実践」『四天王寺大学紀要』第60号、pp.65-86.
- ベーメ・ゲルノート（２００６）『雰囲気の美学――新しい現象学の挑戦』（梶谷真司・野村文宏・斉藤渉訳）晃洋書房.
- Atkinson, P. A., Coffey, A. J., Delamont, S., Lofland, J. and Lofland, L. H. (eds.) (2001) *Handbook of Ethnography.* London: Sage.
- Denzin, N and Lincoln, Y (eds) (1994) *Handbook of Qualitative Research.* Thousand Oaks: Sage.
- Van Maanen, John（1996）Ethnography. In Adam Kuper and Jessica Kuper (ed.) *The Social Science Encyclopedia (2nd ed.)*. London: Routledge. pp. 263-265.
- Piette, Albert（1992）La photographie comme mode de connaissance anthropologique. *Terrain*, 18, pp. 129-136.
- Piette, Albert（1993）Epistemology and practical applications of anthropological photography. *Visual anthropology,* vol.6, pp.157-170.
- Tinkler, Penny (2013) *Using photographs in social and historical research.* Sage Publications.

編集後記

まずは、本書に興味を持っていただいたことに感謝を申し上げたい。

世の中にはさまざまな写真術に関するマニュアル本が存在しているなか、「フィールド写真術」というものをあえて提示することの難しさと面白さを噛みしめながらの編集となった。そもそもフィールド写真とは何だろう？という根源的な問題である。

フィールドは「野外」を意味する。では、野外で撮られた写真はすべてフィールド写真なのか。そうではない。ここでいうフィールド写真とは、フィールドワーカーによって撮影されたものと考えたい。しかし、フィールドワークという語も、なかなかに難しい。現在では多様な学術分野においてフィールドワークという言葉が広く用いられており、かつアカデミズムを超えて体験参加や社会見学、映画などの視聴や簡便なスタディツアーに至るまでフィールドワークという言葉が躍っている。ここでフィールドワークとは何かという問題を取り上げて議論を進めることはしないが、やはり（文理の別を超えた）個別の学術分野のなかで構築されてきた、「野」における研究活動の方法論（レギュレーションといってもいい）を包括的にとらえたものとして扱い、単に机上の勉強以外の諸活動という意味での広範に用いられるフィールドワークという範疇は、ここでは扱わないことにした。

したがって、フィールド写真の技術的な側面も、研究分野の差異にともなって多様性を持ちうるものとなる。本書はこのように「フィールド」をとらえ、多様な分野に属す研究者の存在を意識しながら、網羅的な指南書として、かつ写真論の一つの読み物としても充実したものになるように努めた。そのため、人類学や民俗学にとどまらず、考古学や地理学、文献学や建築学、さらには神経生理学の方々に至るまでご執筆をお願いすることになった。一見節操がなさそうにみえる内容だが、カメラやレンズを通して世界をとらえようとするアカデミックな手法や情熱には共通するものがあるように感じる。
それは、正確さのなかの表出とでもいえるものだ。記録資料として、また学術的な正確さを前提としながらも、何かを伝える、訴える、共感を生み出す、感化する、刺激を与えるというフィールド写真に求められるある種の使命。それがきわめて「科学的」な論考であったとしても、文章には研究者たちが伝えたい思いや物語が行間に詰まっているだろう。だとするならば、そこで使用されるフィールド写真も、同様の心性が盛り込まれている。
アカデミズムにおける科学性および中立性、客観性という神話が嘘くさいものになり、研究者の提示するものは多分にポエティック（詩的）なものなのだ、という主張がなされてからずいぶん月日が経った。私たちは、フィールド写真にある種の表現力をもたらそうと考えた。一瞬の世界を切り取るからこそ、撮影者の主観的なもの、そして（モノも含む）他者との関係性が露呈してしまう写真という手法。シークエンスではなく、モーメント。その一回性の場の力を、いかに正確に、かつダイナミックに描き出すことができるか。フィールド写真には、こうした表現力が求められている、と考えている。

編集過程でさまざまな問題にぶち当たり、執筆依頼から3年近くの歳月が過ぎてしまった。根気強くつきあってくれた（お待ちいただいた）執筆者のみなさま、そして古今書院の関 秀明さんには本当にお世話になりました。2、3章では内藤麻美子さんにすてきなイラストを描いていただきました。皆様に心よりお礼申し上げます。

小西 公大

本書の編集作業が佳境に入った6月下旬、一つの訃報が届いた。ちょうど20年前に出会ったアフリカにおける私の最初の調査助手であり、師であり、友人であるトーノー（1章写真3、4章写真1）である。とても器用で、察しがよく、機転の利く彼に私はずいぶんと助けられた。私の調査も、本書に掲載された写真も、彼なしでは別のものになっていただろう。ここに記してトーノーの冥福を祈り、本書と心よりの感謝を捧げる。

２０１６年10月

秋山 裕之

宮本《みやもと》 隆史《たかし》　　第 15 章執筆

1979 年，京都府出身．最終学歴：東京大学大学院総合文化研究科博士課程単位取得退学．修士（学術・東京外国語大学）．勤務先：東京大学文書館．調査地：北インド・マレー半島・日本（大牟田・荒尾），専門：制度史，デジタル・アーカイブズ研究，南アジア地域研究．主な著作：「19 世紀インドの監獄における段階的処遇制度の形成」（『現代インド研究』2 号，2011 年）；『デジタル・ヒストリー スタートアップガイド』（風響社，2011 年）；共著 C. Anderson, et. al., Locating Penal Transportation. In K.M. Morin and D. Moran eds. *Historical Geographies of Prisons.* New York: Routledge, pp. 147-167, 2015. 主な使用カメラ：Nexus 5 についているカメラ．資料複写には長らく RICOH GXR とレンズ A12 50mm を使用．フィールドに持っていく本：ネットワーク上の情報の総体．

松本《まつもと》 篤《あつし》　　コラム 15 執筆

1981 年生まれ, 兵庫県出身．最終学歴：大阪大学大学院人間科学研究科博士前期課程修了 (修士・人間科学)．勤務先：NPO 法人記録と表現とメディアのための組織, 京都文教大学．所属先：東京大学大学院学際情報学府博士課程．調査地：日本．専門：科学社会学，科学技術の人類学，メディア・デザイン．主な著作：共編・著『あとを追う PLAY A RECORD』武蔵野市立吉祥寺美術館，2016 年．編著・共訳『のこすことのあそびかた ノコノコスコープのイロハ』東京文化発信プロジェクト室，2014 年．分担執筆『100 万人のフィールドワーカーシリーズ 15　フィールド映像術』古今書院, 2015 年．市井の人々の「記録」の潜在的価値を探究するアーカイブ・プロジェクト，AHA! を 2005 年から運営．『穴アーカイブ：an-archive』(生活工房, 2015 年～) の企画や,『カンバセーション_ピース：かたちを（た）もたない記録』(武蔵野市立吉祥寺美術館，2016 年) などの展覧会に参加．

岩谷《いわたに》 洋史《ひろふみ》　　第 16 章執筆

1970 年生まれ, 鳥取県出身．最終学歴：京都大学大学院人間・環境学研究科博士課程．修士（人間・環境学）．所属先：神戸大学大学院国際文化学研究科．調査地：日本，専門：文化人類学，メディア研究．主な著作：分担執筆「フィールドを捉える方法を考える：どのようにして見て，記録し，まとめるのか」，『ポピュラー文化ミュージアム』（石田佐恵子・村田麻里子・山中千恵編）ミネルヴァ書房, 2013 年．分担執筆「開かれたエスノグラフィーを目指して：フィールドとの対話的な関係の模索」『比較日本文化研究』第 16 号（比較日本文化研究会編）, 2013 年．主な使用カメラ：PENTAX Q-S1（ミラーレスデジタル一眼）．フィールドの好きなところ：世界に対する認識を変えることができるところ．フィールドにもっていく本：プラトン，アリストテレスなどギリシア哲学の著作．

澤田《さわだ》 結基《ゆうき》　　第 9 章執筆

1975 年東京生まれ．最終学歴：北海道大学大学院地球環境科学研究科地圏環境科学専攻．博士（地球環境科学）．勤務先：福山市立大学都市経営学部．調査地：日本（北海道），アラスカ　専門：自然地理学．主な著作：共編著『日本の風穴』（清水長正と共編）古今書院，2015 年．共編著『地形がわかるフィールド図鑑』（青木正博，目代邦康と共編著）誠文堂新光社，2009 年．主な使用カメラ：OLYMPUS PEN Mini E-PM2（ミラーレス）．お気に入りのレンズ：TAMRON 14-150mm F/3.5-5. 8 Di III (14-150mm F/3.5-5.8)．フィールドの好きなところ：何十回登っても毎回違う山の季節変化．フィールドにもっていく本：野田知佑のエッセイ．

内田《うちだ》 昂司《こうじ》　　第 10 章，第 14 章執筆

1986 年埼玉県生まれ．最終学歴 : 日本大学芸術学部写真学科．フォトグラファー，LLP KANKO に参加．調査地 : 青木ヶ原樹海．主な使用カメラ：Hasselblad500C/M,Nikon D800．お気に入りのレンズ：Hasselblad Zeiss Planar 80mm f/2.8 CF,Zeiss Distagon T* 35mm f/2.0 ZF.2．フィールドの好きなところ：一人きりになれる . 季節や時間帯によって異なる表情の木漏れ日．

宮本《みやもと》 道人《どうじん》　　第 11 章執筆

1989 年東京生まれ. 東京大学大学院理学系研究科物理学専攻博士課程在籍. 専門：神経生理学，システム神経科学（行動選択の回路メカニズム）．主な著作：共著『ビジュアル・コミュニケーション　動画時代の文化批評』（限界研編，南雲堂，2015 年）．調査しているフィールド：ショウジョウバエ幼虫（中枢神経系）．フィールドの好きなところ：顕微鏡下にも広大なフィールドに通じる要素があること．主な使用カメラ：FV1000, OLYMPUS（共焦点顕微鏡）．お気に入りのレンズ：XLUMPLFLN 20XW，NA 1.0, WD 2mm, OLYMPUS（倍率二十倍水浸レンズ）．

宇田川《うだがわ》 俊之《としゆき》　　第 6 章，コラム 13 執筆

1987 年埼玉県生まれ．最終学歴：日本大学芸術学部写真学科．フォトグラファー，LLP KANKO 代表．主な展示：個展「リバーブ」TAP ギャラリー / 2012，グループ展「影像 2013」，世田谷美術館区民ギャラリー / 2013．主な使用カメラ：Nikon D810, MAMIYA7 Ⅱ, CONTAX TVS Ⅲ．フィールドに持っていく本：Alec Soth『Looking for Love, 1996』, Kominek Books 2012 年刊行．

栗山《くりやま》 雅夫《まさお》　　第 7 章執筆

1974 年生まれ，和歌山県出身．最終学歴：天理大学文学部歴史文化学科考古学専攻．勤務先：国立文化財機構 奈良文化財研究所．調査地：日本・東アジア，専門：文化財写真，考古学．主な著作：分担執筆「考古学を取り巻くデジタル化の現状」「転換期に適応する考古学写真」『月刊考古学ジャーナル No. 661 デジタル化する考古学写真』(栗山雅夫編) ニューサイエンス社, 2014 年．分担執筆「考古資料写真序論」『文化財論叢Ⅳ』(奈良文化財研究所編)，2012 年．主な使用カメラ：PENTAX645Z (中判), Nikon D5 (フルサイズ), PENTAX Q7 (ミラーレス一眼) ＋ iPhone5S (スマホ)．お気に入りのレンズ：PENTAX-DA645 28-45mm ※単焦点並の描写力！, AF-S Nikkor 14-24mm ※超広角でも周辺が流れない！．フィールドの好きなところ：天候・機材・撮影．思い通りにいかないことが前提の現場で，準備や予測が嵌ればレンズの向こうに心が弾む景色が現れ，それは脳裏に焼きつく．

吉﨑《よしざき》 伸《しん》　　第 8 章執筆

1957 年，岡山県生まれ．最終学歴：奈良大学文学部史学科．勤務先：(公財) 京都市埋蔵文化財研究所 (調査課長)，NPO 法人 水中考古学研究所 (理事長)．調査地：シリア・中国・日本 (瀬戸内・沖縄)．専門分野：考古学・水中考古学．主な著作：分担執筆『シリア沖沈潜発掘調査中間報告』(シリア沖古代遺跡発掘運営委員会編) 1991 年．分担執筆『「沈没船 (19 世紀のイギリス船) 埋没地点遺跡」発掘調査報告－推定いろは丸－』(水中考古学研究所・(財) 京都市埋蔵文化財研究所編) 2006 年，など．主な使用カメラ：Canon EOS，水中ハウジング：Sea&sea 350．ストロボ：Nikonos SB-105，GoPro・HERO3．フィールドの好きなところ：考古学では発掘調査現場で過去の歴史に直面する．その緊張感がたまらない．

孫《ソン》　暁剛《ショウガン》　　　　コラム 9 執筆

1973 年中国生まれ．最終学歴：京都大学大学院アジア・アフリカ地域研究研究科博士後期課程修了，博士（地域研究）．所属先：京都大学大学院アジア・アフリカ地域研究研究科．調査地：東アフリカ乾燥地域．専門：生態人類学，遊牧民研究．主な著作：単著『遊牧と定住の人類学：ケニア・レンディーレ社会の持続と変容』（昭和堂，2012），分担執筆『人間圏の再構築：熱帯社会の潜在力』（京都大学学術出版会，2012），『遊動民 ― アフリカの原野に生きる』（昭和堂，2004）．主な使用カメラ：Canon EOS5DsR, FUJIFILM X100s, Mamiya 6N (中判銀塩カメラ)．お気に入りのレンズ：Canon EF16-35mmF4L, Canon EF100-400mmiiF4.5-5.6L, Canon EF100mmF2.8LMacro. フィールドにもっていく本：ロバート・キャパ『ちょっとピンボケ』，星野道夫『アラスカ　風のような物語』．

岩野《いわの》 祥子《さちこ》　　　　コラム 10 執筆

1975 年生まれ，愛知県出身．最終学歴：京都大学大学院理学研究科地球惑星科学専攻博士後期課程修了．博士（理学）．勤務先：伊賀ベジタブルファーム株式会社．調査地：南極．専門分野：測地学．主な著作：分担執筆『南極読本――隊員が語る寒冷自然と観測の日々』（南極 OB 会編集委員会編）成山堂書店，2013 年，『南極観測隊――南極に情熱を燃やした著者たちの記録』（南極 OB 会観測五十周年記念事業委員会編）技報堂出版，2006 年．主な使用カメラ：Nikon D7100（デジタル一眼），OLYMPUS TG-620（コンデジ）．お気に入りのレンズ：AF-S DX NIKKOR 18-200mm f/3.5-5. 6G ED VR II. フィールドの好きなところ：地球を身近に感じられるところ．フィールドにもっていく本：極地関連の冒険本．

杉戸《すぎと》 信彦《のぶひこ》　　　　コラム 12 執筆

1978 年生まれ，愛知県出身．最終学歴：京都大学大学院理学研究科地球惑星科学専攻博士後期課程修了．博士（理学）．勤務先：法政大学人間環境学部．調査地：長野盆地，邑知潟平野，糸静，大阪平野，名古屋，モンゴル，南海トラフほか．専門：変動地形学・古地震学．主な著作：共編『100 万人のフィールドワーカーシリーズ 5　災害フィールドワーク論』（木村周平・柄谷由香と共編著）古今書院，2014 年．分担執筆『防災・減災につなげるハザードマップの活かし方』（鈴木康弘編著）岩波書店，2015 年．分担執筆『レジリエンスと地域創生 ― 伝統知とビッグデータから探る国土デザイン ― 』（林 良嗣・鈴木康弘編著）明石書店，2015 年．論文「上町断層帯の最新活動と河内平野の地形環境変化」『地学雑誌』（近藤久雄と共著），2015 年．主な使用カメラ：Panasonic DMC-LF1，OLYMPUS SP550UZ．フィールドの好きなところ：その場でいろいろ感じながら考える時間．

【分担執筆著者】

遠藤《えんどう》　仁《ひとし》　　コラム3，14 執筆

1978 年生まれ，静岡県出身．最終学歴：東海大学文学研究科史学専攻，修士（文学）．勤務先：人間文化研究機構 人間文化研究推進センター／秋田大学大学院国際資源学研究科．調査地：南アジア・北アフリカ・日本．専門：考古学，民族考古学．主な著作：Traditional Agricultural Tools of Haryana, India -a record of ordinary people' s lives. Research Institute for Humanity and Nature, Kyoto.（共著），2016 年．分担執筆「工芸品からみたインダス文明期の流通」，『インダス 南アジア基層社会を探る』（長田俊樹編）京都大学学術出版会，2013 年．主な使用カメラ：PENTAX K-1（デジタル一眼），Canon G7X（コンパクト・デジタル）．お気に入りのレンズ：PENTAX-D FA50 ㎜ F2.8 Macro．フィールドの好きなところ：伝統的なモノつくりを受け継いでいる人びととの出会い．

杉本《すぎもと》　浄《きよし》　　コラム6 執筆

1969 年生まれ，新潟県出身．最終学歴：東海大学文学研究科文明研究専攻博士課程後期修了．博士(文学)．勤務先：東海大学文学部アジア文明学科．調査地：佐渡，インド・オディシャー州．専門：歴史学，南アジア地域研究，鉱山史．主な著作：単著『オリヤ・ナショナリズムの形成と変容──英領インド・オリッサ州の創設にいたるアイデンティティと境界のポリティクス』東海大学出版会，2007 年．「もう一つのゴールドラッシュを追って──19 世紀後半の英人鉱山技師エラスムス・H・M・ガワーを事例に──」『東海大学文学部紀要』105 号，2016 年．分担執筆『100 万人のフィールドワーカーシリーズ 1　フィールドに入る』（椎野若菜・白石壮一郎編）古今書院，2014 年．主な使用カメラ：NEX7．フィールドの好きなところ：その土地その土地にある独特のにおいと人びとの生活を感じられるところでしょうか．

中村《なかむら》　香子《きょうこ》　　コラム7 執筆

1965 年生まれ．最終学歴：京都大学大学院アジア・アフリカ地域研究研究科研究指導認定退学．博士（地域研究）．所属：京都大学大学院アジア・アフリカ地域研究研究科・研究員．専門：人類学，アフリカ地域研究．ケニアの牧畜民サンブルを対象として，観光と文化，装身具とライフコースなどに注目しながら人類学的な調査を行っている．主な著作：単著『ケニア・サンブル社会における年齢体系の変容動態に関する研究──青年期にみられる集団性とその個人化に注目して──』松香堂書店，2011 年．単著 *Adornments of the Samburu in Northern Kenya*. The Center for African Area Studies, Kyoto University, 2005. 主な使用カメラ：コンパクト・カメラはいつも持ち歩いているのですが，手軽すぎてかえってあまり写真を撮らなくなってしまいました．フィールドの好きなところ：思いがけないアドバイスをもらえること．たとえば，「借りたものをそんなにすぐに返すな（＝貸し借りによってできる人間関係をすぐに解消しようとしているようで冷たく感じられる)」など．

【編者】

秋山《あきやま》 裕之《ひろゆき》　　　イントロダクション，第1，4，5，13章，コラム1，4，8執筆

1969年生まれ，大阪府出身．**最終学歴**：京都大学大学院人間・環境学研究科文化・地域環境学専攻博士後期課程．京都大学博士（人間・環境学）．**勤務先**：京都華頂大学現代家政学部．**調査地**：ボツワナ共和国．**専門**：文化人類学．**主な著作**：分担執筆「優等生国家における少数民族と学校教育――狩猟採集民の小学生」『アフリカの生活世界と学校教育』（澤村信英編），明石書店，2014年．分担執筆（Kaoru IMAMURAと共著）How Hunter-Gatherers Have Learned to Hunt: Transmission of Hunting Methods and Techniques among the Central Kalahari San, *AFRICAN STUDY MONOGRAPHS Supplementary Issue,* No.52 (Akira TAKADA Ed.), The Center for African Area Studies Kyoto University, 2016．分担執筆「定住地における子どもの民族誌」『遊動民ノマッド　アフリカの原野に生きる』（田中二郎他編），昭和堂，2004年．**主な使用カメラ**：PENTAX MZ-3（銀塩オートフォーカス一眼レフ），Rollei35（銀塩フルマニュアルコンパクト），FUJIFILM X-E2（デジタル一眼ミラーレス）．**お気に入りのレンズ**：PENTAX FA50mmF1.4, SIGMA 70-300mm F4-5.6 DL MACRO. **フィールドの好きなところ**：乾いてるところ．

小西《こにし》 公大《こうだい》　　　第2，3，12章，コラム2，5，11，編集後記執筆

1975年生まれ，千葉県出身．**最終学歴**：東京都立大学（現首都大学東京）大学院社会科学研究科博士課程社会人類学専攻．博士（社会人類学）．**勤務先**：東京学芸大学教育学部．**調査地**：インド（北西部）・日本（佐渡島），**専門**：社会人類学，南アジア地域研究．**主な著作**：Jaisalmer: Life and Culture of the Indian Desert, New Delhi. D.K, Printworld.（共著），2013年．共編著『インドを旅する55章』（宮本久義と共編）明石書店，近日刊行．分担執筆「『民俗芸能』が創造されるとき―文化運動と生存戦略」『シリーズ現代インド5　周縁からの声』東京大学出版会，2015年．**主な使用カメラ**：Canon EOS 5D（デジタル一眼），SONY NEX-5（ミラーレス），VOIGTLANDER BESSA R2（レンジファインダー銀塩カメラ）．**お気に入りのレンズ**：VOIGTLANDER ULTRON SL (40mm F/2), Canon LENS EF (50mm F/1.4), TAMRON SP XR Di LD Aspherical [IF] MACRO (28-75mm F/2.8)．**フィールドの好きなところ**：その地に深く根を下ろした人びととの濃密な関係．**フィールドにもっていく本**：池澤夏樹の著作．

【編者】
秋山《あきやま》 裕之《ひろゆき》　　京都華頂大学現代家政学部勤務
小西《こにし》 公大《こうだい》　　東京学芸大学教育学部勤務

2章・3章イラスト制作：内藤麻美子（http://www.mamikonaito.com/）
シリーズ全 15 巻監修：椎野若菜

FENICS（Fieldworker's Experimental Network for Interdisciplinary CommunicationS）

FENICS は学問分野や産学の壁にとらわれずフィールドワーカーをつなげ，フィールドワークの知識や技術，経験を互いに学びあい，新たな知を生み出すことを目指すグループ（NPO 法人）です．フィールドワークをしている，フィールドワーク／フィールドワーカーに興味のあるあなたも FENICS に参加してみませんか？ まずは以下の Web サイトをたずねてみてください．登録して会員になると，フィールドワーカーから Web 上で，メルマガで，あるいはイベントで生の情報を得ることができます。下記の HP にアクセス！

http://www.fenics.jpn.org/

FENICS 100 万人のフィールドワーカーシリーズ　第 14 巻

書　名　**フィールド写真術**

コード　ISBN978-4-7722-7135-6

発行日　2016（平成 28）年 12 月 14 日　初版第 1 刷発行

編　者　秋山裕之・小西公大

装　丁　有限会社 ON　山﨑菜緒　http://www.on-01.com

発行者　株式会社 古今書院　橋本寿資

印刷所　株式会社 理想社

製本所　株式会社 理想社

発行所　古今書院　〒101-0062 東京都千代田区神田駿河台 2-10

TEL/FAX　03-3291-2757 / 03-3233-0303

ホームページ　http://www.kokon.co.jp/　検印省略・Printed in Japan

1 フィールドに入る ＊既刊（2014年6月）
椎野若菜・白石壮一郎　編

どうやって自分の調査地に入っていったのか？ アフリカの農村から北極南極の雪原まで、調査初期段階のエピソードを中心に紹介。現地の協力者と出会い、多くを教えられ調査地になじんでいく過程を描くシリーズ入門編。

2 フィールドの見方 ＊既刊（2015年6月）
増田研・梶丸岳・椎野若菜　編

学問分野が異なれば、同じものを見ても、同じ場所にいても、同じテーマを扱っていても、考え方や分野の違いによってフィールドを見る眼が違ってくる。違いのおもしろさを発見し、研究の新たな可能性を探る。

3 共同調査のすすめ
大西健夫・椎野若菜　編

文理横断型の学際的な共同調査に参加することで、どのようなことに悩んだり苦労したのか、そして、どのような発見と自身の成長があったのか。フィールドワーカーの葛藤と飛躍を、共同調査の経験者たちが語る。

4 現場で育つ調査力
増田研・椎野若菜　編

フィールドワーカーの養成と教育がテーマ。初学者である学生に関心をもってもらうための工夫、専門家養成のためのさまざまな試みを披露する。調査技術の体系的伝授が先か？ それとも現場力や行動力が重要なのか？

5 災害フィールドワーク論 ＊既刊（2014年9月）
木村周平・杉戸信彦・柄谷友香　編

被害軽減という社会的な課題のために、狭い分野にとらわれない多様なアプローチが災害調査には求められる。さまざまな分野のフィールドワークを見渡すとともに、災害の地域性を考えていく。

6 マスメディアとの交話
椎野若菜・福井幸太郎　編

研究成果を発信するとき、フィールドワーカーはマスメディアとかかわりをもつ。メディアに対して、どのようなスタンスをとればよいのか？ 報道の結果に対して調査者たちはどのような意見をもっているのか？

7 社会問題と出会う
白石壮一郎・椎野若菜　編

調査をすすめていく過程で、その地域の社会問題と向き合わざるをえなくなったとき、フィールドーワーカーは何を感じ、どう行動したのか？ 調査を通して社会問題が姿を変えながら浮上する局面を生き生きと伝える巻。

8 災難・失敗を越えて
椎野若菜・小西公大　編

予期せぬ事態にどう対応したのか？ フィールドワーカーたちは、想定外の事件に遭遇したり、命の危険があるほどの失敗があっても、現場に対処しながらくぐりぬけている。今だから語れる貴重な体験談がおもしろい！

9 経験からまなぶ安全対策
澤柿教伸・野中健一　編

天変地異、病気、怪我、事故、政変、喧嘩など、予期せぬさまざまな危険からどう身を守るのか。「予防」と「対策」をテーマにした実用的な巻。個人レベルから組織レベルまで、安心安全のための知識と方法と教訓が役立つ。

10 フィールド技術のDIY
的場澄人・澤柿教伸・椎野若菜　編

現場での調査観測は、必ずしも予定通りに進まないことが多い。また思わぬ事象、現象、資料に遭遇することもある。想定外のチャンスを、現場で、また研究室でどのようにものにしたのか。その苦労、工夫を紹介する。

11 衣食住からの発見 ＊既刊（2014年6月）
佐藤靖明・村尾るみこ　編

現地の衣食住とかかわることで、思いがけないプラス効果やマイナス効果に出会う。その先に、次なる展開がまっていることも。衣食住をきっかけに、フィールドワーカーが成長し、研究テーマを深めていく過程を描く。

12 女も男もフィールドへ ＊既刊（2016年6月）
椎野若菜・的場澄人　編

ジェンダーとセクシュアリティがテーマ。女性の苦労、男性の苦労、妊娠・出産・子育てしながらの調査、長期の野外調査と家庭の両立など、フィールドワーカーの人生の試行錯誤が語られる。

13 フィールドノート古今東西
梶丸岳・丹羽朋子・椎野若菜 編 ＊既刊（2016年4月）

情報化が進み、世界中のデータがデジタル化される現代にあっても研究者は手書きで記録を取っている。フィールドでの記録の手法を学際的に比べることで、フィールドノートのさらなる発展を期することを目指している。

14 フィールド写真術 ＊既刊（2016年12月）
秋山裕之・小西公大　編

写真撮影を上達したいフィールドワーカーのために、一眼レフカメラによる写真撮影の基礎から、フィールドでの撮影条件を意識した主題を的確に描写するためのテクニック、芸術性の向上につながる写真術について概説。

15 フィールド映像術 ＊既刊（2015年1月）
分藤大翼・川瀬慈・村尾静二編

映像についての理論編、制作編、応用編からなり、フィールドワーカーが映像を活用するにあたっての注意点から、現地の人びとともにつくる映像、自然・動物を相手にした映像まで分野を横断したフィールド映像術。

＊ 2016年12月時点の既刊は8冊です

1巻・5巻・11巻	定価本体 2600円＋税
2巻・15巻	定価本体 2800円＋税
12巻・13巻・14巻	定価本体 3200円＋税

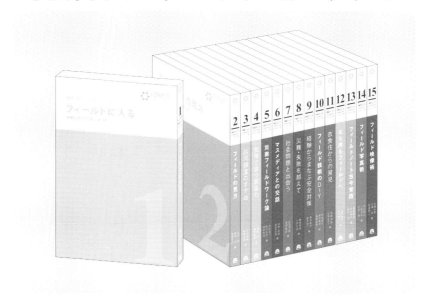

既刊のご紹介　＊本巻（14 巻）の姉妹巻です

第 15 巻 フィールド映像術

分藤大翼・川瀬 慈・村尾静二編　定価本体 2800 円＋税　2015 年 1 月刊

● 撮影から上映まで、調査に映像・動画を用いる人におすすめ！

文理あらゆる分野で、野外調査に映像・動画は急速に普及している。どんなときに、どのような映像を用いると効果的か？　映像を学術調査に導入するときのコツ・効能、注意点や失敗談を紹介。学術調査に映像が導入された歴史的背景をレビューした第 1 章は基本文献として貴重。

Part1 理論編：フィールドにおける映像の撮影、学術映像の制作にむけて

Part2 制作編：博物館映像、バイオロギング、霊長類調査への活用、インターバル撮影
水中調査、気象調査、民族誌映画の作成と公開、ドキュメンタリー制作、映画祭への参加

Part3 応用編：写真・映像から展示をつくる、参加型映像制作、8mm フィルムのアーカイブづくり、機材選びに役立つ情報

Part4 座談会：映像が切り拓くフィールドワークの未来

＊＊

シリーズのおすすめガイド（既刊）

一つの巻に、多様な分野を掲載しているので、幅広い視点や分野外の情報を得ることができるシリーズです

◎「高校生」の進路選択の参考になります

→　11 巻『衣食住からの発見』、13 巻『フィールドノート古今東西』がおすすめ。現地の衣食住に苦労し、ときに失敗もしながら研究をすすめていくフィールドワーカーたちの姿勢が、高校生や初学者に魅力的な進路選択のロールモデルとなります。ノートの取り方は、高校生でもすぐに応用できる実践テクニック。ノート記録術を学びながら、文理横断した多様な研究分野を知ることもできます。

◎「卒論に意欲的にとりくむ学生さん」におすすめ

→1 巻 『フィールドに入る』、14 巻『フィールド写真術』がおすすめ。調査地選び、調査地に馴染むコツが、卒論フィールド決めや調査初期のセットアップに役立ちます。写真術は初心者でも身につけやすい分野。卒論発表のプレゼンでレベルアップした写真を披露することができます。

◎「大学院に進学する学生さん」におすすめ

→12 巻『女も男もフィールドへ』、2 巻『フィールドの見方』がおすすめ。自身のライフプランと研究課程の折り合いをどうつけるか。研究と、結婚～出産～育児を両立させている研究者の姿が、励みになります。分野を横断したり、異分野と協力することの効能を具体的に紹介した 2 巻は、中級者向け。研究が行き詰ってきたときの突破口を見出すヒントになります。

◎特殊な調査や特殊な手法にも対応

→災害調査で現地の社会や自然環境に対峙する人は 5 巻『災害フィールドワーク論』が、調査やプレゼンに動画を使う人は 15 巻『フィールド映像術』がおすすめ。それぞれピンポイントで役立ちます。

既刊のご紹介

第11巻　衣食住からの発見

佐藤靖明・村尾るみこ編　　定価本体2600円＋税　　2014年6月刊

● 調査中の生活体験から、フィールドワークの奥深さを知る

インフラが未整備な調査地で、現地の衣食住にどのように適応していったのか？　失敗や驚きの経験を活かし、フィールドワーカーはいかに成長し、現地により深くかかわっていったのか？　ときに苦労しながら、失敗しながら、過酷な環境に直面しながら、フィールドワーカーはどのように研究をすすめていったのかを描いた、魅力的なストーリー12 話。調査者の体験を、研究に役立てていく視点が役立つ。あらゆるフィールドワークのアウトリーチに役立つ。

第12巻　女も男もフィールドへ

椎野若菜・的場澄人編　　定価本体3200円＋税　　2016年6月刊

● 研究の道にすすんだら、自分の将来はどうなるんだろう･･･と悩む人へ

大学院に進学したら、自分は家庭をもつことができるのだろうか？　結婚～出産～育児と両立できるのだろうか？　そんな若者の悩みに応えるジェンダーフィールドワーク論。女性研究者の支援制度の詳細や使用実例は貴重な情報源。出産～育児をしながらフィールド調査や国際学会参加をつづける実例は、これからフィールド研究の道にすすむ人たちに、希望と可能性を提示してくれます。研究の道にすすむ女性を支援したい人にも、何に困っているか、どうすればよいかが理解できます。他方、フィールド調査に付帯するジェンダー・セクシュアリティの課題も取り上げます。調査地で誤解されそうになった例、身の危険を感じた例、トランスジェンダーの例など、分野を問わずフィールド調査に付帯するジェンダーの課題を取り上げています。

第13巻　フィールドノート古今東西

梶丸 岳・丹羽朋子・椎野若菜編　　定価本体3200円＋税　　2016年5月刊

● ノートの書き方・描き方・活用法の達人芸が役立ちます！

「こんな使い方もあったのか！」と驚く事例も。文理横断さまざまな分野でガラパゴス的に進化してきた野帳の活用法を、デジタル時代の現代において、分野横断して情報交換した企画。生のフィールドノートの記載（書きなぐりやデータ羅列から精緻なスケッチまで）を多数掲載したビジュアルな紙面。初心者から熟練者まで、他流の極意を知ることのできる本です。

【ノート１冊派】　なんでも１冊で済ますタイプ。さまざまな分野でのカスタマイズが面白い。

【目的別のノート使い分け】　多い人は 4 種類。タフな環境で用いる特殊なノートの紹介も。

【手書きとデジタルの連携】　デジタルに繋げるがゆえの、手書き・手描きの効能がわかる。

【他人との共有】共同調査でノートを共有する分野、調査相手に記載してもらった図など。